Learning to Question, Questioning to Learn:
Developing Effective Teacher Questioning Practices

教师怎样提问才有效
——课堂提问的艺术

〔美〕玛丽露·丹东尼奥（Marylou Dantonio）
保罗·C.贝森赫兹（Paul C. Beisenherz）／著

宋 玲／译

中国轻工业出版社

图书在版编目（CIP）数据

教师怎样提问才有效：课堂提问的艺术／（美）贝森赫兹等著；宋玲译．—北京：中国轻工业出版社，2015.2（2025.12重印）

ISBN 978-7-5184-0150-5

Ⅰ.①教… Ⅱ.①贝… ②宋… Ⅲ.①课堂教学－教学研究 Ⅳ.①G424.21

中国版本图书馆CIP数据核字（2014）第291572号

版权声明

Authorized translation from the English language edition, entitled LEARNING TO QUESTION, QUESTIONING TO LEARN: DEVELOPING EFFECTIVE TEACHER QUESTIONING PRACTICES, 1E, ISBN: 9780205280360 by Marylou Dantonio; Paul C. Beisenherz, published by Pearson Education, Inc., Copyright © 2001 Pearson Education, Inc.

All rights reserved. No part of this book may be reproduced or transmitted in any form or by any means, electronic or mechanical, including photocopying, recording or by any information storage retrieval system, without permission from Pearson Education, Inc.

CHINESE SIMPLIFIED language edition published by CHINA LIGHT INDUSTRY PRESS LTD., Copyright © 2015.

本书封面贴有Pearson Education（培生教育出版集团）激光防伪标签。无标签者不得销售。

责任编辑：吴　红　　　责任终审：杜文勇
策划编辑：吴　红　　　责任校对：吴维斌　　　责任监印：刘志颖

出版发行：中国轻工业出版社（北京鲁谷东街5号，邮编：100040）
印　　刷：三河市鑫金马印装有限公司
经　　销：各地新华书店
版　　次：2025年12月第1版第9次印刷
开　　本：710×1000　1/16　印张：18
字　　数：156千字
书　　号：ISBN 978-7-5184-0150-5　定价：45.00元

读者热线：010-65181109
发行电话：010-85119832　010-85119912
网　　址：http://www.chlip.com.cn　http://www.wqedu.com
电子信箱：1012305542@qq.com

版权所有　侵权必究
如发现图书残缺请拨打读者热线联系调换
252094Y1C109ZYW

译 者 序

巴西著名教育学者弗莱雷曾说过:"没有了对话,就没有了交流;没有了交流,也就没有真正的教育。"他指出,只有在具有创造性和批判性的"对话式教学"中才能促进学生的个性化发展。而提问又是教学对话的关键。只有能激励学生思考、激励学生自发地反思自己回答的提问,才能推动学生学会思考,学会学习。由此可见,提问对教师组织有效教学、深化学生的学习和理解具有举足轻重的作用。然而,在实际教学中,教师常常把学生当作教学的对象,自己则扮演着演讲者、主导者的角色,向学生灌输课程标准要求学生"记住"的大量信息,即使有的教师会在课堂上提出各种各样的问题,但绝大多数问题只是为了确认学生"懂了吗",只是为了追求唯一的正确答案。这种情况下产生的学生回答往往是沉默或教科书中的"正确"答案,学生都惧怕回答问题,害怕脱离教科书,不敢承担自己思考和回答问题的责任。为什么?教师应该怎么提问才能把学科知识与学生的个体经验连接起来,调动学生思考的积极性,让学生承担起学习的责任?教师应该如何发展与完善自己的提问技能,把教学过程当作自己的学习过程?

本书的作者 Marylou Dantonio 和 Paul C. Beisenherz 曾经分别是中学的语文和科学任课教师,现任教于美国西南州立大学,具有丰富的中学教学和教师教育工作的实践经验。他们结合自身的教学经验,对教师的提问行为进行了近30年的研究,发表过多篇关于有效提问与有效教学策略的教育研究论文,是美国学校教育改革和教师才能发展的先驱者。

在本书中,Dantonio 和 Beisenherz 在分析和研究了大量关于课堂提问、理解性教学以及儿童如何学习的文献之后,以建构主义理论与塔巴的教学策略为基础，提出了独到的教学策略——Qu:Est 教学策略（Questioning for understanding: Empowering student thinking，为理解而提问：让学生开动脑筋）。Qu:Est 教学策略强调学生的概念性思考与学生回答在组织教学中的重要价值，旨在帮助学生将学科知识与自身经验合二为一，生成对教学内容的深刻的、有意义的理解。教师利用 Qu:Est 教学策略可以发现学生在想什么，以及他们是如何生成自己的想法或观点的。学生在这个过程中不再是机械地记忆教材或教师界定的内容，而必须结合以往的个人经验或已有的知识来组织自己的语言，详细地阐述自己的想法或观点及其理由，形成自己对教学内容的个性化理解。换句话说，本书引进的 Qu:Est 教学策略是一项以过程为中心的教学策略，它要求教师把学生当作学习的主体，把教学看作一个学习的过程，要求学生把学习当作一个发挥自身主动性的积极过程。它将帮助我们把为思考而教学、为理解而教学的改革理念变成现实。

此外，作者在书中还遵循理论联系实际的原则，分享了许多他们自己的和他们的学生——一群有志于改善自身教学技能的教师——的提问教学经验，把教师学习提问、学习在教学中应用有效提问的详细过程呈现在读者面前，栩栩如生地向我们阐述了提问与学习的具体过程、可能会遭遇的挑战与应对策略。

本书共分五个部分。第一部分"我们的提问之旅"介绍了两位作者的教学成长经历与反思；第二部分"关于提问的研究"深入研究了为思考而教学和理解性教学的相关文献，从中提炼出 Qu:Est 教学策略的理论基础；第三部分"学会提问"着重阐述了教师应如何学习利用 Qu:Est 教学策略提问；在第四部分"提问式学习"中，作者探讨了关于应用 Qu:Est 教学策略促成教学对话的各种细节问题。而在本书的第五部分"有效提问的研究之旅"中，作者和读者分享了一位教师学习有效提问的成长历程和一个提问的才能发展模型。

简而言之，本书形象生动、深入浅出地揭示了教师应该如何学习提问、如何在课堂中应用有效提问的全貌，是一本实用的关于教师提问技能发展的指导手册，它将有助于改善现有的师生互动与生生互动现状，缩短理论概念与学生生活经验之间的差距。相信读者会发现这本书既有趣，又能增长见识和提问技能。

译者在翻译过程中力求表述准确且完整，并补充了一些对特定概念的注释，以方便读者阅读。由于译者的时间和知识所限，书中必有疏漏和错误之处，希望得到读者的指正。

原 著 序

我和 Paul 对教师的提问行为进行了长达 24 年的研究。我们之所以对提问研究如此感兴趣,主要出于两个原因:首先,作为教师教育工作者,我们很想知道教师究竟是通过什么途径习得有效提问策略的;其次,作为教师,我们又热衷于尝试各种有效提问的实践,从而来了解它们对学生的思考与理解的影响。和所有教师一样,我们经常遭受各种失败的打击,不知道怎样做才能建构出有意义的、使学生能够深入理解概念的学习体验。同样,我们既希望我们的学生认真思考,也希望他们有能力监控自己的学习过程。

关于教师提问行为的研究业已为我们提供许多颇具洞察力的见解,它们告诉我们在课堂互动的时候应该做什么,同时又为我们提供了大量关于有效提问的信息。数目众多的书籍、论文与教师发展提案也都在关注有效的教师提问行为的发展;然而,课堂观察的研究结果却显示,教师在教学过程中并没有运用那些能有效促进学生思维的发展与完善的、有建设性的问题。绝大多数情况下,教师提出的问题都是一些低水平的、连珠式的记忆性问题,学生通常只需一两句话便能回答。为此,我们要提出的问题是"为什么会这样?"。

本书将从两个角度来分析有效提问:其一,教师如何学习利用有效提问;其二,有效提问将如何促成师生对话,以实现有意义的、目标明确的教学。本书旨在发展教师的有效提问技能。尽管有效提问的运用能有效地促进学生在自己的学习中发展出同样的提问策略,但本书不是一本教学生如何提问的书。本书描述的教学策略——Qu:Est(Questioning for Understanding: Empowering Student Thinking,为理解而提问:让学生开动脑筋）——深受塔巴教学策略（1964, 1966）的启发，加上 Lyle 和 Sydelle Ehrenberg（1978）的润色，以及 Dantonio（1990）的完善，现在它强调在引导学生发展和完善自身的理性思维的过程中，充分利用学生回答的重要性。

与此同时，我们选取了大量有关课堂提问、理解性教学、以智力为基础的研究、建构主义，以及儿童如何学习的文献作为 Qu:Est 教学策略的设计基础。在我们坚持研究提问的艺术，不断地从我们和其他运用 Qu:Est 教学策略的教师的经历中获取灵感的时候，我们通常围绕以下四个问题展开我们的研究：

- 当教师们学会在课堂互动中运用 Qu:Est 教学策略时，他们都经历了哪些事？
- 学习 Qu:Est 教学策略是怎样影响教师对课程、对学生和对学习的认识的？
- 在教师运用和反省 Qu:Est 教学策略的同时，教学又受到了怎样的影响？
- Qu:Est 教学策略对学生的学习产生了什么影响？

我们希望读者发现这本书阅读起来既有趣，又能增长见识。作为教师和教师的支持者，同时也为了增进与读者——热切期盼能通过自身的努力，为学生创造更多的有意义和有价值的学习机会的教师——之间的联系，我们在本书中分享了许多我们自己的及我们的学生（一群正在努力奋斗，致力于使教学变得更有意义、与学生的联系更为密切的教师）的经历。我们相信，Qu:Est 教学策略是一项十分重要的教学实践，它能缩小理论概念与学生生活经验之间的差距。

本书对学习提问与提问式学习的探讨

我们撰写的这本书将会成为教师手中的一种实用资源，能帮助他们增加教学互动，改善与学习者的教学对话。我们撰写这本书的目的是：

- 介绍 Qu:Est 教学策略，把它当作通过教学对话提高与完善学生的概念理解的一种途径；
- 通过介绍教师的教学故事或小插曲，解释教师在学习有效提问的过程中经历的复杂性；
- 描绘在让学习者参与教学对话时，教师可能会面临的各种挑战。

经过反复的考虑，我们决定把本书分成五部分。每个部分都要求读者能清醒、自觉地从不同的角度来研究有效提问。为了帮助读者更好地阅读和理解本书，我们尽量保留了第二部分的文献和研究参考，以及每个部分的介绍。

在第一部分"我们的提问之旅"中，我们将介绍几段自己在教学生涯中的亲身经历，以及我们对它们的反思，正是这些教学小插曲和反思促使我们萌生了研究教学提问的兴趣。第二部分"关于提问的研究"深入地讨论了影响为思考而教学与为理解而教学的文献资料。同时我们还将介绍关于有助于设计 Qu:Est 教学策略的提问的研究文献。我们将在第三部分"学会提问"中单独介绍 Qu:Est 教学策略，接着是第四部分"提问式学习"。在这一部分，我们将会探讨与运用 Qu:Est 教学策略来促成教学对话的有效提问相关的细节问题。在本书的最后一部分——第五部分"有效提问的研究之旅"中，我们将会分享一位我们的学生学习提问的经历，并邀请读者跟我们一起参与有效提问的研究。此外，我们还提供了一个我们在对教师进行专业化发展的培训过程中应用的才能发展模型。

本书采用的自学学习法

您可能是自己发现了这本书，并将独自完成阅读。如果本书提到了某些对您来说非常重要的事情，您才会去鼓励其他您重视的人来阅读它。然而，从我们的经验出发，我们发现，学习提问和学会在课堂上有效地利用提问的最佳途径就是和其他有类似意愿的人一起学习。我们鼓励我们的读者去寻找其他对提问研究感兴趣的教师组成一个互助式的自学小组，定期会面一起讨论和练习有效提问。为了加强读者个人和小组对学习提问与提问式学习的理解，我们在本书的第三、第四和第五部分设定了如下的学习工具。

引子：每一章的开头都有一段关于有效提问的思维操作或关键问题的简单描述。引子则用来描述这一章所涉及的思维操作或关键问题，为什么它对概念的理解很重要，以及这一章是如何组织的。

自学讨论：在这个部分，读者可以利用一个小插曲、课程计划或参考记录，仔细研究有效提问的思维操作或关键问题。通过提供各种与有效提问、如何处理切中要领的和答非所问的学生回答相关的案例，以及分析教学互动模式的步骤，对每一种思维操作或关键问题进行细致的评估。

研究建议与问题：每一章的结尾都设计了一些问题，邀请读者通过检查每段对话记录，或观察课堂教学情境中的某个有效提问的关键问题，对 Qu:Est 教学策略进行详细的研究，从而实现个性化的学习。其中设计的研究问题是用来帮助读者探讨教学行为的，以便读者能逐步形成组织教学对话的持久洞察力。

第三部分主要是利用下面的学习方法来描述 Qu:Est 教学策略的：

示范课设计：提供一系列示范课的计划纲要作为每一种 Qu:Est 教学策略的设计与组织指南。也可以把它们用来与学习者或其他教师一起练习对应的 Qu:Est 教学策略。

除课程设计被换成小插曲和对实践的反思之外，本书的第四和第五部分与第三部分的结构相同。

小插曲：小插曲其实就是教学片段，它以叙述的形式向读者解释这一章的中心问题。我们采用的是教师的小插曲，因为我们相信它们是唤起回忆、组织关键要点、使学习与教学经历更有意义的有效途径（Jalongo & Isenberg, 1997）。我们发现，教师的小插曲是反思一个人作为教师的才能发展的出发点。

我们同样也会介绍我们自己的经历小插曲。其中一些小插曲很长，达到了一篇短篇小说的长度。对于我们来说，这是经过一番深思熟虑之后做出的决定，也只有这样才能充分说明 Qu:Est 教学策略中内隐的各项技巧。尽管有效提问的练习有简单化的倾向，实际上它们需要花时间去组织，而且也只有通过补充事件的介绍，我们才能清楚地向您解释这些练习的微妙之处。

对教师学习的反思：在每一个小插曲的后面都会呈现一份评论这个小插曲的教师反思或者教师教育工作者的反思。这些反思可以帮助读者理解这位教师或教师教育工作者是如何看待发生在这个小插曲中的学习的。

最后，只有通过亲身体验，我们才有可能学好任何东西。在我们为概念理解而教学时，提问的本质要求我们调动自己的头脑参与反思，全身心地投入示范性教学。只有当我们的优质教学的概念真正进入学生的心灵和头脑，这时我们对优质教学观念的传递才算是卓有成效的。

我们相信，对我们的学生而言，以及对我们而言，在我们专注于融合了反思行为的练习的同时，理解就会发生。当我们练习教学时，我们便可以继续做我们感觉舒适的事情，无须多余的考虑并可以连续不断地进步。或者，我们可以研究自己是如何教学的，带着批判的眼光审视自己的行为，从而确定它们是否真的能促成合理的教育理论，以及它们是否真的与我们所认为的学生的学习方式相一致。

多年以来，我们一直都在很努力地探究我们自身的提问行为，积极地参与其他教育者的合理教学行为的策划过程，现在我们已经成为全球教育界中颇有价值的一员。通过整合我们实践者的诸多见解与学者的理论，我们可以形成和分享一个更成熟的观点，帮助您理解如何实现为思考与概念理解而教学的有效途径。我们也知道，通过相互分享我们个人的教学经验，我们搭建了一个"优质实践"的基本框架。在您研究 **Qu:Est** 教学策略的时候，您可以搜集属于您自己的教与学的经历，并把它们与我们的经历结合起来描绘一幅关于教师如何学习提问与我们如何利用有效提问影响学生学习的多姿多彩的美妙画卷。然后，您可以与我们一起分享您的见解。您可以通过 E-mail 联系我们（challou@maxminn.com）。

目 录

译者序 ·· I

原著序 ·· V

第一部分　我们的提问之旅

第一章　Marylou 的旅程 ··· 3
　　　通往学生回答的旅程 ··· 3
　　　提问作为学生学习工具的作用 ··································· 6
　　　作为一名教师教育者的成长 ······································ 10
　　　参考文献 ··· 11
第二章　Paul 的旅程 ·· 13
　　　各种概念彼此相关吗 ··· 13
　　　不——过程重于结果 ·· 15
　　　Duane 归来 ·· 16
　　　参考文献 ··· 18

第二部分　关于提问的研究

如果好的教学是一场对话，为什么"小小红色学校教室"
　　的方法依然存在 ·· 21
参考文献 ·· 25

第三章 一个充斥着噪声与混乱的故事······27
- 引子······27
- 以过程为中心的教学与提问······27
- 课堂观察研究······28
- 高水平提问与低水平提问的比较研究······30
- 一致性研究······32
- 总结······33
- 参考文献······34

第四章 穿透窗户缝隙的光芒······37
- 引子······37
- 针对理解的教与学······38
- 概念性思考······39
- 教学对话······40
- 有效提问······41
- 提问顺序······42
- 提问模式······46
- 元认知······50
- 有效提问的策略······51
- 总结······52
- 参考文献······53

第三部分 学会提问

- 参考文献······58

第五章 为理解而提问：让学生开动脑筋······59
- 引子······59
- 概念理解······60
- Qu:Est 教学策略······62

| | 研究建议与问题 | 67 |

第六章　有效问题的性质与功能
		69
	引子	69
	小插曲：这种思考要素相当重要	70
	自学讨论	76
	研究建议与问题	80
	参考文献	81

第七章　收集策略
		83
	引子	83
	观察与回忆策略	83
	观察的提问策略图	84
	观察的示范课设计	85
	观察策略的自学讨论	86
	观察策略的课程应用	88
	分析课程：观察	89
	回忆的提问策略图	92
	回忆的示范课设计	93
	回忆策略的自学讨论	94
	回忆策略的课程应用	96
	分析课程：回忆	97

第八章　搭桥策略
		101
	引子	101
	比较与对照策略	101
	比较与对照的提问策略图	102
	对照的示范课设计	103
	比较的示范课设计	104
	比较/对照策略的自学讨论	106
	比较/对照策略的课程应用	108

　　　　分析课程：比较与对照……………………………………………108
　　　　分组策略………………………………………………………113
　　　　分组的提问策略图……………………………………………114
　　　　分组的示范课设计……………………………………………115
　　　　分组策略的课程应用…………………………………………117
　　　　分组策略的自学讨论…………………………………………117
　　　　分析课程：分组………………………………………………118

第九章　锚定策略………………………………………………………123
　　　　引子……………………………………………………………123
　　　　贴标签与分类策略……………………………………………123
　　　　贴标签的提问策略图…………………………………………125
　　　　贴标签的示范课设计…………………………………………125
　　　　贴标签策略的自学讨论………………………………………127
　　　　贴标签策略的课程应用………………………………………129
　　　　分析课程：贴标签……………………………………………130
　　　　分类的提问策略图……………………………………………133
　　　　分类的示范课设计……………………………………………134
　　　　分类策略的自学讨论…………………………………………136
　　　　分类策略的课程应用…………………………………………137
　　　　分析课程：分类………………………………………………138

第四部分　提问式学习

第十章　通过提问认识事物……………………………………………143
　　　　第一次尝试……………………………………………………143
　　　　第二次尝试……………………………………………………145
　　　　第三次尝试……………………………………………………147
　　　　第四次尝试……………………………………………………151

	第五次尝试	155
第十一章	封闭式问题：你懂了吗	157
	引子	157
	小插曲：开启封闭式问题	158
	自学讨论	161
	研究建议与问题	163
第十二章	"谁来问一个更漂亮的问题"	165
	引子	165
	小插曲：提示性思考	166
	自学讨论	175
	研究建议与问题	177
	参考文献	178
第十三章	"完美的回答总是……"	179
	引子	179
	小插曲：我们来来回回地走着	181
	小插曲：组织对话	184
	自学讨论	192
	研究建议与问题	200
	参考文献	201
第十四章	应对正确与不正确的回答	203
	引子	203
	小插曲：学生的不正确理解——持有一些疯狂的想法	204
	自学讨论	206
	研究建议与问题	207
	小插曲：Tracy发现Christy是如何思考的	208
	自学讨论	210
	研究建议与问题	211
	小插曲：消除学生的错误想法并不简单	211

自学讨论 216

研究建议与问题 218

第五部分 有效提问的研究之旅

参考文献 221

第十五章 Steve 学习提问并进入提问式学习的旅程 223
  提问作为一个学习过程的地位 223
  授课、记录、编码与反思 226
  小插曲：对侵蚀的反思——鼓动学生思考 243
  结束语 245

第十六章 才能发展模型 247
  引子 247
  反思性练习 248
  才能发展模型 249
  试讲的类型 250
  第一种试讲：方法尝试 251
  课程设计的框架 253
  第二种试讲：模块化 255
  编码的框架 257
  第三种试讲：彩排 259
  协同训练 261
  结束语 263
  参考文献 264

第一部分　我们的提问之旅

―――――― ∽ ――――――

不知道为什么，我们都必须自己分析自己的教学行为。好在多数情况下，我们可以通过这个过程收集、分享每年的教学经验，进而丰富来年的教学。我们也能从自己的质疑和成功中整合出一套完整的教学技能，最终改进自己曾经扮演过的教师角色。这将是一个持续终生的发展与自我实现的过程。在第一部分，我们将和大家一起分享我们在学习提问的过程中、在提问式学习的过程中经历过的一些关键时刻。

Marylou 的经历可谓是一波三折。她被推到了一个自己并不认同的教师职位上，缺乏作为一名教师应有的自信。然而，她最终选择了专心致志地按照自己的方式组织教学。在整个第一年的教学中，她遇到了一位很不友好的管理者，他根本不支持她的实验教学法。尽管如此，她仍然义无反顾地向这所学校的教学规范发起挑战，并成功地找到了属于自己的教学法。在与学生的互动中，Marylou 有幸形成了自己关于教与学的独到见解，这从根本上改变了她对教学行为的认识，改变了她对有效提问在教学习者如何运用内在的思维能力的过程中所扮演的角色的看法。

与此同时，Paul 经历了从师资培训机构到第一个教师职位的转变，整个转变过程非常顺利。作为一名高中科学教师，他认为实验室是通往科学教学的必经之路。他的教学方式相当传统：借助课本和讲稿介绍科学概念。他以自己的实验室为荣，因为学生能够在实验室里运用和验证各种概念。可是，在攻读博士学位期间，与其他博士研究生的交往使 Paul 的教学观发生了戏剧性的转变。对探究式教育和科学加工技术的认识，改变了他对教师角色的理解。作为一名教师教育者，他仍在为改进教师的提问方法而继续奋斗。

第一章 Marylou 的旅程

通往学生回答的旅程

我是从 1974 年开始我的提问之旅的。当时,美国中西部的暑气未退,我疯狂寻找一个教师职位的热情尚未减弱,便在一所高中找到了第一份英语教师的工作。和其他刚从教师培训机构毕业的新手教师一样,我受过良好的语言训练和书法培训。因为缺乏教十年级语法与文学的实践经验,我感到有些不知所措,并且无法确定自己是否能承担这样的责任。我希望有时间来研究学校交给我的教科书。

为了掩饰我没有做好教学准备的不足,我决定让十年级学生在本学期的头两周撰写短篇故事。这样,我便有时间来研究语法教科书和阅读美国文学课本上的故事。那时,我还没有意识到正是我对现行教学法的忽视,才使我有幸确立了自己的教育学实践。

我和我的学生一起踏上了自我表现和学习的旅程,正是这段历程影响了我对学生学习与教师教学的认识。在教学过程中,我们成了合作学习者。因为我对学生的兴趣一无所知,所以我决心让他们自己选择故事的主题,并咨询他们对人物、情节、主题、矛盾冲突和故事背景的想法。当共同分享他们的想法时,我向他们提问,并借此帮助他们发现细节、展开描述。当学生在班里朗读自己创作的故事时,我们都为各自通过努力获得成功而欢欣鼓舞。他们不仅能把故事写得精致完美,而且还认识到写作热情是可以被激发的,他们也能正确地运用文法。正是在这个时候,我开始思考提问对学生学习的影响。

1975 年,即我教学生涯的第二年,在教师进修学院的 Lyle Ehrenberg

和 Sydelle Ehrenberg 的引荐下，我接触了塔巴教学策略。这是我第一次接触系统的提问方法。我最早是在一门叫"美国梦想机器"（The American Dream Machine）的课程中运用了塔巴教学策略。在那门课中，一个叫 Shelly 的学生给我上了一堂关于提问的课，她动摇了我的想法，并激励我成长为一名真正的教师和一名教师教育者。

Shelly 是一个十年级的学生，正在学习我的课程"美国梦想机器"。开课的第一周，她一直闷闷不乐地坐在教室后面。我也一直在做思想斗争，不知道应该如何营造课堂氛围才能让学生理解艺术和文学作品中描绘的美国社会。后来我决定尝试利用塔巴的概念发展策略把艺术品、文学作品与历史事件结合起来，以便学生能理解各个学科中出现的概念和关系。

大约在第二周，我决心抛弃先前的做法重新开始。于是，我要求学生重新布置课桌椅。他们满脸疑惑、动作迟缓地把课桌从整齐笔直的纵横排列变成自由却充满挑战性的 U 字形。全班学生显得焦虑不安。尤其是 Shelly，她显得格外心神不宁。我注意到她变得更加孤僻，多数时间头耷拉在椅子上，神情沮丧，而且身子还在不停地向椅子下面滑动，仿佛不想让别人看见自己。接着，我要求学生花两天时间观察艺术元素和美国油画的含义。完成资料搜集过程之后，Shelly 在课后找到了我。

她站在我面前，很不自在。往常她坐在教室后排的角落时，脸上总是挂着愁眉不展的表情。此刻，她那沉闷的表情一扫而空，取而代之的是颇为古怪的笑容。接着她问道："哎，你在做什么？"

"你说什么？"我回应道。

"就是这样，"她说，"你又做了一次。你期望我去思考。"

"我认为你已经领会了我的意思。"我微笑着说。

Shelly 看起来很迷惑。"太不一样了！我从未遇到一个老师会在课堂上问这么多的问题。而且，你从不告诉任何人是对还是错。你只是在不停地询问答案。"

"那样会干扰你吗？"我问。

"没有，那只是让我去思考'哪个答案就是你正在寻找的那一个？'。"

"给我举个例子吧。"我说。

"譬如说今天。当我们在看 Wyeth 的作品《远雷》(Distant Thunder) 时，你问的所有问题都是'你在这幅画上看到了什么？'。你在黑板上记下我们说的每样东西，然后让我们在画上指出正在讨论的内容。接着你又说：'你说她正在休息，是指什么？'当 Jim 说她正躺在草地上时，你说：'你注意到她的身体有什么特点让你认为她在休息？'这就好像你希望我们去了解为什么我们认为她在休息。"

"是的。"我肯定地点点头。

"哦，那你怎么想？"她表示不服。

"怎么了？"我提出疑问。

"不，每个人都有自己的看法。"她回答。

因为 Shelly 在课上没有发言，于是我问她："那你在这幅油画上发现了什么？"

她回复道："噢，我发现她有一杯刚喝过的某样东西，她的脑袋旁边有一盒蓝莓。我猜她正在享受夏日的无穷乐趣。"

"什么让你认为那是夏天？"

"那时蓝莓熟了，而且她在脸上盖了一顶帽子。"她又补充说，"狗的眼睛看起来也很懒散。"

"狗的眼睛怎么看起来很懒散？"我问。

"你知道狗从沉睡中被惊醒时看起来像什么吗？眼睛是半睁着的。我的狗一直都那样。"

"什么让你觉得这条狗的眼睛半睁着跟夏天有关系？"我继续追问。

"噢，夏天很热，狗正躺在草地上，茫然地向上张望着。夏天的太阳总是让人觉得又累又懒，狗也一样。"

"好吧！"我说，"那又是什么让你觉得狗正从沉睡中醒来呢？"

"狗的头正好抬在那儿——向上，不像它的身体那样趴在地上。它仿佛听到了什么。"Shelly 说着。忽然，她的眼睛一亮。"你知道，我刚刚想到了——这幅画的名字叫《远雷》。那雷声惊醒了狗！"

"嗯。"我立即回应。

"你知道，"Shelly 的眼睛闪闪发光，"我喜欢这种方式。我能感觉到我的脑子在思考。"她的笑容格外灿烂，兴高采烈地走出了教室。

"是的！"我心里想着，"Shelly，你已经抓住问题的关键所在了。"

第二天，Shelly 来到课堂，坐在教室前面，然后信心十足地说："我准备好了！"这便是 Shelly 获得学生权*的开端。

反思

我确信既然我能用这些问题影响 Shelly，我也一定能影响其他学生。我确信，不论多么艰难，让学生自己提炼概念的方法将是一种行之有效的教学途径。学生必须自己开动脑筋。对我来说，教学仅仅覆盖美国文学的内容还远远不够。我希望我的学生能了解素材是多么重要，以及它为什么这么重要。同时，我希望学生拥有自己的学习方法。我知道，我有能力推动学生更积极地投入到自己的思考和学习过程中。在和 Shelly 的谈话中，我渐渐明白，是她对我提出的问题的回答，而不是我的问题点燃了她的理解力。哇！我要找出更多学生会回答的提问。这些都是强有力的素材资料！

提问作为学生学习工具的作用

这一年中的某一天，我惊奇地发现校长出现在我的教室里，意欲旁听。他站得笔直，整个身体把门都挡住了。这时，上课铃声响起，他点点头，找了把椅子，在教室后面坐下。我疑窦丛生，不明白他为什么决

---

* 作者认为思考是学生的一项权利，讲授法限制了学生的自主思考，是对学生权利的一种抹杀。当学生重新开始思考问题时，也是他们重新获得学生权利的开端。——译者注

定造访我的课堂，毕竟一周之前他刚刚评过我的课。不过，我还是很高兴，因为我正准备上一堂关于短篇小说《扑克滩放逐的人们》(*The Outcasts of Poker Flat*)中人物特征的课，课前也做好了充分准备，而且一想到将要采用探究法来协助学生做推理，我就兴奋不已。我想，这将是一个绝好的机会，可以让校长见识一下我是多么善于引导学生思考，多么精通于帮助他们用各自的生活经验来理解一篇难懂的文学作品。于是，我们开始讨论。

"谁还记得这部短篇小说里的人物角色？"我发问了。然后学生开始回忆，而我则负责把学生想到的人物姓名写在黑板上。

接着，我从第一个角色开始提问："谈到这个角色，你想到了什么？"几个学生陆续陈述了几个源自故事本身的事实。我紧追不舍，要求他们详细说明、核实自己的信息。同时，为了体现每个人物角色的特征，我也让其他学生从故事或自己的生活经历中提取信息，补充更多的细节特征。直到总结完黑板上列出的所有角色的特征，我们才结束这项活动。

现在，黑板被分成了三栏（见下页图）。第一栏是人物角色的姓名；第二栏是选自故事本身的事实，包括这个角色曾经说过的话或做过的事，以及故事里的其他角色在讨论时对该角色的看法。我们把第三栏称作"人物特征猜想"。在这一栏中，学生必须以第二栏的信息为基础，列出关于这个角色个性特征的关键词。为了鼓励学生做推理，我会要求每个学生完成一个推论，即"你有什么理由可以说明那个角色具备那种品质？"。在一个学生回答这个问题时，其他学生则表示同意或否定。然后我会继续问："你凭什么同意或否定？"为了让学生能充分表达自己的观点，我会让他们自由讨论，相互询问故事中有哪些证据可以证明角色具备那种品质特征。这时，班里的声音特别嘈杂，学生一个接一个地、兴致勃勃地陈述和证明自己的观点。

一堂课下来，黑板上填满了学生提出的各种信息。我欣喜若狂：硕果累累的一堂课！学生也兴奋不已，因为他们通过自己的思考对这个故事的细节已经了如指掌，自豪之情油然而生。

角色姓名	故事事实	人物特征猜想
John Oakhurst	赌徒	洞察世事
	被囚禁	勇敢无畏
	贤明、智慧	讨人喜欢
Shipton 妈妈	语言粗俗	卑鄙
		邪恶
公爵夫人	行为举止歇斯底里	虚伪
		度量小
Billy 叔叔	离开城镇	沉默寡言
		敌对、不友好

校长昂首阔步地向门外走去，身体撞在课桌上，没做任何评论就离开了教室。那天晚些时候，我收到一张便条，让我放学后去找校长。我敢肯定校长准备称赞我上了一堂非常了不起的课。因此，当我快步地走进校长办公室时，整个人还沉浸在教学成功的喜悦之中。没想到，从我坐定的那一刻开始，暴风雨就朝我迎面扑来。

校长说："你问了很多问题。"

"是的。我认为这是让学生思考，让学生对文学感兴趣的最好途径。充分利用学生自己的亲身经历，并把这些经历和人物角色的经历联系起来，这样做可以把文学形象栩栩如生地展现在学生面前。而且您知道，我发现如果我持续不断地质疑每个学生的回答，他们便能提出更深刻的信息，并能把这些信息迁移到自己的生活中。我相信他们真的理解了文学是怎样反映生活的。"我滔滔不绝地说着。

"嗯。"他接着问，"你叫他们在其他课上也问这些问题吗？"

"是的。"我完全没意识到校长的暗示。"我告诉学生这些问题能帮助他们理解知识。我还告诉学生解释和验证可以帮他们获得许多解惑答疑的知识。"

"你有没有意识到当学生向其他老师提出这些问题时,会给其他老师带来多大的困扰?"他严厉地问道。

"什么?!"我跳了起来,浑身战栗。"我简直不敢相信!大家都认为我们要教会学生自己开动脑筋。这些问题可以帮助学生加工信息。如果其他老师不希望学生问这么多问题,那我也无能为力。假如学生也在其他课上发问,那么,我认为他们是在自己思考问题。我赞赏这样的行为!假如他们也在其他课上运用这种提问的方法学习,那就说明我教的东西有效果。"我抗议道。

"但是其他课与你无关!"校长反驳道。

顿时,我哑口无言。他继续说:"我强烈建议你告诫班里的学生,提醒他们不要在其他课上提那些问题。关于教学及如何影响年轻人,你还有很多东西要学!"

反思

我感觉被人掴了一巴掌。我不知道是该生自己的气,还是该生学生、其他老师、校长的气。我垂头丧气地离开了校长办公室。我不敢相信竟然还有人会压抑学生对知识的渴望,竟然还有人会阻碍学生发现学习知识的过程。现在,我发现我的学生正在其他课堂上运用探究式的学习方法。某种对我来说是教学方法的东西正逐渐变成学生的学习工具。可是,我的热情被封杀了,其他老师并没有看到提问的价值。为什么?

对此次经历和其他类似事件冥思苦想多年之后,我发现了解答这一疑问的原因:在我教学生涯的早期,我没能认识到,当时,我正在探索以理解性教学为基础的教育学原则。这种做法否定了常规的、以事实为基础的传统学习法。我决定,即使冒着被同事贴上"叛逆者"标签的危险,我也绝不能放弃。

作为一名教师教育者的成长

在我教学生涯的第二年初春,冬雪刚刚融化,我已经很清楚地意识到,不仅要下定决心在自己的教学中利用学生的回答来引导提问,而且要帮助其他教师明白利用这种方法的重要性。同时,我也知道,如果想改变其他教师的教学,我必须做好和他们一起奋斗的准备。

在这段时间里,有效提问使学生对学习产生了浓厚的兴趣,也有教师开始和我谈论关于提问的各项事宜,这些经历鼓励我去开展正式的提问研究。没多久,我便获得了课程与教学论专业的博士学位,专攻方向是教师发展。在我读博期间,"为理解而提问:让学生开动脑筋"(Questioning for understanding: Empowering student thinking, Qu:Est)的种子开始萌芽。

从无意间把提问作为一种教学技巧到成为一名专业的提问研究人员,我走过了一条漫长而曲折的道路。多年之后,我形成了对提问、对如何利用学生回答来引导提问的独特见解。当我的学生就读于教师培训机构,或从教师培训机构毕业后,我仍然从他们身上学到了很多东西,因而我完全相信,如果想影响教师的教学方式,必须有人先为他们提供一个可供参考的模范。要想改变教师的教学行为,首先必须改变教师对教学、学生和学习的认识。当我们不再仔细审视自己的教学假设和教学行为时,对教与学的错误看法便会乘乱而起。与此相反,一旦我们系统地钻研自身的教学假设,便能在教学实践中变得更有造诣。

同样,在研究和应用有效提问的 25 年里,我发现,只有当教师察觉到自己的行为能有效地影响学生的学习之后,持续不断的行为改变才可能发生。只有在与学生的教学对话中广泛应用有效提问,并不断反思自身的教学实践,才会出现行为改变。因此,要带着批判性的眼光看待我们的教学实践,要持有一种探究式的态度质疑我们在课堂中的所有言谈举止，研究我们是如何学会这样做的。在教学过程中，还要以探究的精神考察学生什么样的答案能让我们的学习与学生的学习拥有同样的价值。

反思

为了使提出的问题更有建设性和更有影响力，教师必须自愿进行教学试验，当教师的行为与学生的学习和成就融为一体时，教师还必须乐于反省自己的行为。这意味着为了制定出以可靠信息为基础的教学决议，教师应当积极主动地收集各种关于学生和自己的课堂数据，进行整理分析。在我们通过实践与反思，仔细研究自己学习提问的经历的同时，我们也会从一个学习者成长为一个富有爱心的专家型教育工作者。一旦成长为教育者，我们便能从根本上不断地影响学生的生活。

在学习过程中，我的学生——来自各地的教师——一直都在努力地了解富有建设性的有效提问的本质，以及这种提问行为对他们自己、对他们与学生的教学对话的作用。我自己也常常感到惊讶万分，因为在理解学生是如何思考这一问题上，总会源源不断地涌现出更多的需要学习和研究的东西。我的学生采用了很多有效提问的方法帮助他们的学生更深入、更深刻地进行思考，有针对性地找寻课程概念与生活经验之间的关联……他们的这些实践激励着我坚持自己的事业。正是通过他们的努力，我们对 Qu:Est 教学策略的认识才会更成熟、更深刻。在我聆听教师们讲述成功经验或失败经验的时候，我总会欣喜地发现，他们在学习和应用 Qu:Est 教学策略的过程中经历的兴奋、挫折和回报，这些与我当年的经历如出一辙。

参 考 文 献

Institute for Staff Development. 1991. *Hilda Taba Teaching Strategies Program*. Miami, Fl.: **Institute for Staff Development**.

第二章 Paul 的旅程

各种概念彼此相关吗

每一天，我都要硬着头皮向自己强调：科学是很重要的！它与孩子们的生活休戚相关。同时，我还必须让学生理解各种科学概念。而每一天，Duane 都会问我："为什么我们必须记忆这些毫无意义的废话呢？"我的答案永远都不能消除他的疑问。我一边为第二天的实验准备有关细胞结构的讲稿，一边感慨：幸好只有他一个人提出这样的问题。

获得硕士学位之后不久，我便开始了教学生涯的第一年。像20世纪60年代，前苏联卫星上天时代*（the Sputnik Era）培养出的大多数科学教师一样，我对生物科学课程研究会（Biological Sciences Curriculum Study, BSCS, 1959）提出的科学教学法深信不疑，因此，我也采用了这种方法。该方法将各种基础概念整合成许多主要专题，这为我提供了一个有效且连贯性很强的教学结构。这种教学法呈现出的原材料趣味性十足，实验亦极富挑战性。为了让学生在实验室中运用各种学过的概念，我成了一名调配时间、空间、学生和原料的专家。至今，我仍然是一名"清道夫"，四处搜寻能用于实验室的所有资源。

整个第一年的教学帮我熟悉了生物科学课程研究会的全部科学概念。我知道我的讲授准备充分，也感觉到学生正在努力学习。他们在测验中的表现非常出色。然而，实验室里则是另一番场景。在实验室里的那段

---

* 1957年前苏联发射世界第一枚人造卫星"旅伴一号"（Sputnik 1），美国上下大为震惊，由此，全国掀起新一轮中小学教育改革，全面加强中小学的数学、科学和外语等课程。美国教育研究领域把这一时期称为"前苏联卫星上天时代"。——译者注

时间，我怎么也不明白学生为什么不能发现概念与实际动手操作实验之间的联系。

多年后回想起这段经历，我才意识到，学生并没有赋予实验室应有的教学价值，他们只是把在实验室里的时间当成了游戏时间。我们在实验室里也只是在制造混乱：学生看着我的示范，不停地发出"嘀"、"啊"之类的感叹，轮到他们自己操作时，就只剩下一片混乱。每次放学后，我必须花数小时来清理房间，并为接下来的实验制订计划。

当时，虽然提问在我的教学中发挥了作用，但毕竟不是以探究为导向的。我也会提各种各样的问题，但绝大多数让学生回答的问题都只是为了验证我刚说过的话，或者只是为了让他们回忆课本上的知识。在我的讲稿中，最典型的问题便是："细胞的这些部分是什么？""你怎么解释细胞分裂？""这个细胞的细胞核在哪儿？"学生则会运用正确的语言来回应这些问题。我对此感到异常欢喜。我相信学生已经了解这些概念，因为他们能通过对课本的记忆来定义概念和举例。

在物理课的实验中，我总是在说："请确保你已经接好电路。""连接电路的电线在哪儿？""谁的电路能点燃灯泡？""谁没做？""为什么你认为这个灯泡不会亮？"这时，学生就会齐声回答："因为电路有问题。"接着我会说："需要修理、调整一下。"学生当然会听从我的指挥。我从没想过要问"你需要采取哪些措施才能接好电路？"之类的问题，或者更重要的问题"你学到的电路知识是怎么帮助你了解家用电器的运转方式的？"。

4年时间一晃而过，每年我都会遇到Duane提出的相关性疑问。因为每一年班上总会出现一个Duane式的人物，他会搅乱我认真备课的热情，他也会挑战概念并在学习环境中制造躁动不安。为此，我一直都在思考："我的教学可能遗漏了某样东西，它究竟是什么呢？"

反思

学生怎么会不理解这些概念的重要性和相关性呢？实验在做，科学方法也在教。当然，其中有太多的东西要记忆，但内容是可以应用的。

如果不理解概念，他们怎么可能会懂实验呢？我的错误假设阻挡了学生的学习之路。对"覆盖所有课程内容"的强烈渴望让我错误地指导了科学教学的基本概念——调查研究，丝毫没有关注到学生是怎样想、怎样构建概念为己所用的。

不——过程重于结果

在读博之前，我依然没有学会把调查研究和"科学性"融入个人的教学模式。读博期间，作为助教，我获得了一个合作教学的机会，为中小学教师介绍师范大学的科学方法。

我在读博士4年期间的合作伙伴是 Jerry Tucker。Tucker 是一位杰出的生物教师，他的组织能力和讲授能力不同寻常，他能把科学课程精确而又富有创意地转变成一项项的科学研究。我们从前苏联卫星上天时代之后的一门初级课程——"科学：一种过程方法"（*Science: A Process Approach*）（American Association for the Advancement for Science，1961）中挑选各种活动内容，向中小学教师介绍有助于问题解决和科学概念形成的科学加工技术的应用，即科学家运用的思维操作模式。

我们俩花了很长时间，讨论如何借助调查研究、加工技术在调查研究和科学概念建构过程中的角色来讲授科学课程的重要性。我至今仍能非常清晰地记得，在两个人一起完善和修正许多传统实验活动时，我是多么兴奋。在这段时间里，我经常反思自己第一年的教学经历，然后又诧异于自己当时为什么没有洞察教学思想。

这段教学经历是我提问之旅的开端，它也督促我去了解问题是如何影响思考和科学概念的理解的。尽管很难打破现有的讲授习惯，但我别无选择。我知道，如果希望准教师们采用这项加工技术，那么，我必须以身作则，在自己的教学中应用这项技术。建构一个加工技术的应用模型，让学生体会像科学家一样去思考，这两点对于发展准教师们的教学行为，督促他们在自己的科学教学中应用加工技术至关重要。加工技术要求教师能够提出一连串符合预期目标的问题来激发学生通过观察和收集数据进行思考，最终引导学生自己提炼出关于不同情境，尤其是关于科学概念的有理有据的结论。正是在加工技术的运用过程中，我感受到了教学的自由。

反思

在我感到自由的同时，也错过了某些东西。准教师们能够在自己的教学计划中贯彻加工技术，可是他们有时却弄丢了概念。如果遗漏了概念，他们怎么能成为一名有影响力的科学教师呢？"怎样才能通过加工技术把概念理解和科学教学结合起来？我能做些什么来帮助这些教师理解内容和加工技术？概念知识与教学生学会思考，孰轻孰重？……"这些问题令我茫然不知所措。

Duane 归来

从我第一次教学和第一次培训教师到现在，已经过去好多年了。我在一所大学担任科学教育学者业已超过 25 年。从事教师教育工作时，我致力于发展如何从研究和建构的视角讲授科学课的独到见解。我的学生也都能在开展科学概念教学时游刃有余地运用有效提问法。

我的学生都有机会在现实情境中验证刚学的教学技能。他们在学校里的教学实践经验令大家心满意足。他们也正在成长为一代既熟知科学概念和以启发思考为教学目的的教育实践，又对学生需求极为敏感的新型教师。

4 年前，我决心研究先前教过的一批准教师第一年的教学行为。令我忧虑的是，尽管他们说起发展学生的思维能力总是头头是道，但是他们的教学多半仍以记忆为中心。难道说他们在我的方法课上的所学为零？

看着他们的教学，我脑海中萦绕的全都是自己第一年的教学经历。我就像 Duane 那样，站着问他们："为什么你要让你的学生记住这些概念？这对学生来说毫无价值可言。"

我的学生不约而同地回答我："要涉及的材料太多了。如果把时间花在加工技术上，我就无法按时完成进度。""做实验时班上太吵了，而且其他老师也会抱怨，因此，我不再采用这种方法。""我必须保证学生都能理解概念，这样他们才能在标准测验中得高分。"他们把讲解等同于理解。

纵使我痛恨听到这些回答，可是我知道，这些信念已经严重影响了他们的课堂教学。我的学生，就像第一年参加教学工作时的我一样，不明白利用以过程为中心的方法进行科学概念教学对促进学生的概念理解能产生怎样的影响。这一现实又引导我去思考应该怎样进行教师培训，也促使我开始考虑在教师的第一年教学实践中维持导师指导和继续职业化发展的必要性。

反思

师资培训的结束并不意味着教师已经掌握了如何教学的全部技能，也不意味着学习就可以戛然而止。中小学和大学必须联合起来，为教师提供继续学习和发展教学实践的机会。一门讲授科学方法的课程并不能彻底改变多年以来养成的通过死记硬背学习科学的习惯。此外，安排给新于教师的第一年教学任务迫使他们只能以牺牲思维教学为代价，把教学精力集中于记忆学习。

我们不仅必须改变教学方法，而且必须更新教学观念。长期以来，我们都认为只要学生记住课本内容，能在测验中取得高分，就说明他们已经掌握了知识。这种观点是错误的。我们对学习、对大脑的运行机制及对教学了解得太多了，这导致我们盲目地认为记住术语就等于概念的内化。

对教师而言，为了能在实践中成功地运用探究式教学法，他们必须把多重教学经历与学习者自己的经历融会贯通；他们也必须在实际运用这些教学方法之前，利用调查研究的方法去了解这类方法的优势；同时在把某种教学行为提升为教学技能以前，教师们还必须参加一项不间断的、关于在安全的试验环境中进行教育实践的合作研究。在成为专家型教师之前，教师们需要大量的时间去实践，去反思不同的教学方法。一起学习新的教学方法就是最好的强化剂。这样，不仅课堂教学能得到改善，而且我们彼此之间还酝酿出了一种温馨的、将会持续整个职业生涯的团队精神。

为了更好地学习教学，教师必须相互支持，相互研究分析对方用于促进学生学习的教学方法。作为学习者的共同体，我们必须组成一个自学小组，考察教学成效、课程和评估措施是否能促进学生真正理解和发现教学内容之间的联系。同样，学校必须成为学生和教师的共同学习环境。教师的学习经历应该包括在安全的环境下能不断练习和反思新的教学方法的机会——这种环境既可以增长教师的技能，也可以避免因教师的重复演示给学生带来的重复学习的压力。

在我看来，教育领域已经很久都没有出现有知识、有才能的教师的声音了。实际上，教师在学校共同体中更容易成为强有力的教学指导者。我之所以会与人合著这本关于提问、学生理解和概念学习的书，是为了鼓励教师去争取他们在学校应有的教学指导者的合法地位。作为教育工作的指导者，我们有责任改进教学质量，也有责任让学生理解概念的内涵并有能力运用自己的智慧去研究和解决生活中的各种问题。

参 考 文 献

American Association for the Advancement of Science. (1961). *Science: A Process Approach (SAPPA)*. Washington, DC: American Association for the Advancement of Science.

Biological Science Curriculum Study. (1959). Boulder, CO: BSCS.

第二部分　关于提问的研究

如果我们想弄懂实践的意义，那么学会从个人和学者的角度来理解课堂提问就是最重要的。在这个部分，我们将为教师提供一些关于理论和研究导向的背景文献，这些资料曾对我们的课堂教学、有效提问和教学关注点（用以确保教学囊括以促进思考和概念理解为目标的教与学的两个过程）产生过重大影响。该部分会涉及四个问题：

1. 教师怎样才能实现以理解为目标的讲授与学习？
2. 概念学习是什么？
3. 为了理解概念，学生必须完成的认知操作是什么？
4. 教育工作者应该如何运用有效提问策略引导以概念理解为教学目标的学习过程？

这些问题不仅主导着我们的文献探讨工作，而且是第三部分即将探讨的 Qu:Est 教学策略的基础。

通过讲故事来帮助人们理解概念的形式，正好与我们的观念一致。因此，我们将从一位名叫 Victor J. Moeller 的教师撰写的一篇故事开始我们的探究之旅。Moeller 成功地捕获了教师们在运用教学对话研究教与学的过程中正面临的进退两难的境遇。第三章 "一个充斥着噪声与混乱的故事"，分析了自 1912 年至今的所有关于课堂提问的研究，还吸收了部分学校和教师教育改革的文献。第四章 "穿透窗户缝隙的光芒" 则提供了更详细的关于有效提问的资料。最重要的是，第四章着重考察了学生的回答在引导、发展和丰富学生的思考经验中的重要性。

  本部分旨在介绍影响概念理解教学的相关文献。理解的基础是学生有能力理解，并且学生能恰当地把认知操作作为概念研究的学习和监控工具。作为教育工作者，在运用这个重要过程时，我们必须留意自己的学习需要，并保证自己能娴熟地督促学生全身心地投入探究活动。

如果好的教学是一场对话，为什么"小小红色学校教室"的方法依然存在

Victor J. Moeller
伊利诺伊州雅各布中学

Robert Benchley 曾经断言，"世上存在两种人：一种人总爱给事物分门别类；另一种人则不然。"我就属于第一种人，所以，我倾向于以是否仍在沿用"小小红色学校教室"*（little-red-school-house）的学习（讲授）模式，是否让学生参与积极的学习活动为标准，对教师加以区分。我之所以这样做，不仅因为我以前遇到的大部分教师都认为自己是学习过程中最重要、最不可或缺的一部分，而且因为即使在今天，仍有很多教师在沿用讲授法。与此相反，所谓的苏格拉底式的教师都知道学生才是学习过程中最重要的环节。

例如，我的中学美国文学教师 Prosser 先生。他几乎每次上课一开始就会向我们宣布这节课的目标是什么（"这节课结束时，你们就能鉴别出海明威式的'硬汉形象'具备哪些特征"）；紧接着，向我们解释他认为有些内容跟我们的生活知识相关，或者能增长我们的常识，并期望我们的脸上能呈现出一种迫切渴望答案的表情（"海明威式的'硬汉形象'概念可以为你们提供一个衡量英雄主义的标准"）。

然后，整个课堂就像一场个人演讲。Prosser 先生了解"硬汉形象"的一切基本特征，他正打算告诉我们这些特征，并提醒我们他已经告诉了我们，之后便会要求我们告诉他刚才他告诉我们的东西。他把这个过

---

* 纽约斯科特斯德老镇（Old Town Scottsdale）的一处古老建筑，始建于 1909 年。这所学校当年曾以应用讲授法而闻名，作者借用这个词主要是隐喻讲授法。——译者注

程叫作最后的评估,或者"检查我们是否已经学会了"。我们,作为学生的工作就是"集中注意力"。换句话说,就是要善于接受,顺从于他,认真仔细地记笔记。他也不允许我们提任何问题或做任何评论,因为这会打断他的讲课;然而,我们却可以问一些只需简单说明的问题,如:"'爱管闲事'是什么意思?""James L. Roberts是谁?""你凭什么断定这份材料是一份文学评论?"

我们都会了解"硬汉形象"意味着什么,因为Prosser先生知道那是什么。他的权威不容置疑,而且证据充分,毕竟他有一个硕士学位。结果,我们毫不犹豫地认为Prosser先生说的都是对的,尽管有时我们根本不知道他在说什么。他总是向我们强调:"总有一天你会明白,总有一天一切都会明了的。"既然他必须"检查学生是否听懂了",那么,每节课结束时他都会安排一个客观测验("我是施测者,你们是应试者")。尽管如此,每次测验前(他都会说"为公平起见"),他都"愿意回答"我们的任何问题。那些提问题的学生很快就会因为拍马屁而被同伴鄙视,不过,Prosser先生好像也认为学生没有问题就说明他讲得很成功。

与Prosser先生大不相同的教师,如我的大学当代文学教师Kenelm Basil。每堂课开始时,他从不告诉我们将要学什么(他并不确定我们能在课堂上学到什么,当然,尽管那只是他一厢情愿的希望),但会提出一个关于当天阅读任务的主要内容的问题。一般情况下,他都从描述一个基本问题开始,并把这个问题写在黑板上,然后让我们所有人都在便条纸上写下自己的初始答案。例如,"在Vonnegut的小说中,'Harrison Bergeron'渴望出类拔萃的意愿与做个普通人的心愿同样强烈吗?"既然问题已经具备了质疑答案的重要因素,那么,这堂课的焦点就是讨论这个问题。因为Basil先生从不在讨论中发表自己的意见(他不是参与者,而是引导者),只会追问我们的答案,所以随着时间的推移,我们逐渐相信在他的观念中"正确"答案不是唯一的。事实也的确如此,讨论小组很快就认识到存在多个正确答案是可能的,因为小说本身的素材就是从两个方面来阐述问题的。简而言之,我们的教师引出了一个真问题作为讨论主题，他自己也不确定答案是什么。

作为学生，我们必须积极主动地阐述自己的答案，检验别人的答案并判断是否有足够的证据支持，利用证据处理前后矛盾的答案，同时还要听取更多的意见。在 Basil 先生的课堂中，学习不是被动的接受，而是一场不同观点的碰撞。真理的检验标准不是教师的权威，而是理性和证据。课程最后要形成一个决议，因为提问终归是为了探索答案。这个时候，Basil 先生会要求我们回顾自己的原始答案，然后写一篇一页纸的评论来阐述我们对基本问题的全面理解。Basil 先生并不要求通过投票选出小组的一致意见或真理，而是争取每个人都形成对问题的个性化理解："倘若你刚刚在讨论中听到了这个答案，你现在对这个问题的结论或解释是什么？"

终于解放了！当别人正在解释的东西恰好是我上课前刚刚攻读过，或者刚在图书馆看过，或者刚在英特网上研究过的内容时，我不必继续安静地端坐着，完全可以站起来参与他的阐述。我不再觉得自己是在机械性地重复教师的思想，也不再有人告诉我他期待我能学会什么。更重要的是，Basil 先生让我有机会，更确切地说是，有挑战的机会、自己独立思考的机会和为自己的观点负责的机会。学习的责任已经掌握在自己手中，随之而来的还有形成个性化见解的喜悦和个人满足感。我已经学会面对疑问，学会揭示隐藏在答案背后的问题。总之，我已经学会了如何学习。

不要误会。一些所谓的苏格拉底式的教师并没有掌握能促进自己和学生发展反思和独立思考习惯的具体方法，他们并不能像 Kenelm Basil 那样引导学生的讨论。对他们来说，多数情况下，课堂讨论更像是一场闲谈，在这里每个人的观念都得到同等的尊重，在这时每种观点听起来也都很不错。这种教师实际上是把发表观点的权利误解为任何看法都是正确的。承认所有想法在他们这里变成了教学目标，而头脑风暴（毫无成功希望的类推）则被作为一个认知过程备受推崇——"要记住，难道我们不知道所有事物都是相对的，不存在绝对的事物吗？"

存在的另一个极端是，伪苏格拉底式的教师热衷于披着讲课外衣的诡辩。这些教师假装引导学生分享大家的调查结果，但他们的课堂最终都演变成一场某个富有洞察力的学生或者以指导者身份出现的教师观察者的独角戏，所有的交谈内容都是为了证明一个唯一正确的答案。这些教师通常用以下几种方式来表明自己的目的：提对答案有诱导性的问题（如"老实说，你怎么认为 Vonnegut 会同意你的观点呢"）；接受教师本身认同的不具体且不具挑战性的观点；只发展争端的某条孤立线索或问题的某个方面；把自己的观点插入讨论中（如"我认为你们都忽略了第 6 页的重要信息"）；评论学生的回答（如"James，非常棒！我以你为骄傲"，或者是，"Maria，我认为你最好重新考虑你的答案。你忽视了一些东西"）；最后一种方式是试图达成小组的一致意见（如"多少人认为成为优秀者的渴望和做个普通人的意向是否同样强烈？"）。

假如我方才提到的这些关于伪苏格拉底式教师的内容不真实，那么，人们该怎么解释下面这些学生和教师的普遍行为呢？

教师："不论我什么时候试着展开讨论，学生总是拒不开口，最多有一两个学生发言。他们抓不住问题的要点。我必须告诉他们。"

学生："我的答案对吗？Jones 夫人？"

教师："开展讨论就是浪费时间。我必须完成课程。"

学生："但是，Jones 夫人，正确答案是什么？"

教师："我必须提高学生的测验分数。没有时间花费在无休止的讨论上，我有 120 个学生，这是真的。"

学生："既然您知道答案，为什么还要不停地问问题呢？"

教师："学生不知道该怎么问问题。总之，讨论简直太糟糕了。"

学生："您总是不理我，给我打 C，可我并没有扰乱您的课堂。"

教师："我不相信学生能自己思考问题，他们只会不停地提一些傻问题。"

但是，那不正是关键点吗？师傅—学徒体制中的教师不明白，在进行真正的思考时，错误的答案是学习过程的一个必要组成部分。真正苏格拉底式的教师能辨别和接受学生的错误，并且他们认为"傻问题"在学生成长过程中是不可避免的，因而学生有权出现错误。然而，思考的确很困难，学生就像抵御瘟神一样地抗拒思考："我不知道。""你为什么要叫我回答问题？我并没有做别的事。""谁会感兴趣？""这有什么不同？""去问别人吧。"最后值得提一句的是，如果思考很简单，那么，它就会遍地开花。

反思

　　Prosser 先生和 Basil 先生之间的根本性差异可以归结为谁应该承担学习责任的问题吗？Prosser 先生的课堂行为说明教师应该为学生的学习负责，而 Basil 先生的行为则意味着学生应该对自己的学习负责。除了学生自己，还有谁可以让学生相信他们会对自己的学习负责呢？此外，教师通常是通过讨论、对话和问题解决的方式让学生清醒地认识到他们知道什么和不知道什么，还是通过讲课让学生认识自己的能力水平？

　　美国基础教育委员会的 James Howard 最近在国家广播电台的一次谈话中提到："教育就是在你忘记你从学校所学的一切之后，你所剩下的东西。"我很想知道 Prosser 先生会怎么解释这句话，但我知道 Basil 会怎么评价这句话。

参 考 文 献

Victor Moeller's Web page: http://user.mc.net/~moeller/index.htm
e-mail: moeller @mc.net

第三章 一个充斥着噪声与混乱的故事

引　子

  1912 年，Rommiett Stevens 完成了对教师课堂提问现状的观察报告。她发现，教师在课堂上的提问数量格外惊人——平均每天提问 395 次。其中，绝大多数提问（约占总数的 $\frac{2}{3}$）都与死记硬背的记忆问题直接相关。很明显，教师们除了要求学生复述课本内容外，对学生别无他求。数十年来，研究者一直都在考察教师的提问行为，希望能提高有效提问在理解性教学中的使用率。然而，在 90 年后的今天，研究教师课堂提问行为的文献却显示，90 年来，我们的课堂没有发生任何改变可以驳斥 Stevens 1912 年的观察结果：教师在课堂上仍然固执己见，坚持让学生回答低水平的、以记忆为导向的问题。这些问题根本不要求学生展开任何具有反思性、创造性或具有批判性的思考。

  为什么？

以过程为中心的教学与提问

  前苏联卫星上天时代，研究者开发出一套系统的教学策略作为美国课程的核心内容。当时的很多学者和学科专家，尤其是自然科学和社会科学研究领域的学者和专家，开展了大量关于教学实践和课程的研发活动，旨在提出一套以学科本质和杜威（John Dewey）的进步主义理论为基础的探究方法。他们强调，为了发展和完善学生的认知加工，教与学应该集中围绕课程范围和课程顺序展开（Ausubel, 1960; Bruner, 1960; Bruner, Goodnow, & Austin, 1967; Smith and Meux, 1962; Suchman, 1958; Taba, 1966; Taba, Levine, & Elzey, 1964）。探究或以过程为中心的教学策略，如概念发展、数据解释、科学方法与问题解决策略等，得到美国教育部、国家科学基金会和其他募捐机构的支持和资助。

这些以过程为中心的教学策略以教师对学习是如何发生的认识为基础，其重中之重就是教师能有效地利用提问来引导和指导学生的思考过程或思考体验。因此，皮亚杰（Piaget）和布鲁纳（Bruner）的学习理论大受课程开发者的重视。

1964年，塔巴及其同事，像其他20世纪60年代的教育者一样，创立了三种教学策略——概念发展、数据解释和类化应用，一种策略就意味着一种特殊的认知操作，它们借助一连串严格按先后顺序排列的问题来激发和引导学习者进行思考。关于提问，塔巴等人（1964）写道："问题是新形成的认知系统的承载者。"（p.177）在研究者热衷于把探究方法融入课程的同时，Smith和Meux（1962）的课堂观察报告却指出课堂讨论的逻辑性和酒吧交谈相差无几。这一发现在一定程度上缓和了人们对以过程为中心的教学策略的狂热追求。

课堂观察研究

继20世纪60年代以探究为导向的课程和教学重点之后，Meredith Gall（1970）回顾了教师课堂提问行为的相关文献。他认为，教师的问题苍白无力，毫无意义。其中，60%为低水平记忆问题，20%为方法问题，只有20%的问题要求学生思考。在接下来的20年里，考察教师提问行为与学生成就之间关系的教育文献蜂拥而至，声势浩荡（Gall & Rhody, 1987; Gall et al., 1978; Hare and Pulliam, 1980; Mills, Rice, Berliner, &

Rousseau，1980；Redfield & Rousseau，1981；Rosenshine，1971；Ryan，1973，1974；Winne，1979）。

有关教师课堂提问行为的观察研究一直都在支持一个论断：教师普遍延续了以事实为导向的提问风格（Gall，1970；Shake，1988；Wood & Muth，1991）。内容领域的调查研究也遥相呼应，指出教师在学科方面的提问普遍以考察记忆力为导向。例如，Daines（1981）指出，小学和中学的社会学科教师平均每分钟会提 1.5 个文字问题。科学教育学家 P. E. Blosser（1980）曾发表过一篇关于科学教师提问行为的文献评述，他最终得出一个结论：科学教师的绝大部分提问只要求学生记忆或背诵。8 年之后，Swift、Gooding 和 Swift（1988）发现，在中学科学课上，85.9% 的教师提问都停留在记忆水平。问题再度出现了：为什么会这样？

1983 年，美国首次公布了政府报告《国家在危机之中》（A Nation at Risk）（National Commission on Excellence in Education，1983），开始把一场持续到 20 世纪 90 年代的学校和教师改革纳入当时的教育发展议程中。这些改革议程对学习造成了两大冲击：理解性教学和差异性教学。决策者和教育学者坚信美国必须为教育建立一个"世界级的标准"。因而，要求对美国学校教育进行改革的呼声再一次聚焦于要制定严格的内容标准和培养学生的认知能力。

一年后，Goodlad（1984）发表了一篇关于美国课堂研究的文章——《一个名为学校的地方》（A Place Called School）。教师的提问现状再次被抨击为毫无指望。Goodlad 发现，约 75% 的教师的提问时间都用于记忆或背诵水平的问题，只能激起少数学生回答，甚至无法收到任何反馈。与此同时，Theodore Sizer（1984）宣称他在观察多个郊区学校时发现：

学生和教师之间几乎不存在持续交谈的机会。（教学）模式只是一个句子或两个句子的交流……明显缺乏对话。因此，教师能系统地、有理有据地引出学生观点的场面也相当罕见……人们必定会猜测对学生思考的细致探索并不是重要的优先项目。（p.82）

霍华德·加德纳（1991）在对美国学校教育的批判——《未经教育的大

脑》(The Unschooled Mind) 一书中，与 Sizer 的观点产生了共鸣。加德纳认为，现在的教师具备了一大特点，即更愿意寻找和接受儿童的"死记硬背的"、"模式化的"和"传统的行为表现"，根本没有意识到应该效仿儿童的学习过程，采取适当的教学方法。他进一步表明，"学校对深层理解的关注的相应匮乏也折射出一个事实：大多数情况下，对教育管理人员而言，形成某种理解的目标并不是需要重点考虑的优先项目。"(p.8)

6 年后，Linda Darling-Hammond（1997）在《学习的权利》(The Right to Learn) 一书中指出，国内外的研究一致认为大多数的美国教学实践强调死记硬背式的学习。尽管学者的文献中到处都渗透着学校改革的口号——"为理解而教学"，但是它并没有变成课堂教学的现实。截至 2000 年，美国的教师以及美国的学校课程仍然沉迷于知识的传授。

为什么？

高水平提问与低水平提问的比较研究

当公众不断关注对课堂提问的研究时，教师们仍然在坚持使用记忆性提问，而那些致力于培养学生批判性思维能力的教育研究者则已开始尝试着去调查、探究教师的高水平提问对学生学业成就的影响。时至今日，仍然有许多教育者和研究者在坚持：为了提高学生的学业成就，增长学生的学识，教师必须采取高水平提问。

为了考察高级提问的有效性，研究者以布卢姆的《教育目标分类学》(Taxonomy of Educational Objectives, 1956) 一书为依据，提出了一套认知操作体系，并把它作为划分课堂提问的一种方法。在很多调查研究中，用来考察学生知识水平和理解水平的教师提问被定义为低水平提问，用以考察学生的应用、分析、综合和评价能力的教师提问则被当作高水平提问（Hunkins, 1989）。而高水平提问是否与学生的成绩直接相关，一直是学者们争论的焦点。多年来，高水平提问与低水平提问的比较研究，以及这些问题对学生成绩的影响的研究，大多数仍处于混乱阶段，有时甚至会令人大失所望。

对高水平提问与低水平提问的比较研究，揭示了一个自相矛盾的悖论。Rosenshine（1971）认为，当教师运用低水平提问方式时，学生学得最好。10年之后，Redfield和Rousseau（1981）对教师提问研究进行了元分析，结果却指出："教学期间，如果高水平提问占优势，就能对学生的成绩造成积极影响。"（p.241）Winne（1979）在整理了18篇调查研究报告之后表示："缺乏有力的结论可以证明高认知水平的问题与学生成绩的提高之间存在正相关。"（p.46）在回顾了14篇以往的研究性论文的基础上，Samson、Strykowski、Weinstein和Walberg（1987）证实了Winne的早期发现。他们认为，很少有证据支持高水平提问能提高学生的成绩。

尽管如此，研究者对高水平提问与低水平提问的效果进行了一些合理的推断。有关研究显示，提问水平应该与学习者的目标直接相关。低水平提问的运用能有效考核学习者的理解力，也可以用于教会学习者掌握进行高水平思考所必需的基本技能（Berliner，1987；Rosenshine，1971）。Gall（1984）曾报道，在小学阶段，对社会经济地位低的学生来说，记忆性问题与基本技能的获得之间存在正相关，高级认知问题显然对年长的、能力一般或能力超常的学生更有促进作用。最后，一些研究者发现，高水平提问的运用能影响学生回答的复杂性和深度（Cole & Williams，1973；Lange，1982），最终能加深学生对问题的理解。即使出现了许多看似重要的发现，Brophy（1986）仍在提醒人们要注意高水平提问并不是绝对优于低水平提问的。

虽然教育文献中充斥着关于高水平提问与低水平提问的对比研究，但是，它们并没有给课堂实践带来任何实质性影响。教师们仍然热衷于只要求记忆或复述的问题。Gall（1984）曾提出，既然教师仍在坚持使用背诵，那么，应该开展相应的工作帮助他们更好地利用背诵。即便如此，关于高水平提问与低水平提问对学生成绩的影响的争论持续到今天，仍未找到一个清晰的、令人满意的答案。

一致性研究

教师的认知性提问与学生回答之间的关系与高水平和低水平提问的比较研究紧密相连。这类研究为我们提供了一条更有效的途径来考察高水平提问与低水平提问的不同，这也为课堂实践者提供了一些合理的提问建议。为了探究教师提问与学生回答之间的认知一致性，Mills、Rice、Berliner 和 Rousseau（1980）强调："他们的研究结果为消除教师的提问类型与学生的回答类型高度相关的观念奠定了坚实的基础。"（p.200）Dillon（1982）提出，学生在回答高水平问题时，有 50% 的机会会生成低水平的答案。Dantonio 和 Paradise（1988）也发现，记忆水平的教师提问与学生回答之间的一致性比鼓励学生进行推理性思考的问题更高。

教师提问与学生回答之间的认知一致性的研究显示，教师提问中的推理水平并不等于学生在回答中能效仿达到的思维水平。在布卢姆的分类学中被指定为高水平的问题，并不要求学生在回答该问题时也达到同等的思维水平。它完全依赖于学生占有的背景知识和回答问题所需的信息。如果学生曾经获得过某种形式的信息，然后，在回答教师预设的高水平提问时就只需简单地回忆这一信息。"一个分析、综合或应用性质的提问，可能只有一半的机会获得一个能反映分析、综合或应用的答案。"（Berliner，1984，p.64）简而言之，对教师提问与学生回答之间的认知一致性的最好描述就是，这是一项具有风险的事业。

虽然如此，这类研究还是审慎地向课堂实践者说明了有效课堂提问的质量问题。Mills 等人（1980）发现，教师提问的水平和学生回答之间几乎不存在任何关系。但是，他们认为："教师表述问题的清晰度和明确性，将会影响学生答案的清晰性、明确性和一致性。"（p.202）作为教师，我们应该慎重考虑提问的目的和措辞的严谨性。我们要确定学生是否正在运用我们期望的信息和认知操作，并且要运用能帮助学生理解和监控自身认知操作过程的教学方法。

总　　结

　　数十年来，人们的积极性洋溢在学校改革、宣言和课程改革的热潮中，而在美国的课堂实践中却保持着始终如一的缄默。教师总是要求学生回忆各种信息，这种记忆式的限制性学习在当前的课堂实践中占据着绝对的统治地位，并且根基牢不可破。然而，在当代教育文献中继续回荡着"为理解而教学"的呼声，而且混乱之势越发明显。我们不再忽视存在于教育改革呼声中的、催促为理解而教学的不和谐之音。无论提问是高水平的还是低水平的，我们都只能通过对学生知道什么和如何知道的分析来了解学生的真实理解状况。我们必须运用教学法来保障学习的质量，这就意味着学生有能力，并且能运用现有能力来形成概念、解决问题和确定合理的决策。

　　我们不能把对美国教师提问现状的不满和批评孤立地看成只是所有课堂实践者的问题。在美国社会中，有很多课堂实践者的先驱，他们一直都在为美国社会普遍把更高的标准化测验分数等同于记忆内容的现象忧心忡忡。这些教师知道，优秀的学习意味着学生不仅应该在测验中拿高分，而且应该知道如何学习。记忆教学的有效性并不充分。

　　可是，缺乏经验的大众忽视了——有时甚至是害怕——那些能推动理解性教学和概念学习的教育方法。正是大众的忽视或害怕，阻碍了既有广博知识、又富有人道精神的实践者实施以过程为中心的有效教学实践。正如 Linda Darling-Hammond（1997）曾说过的：

　　政策制定者和教育工作者也需要为教育学制定一项新政策。这项新政策必须成为所有中小学教育中的常规组成部分，为理解性教学的发生提供支持，而不是颠覆。（p.95）

　　在研究者和政策制定者强烈要求为美国课堂正在开展理解性教学提供

令人信服的证据的同时，我们——作为课堂实践者——也必须辅助领导阶层，引导大众理解这一教学变动对于学习的意义。只有通过积极参与，而不是反抗提高教与学的质量的呼声，我们才能成功地组织教学，用实际行动来向大家保证：理解性教学并不是只有吵闹和愤怒的、无关紧要的小事。

参 考 文 献

Ausubel, D. P. (1960). The use of advance organizers in the learning and retention of meaningful verbal material. *Journal of Educational Psychology, 51*, 267–272.

Berliner, D. C. (1984). The half-full glass: A review of research on teaching. In P. L. Hosford (Ed.), *Using what we know about teaching* (pp. 51–77). Alexandria, VA: Association for Supervision and Curriculum Development.

Berliner, D. C. (1987). But do they understand? In V. Richardson-Koehler (Ed.), *Educators' handbook: A research perspective* (pp. 259–291). New York: Longman.

Bloom, B. S. (Ed.). (1956). *Taxonomy of educational objectives, Handbook I: Cognitive domain*. New York: David McKay.

Blosser, P. E. (1980). *Review of research: Teacher questioning behaviors in science classrooms*. Columbus, OH: Educational Resources Information Center.

Brophy, J. E. (1986). Teacher influences on student achievement. *American Psychologist, 41*, 1069–1077.

Bruner, J., Goodnow, J. J., & Austin, G. A. (1956). *A study of thinking*. New York: Science Editions, Inc.

Bruner, J. S. (1960). *The process of education*. Cambridge, MA: Harvard University Press.

Carnegie Forum on Education and the Economy. (1986). *A nation prepared: Teachers for the 21st century*. Washington, DC: Author.

Cole, R., & Williams, D. (1973). Pupil responses to teacher questions: Cognitive level, length, and syntax. *Educational Leadership Research (Suppl.), 142*–145.

Commission on the Education of Teachers into the 21st Century (1991). *Restructuring the education of teachers*. Reston, VA: Association of Teacher Educators.

Curriculum Committee of the Holmes Group. (1991). *Toward a community of learning: The preparation and continuing education of teachers*. East Lansing, MI: Author.

Daines, D. (1982). *Teachers' oral questions and subsequent verbal behavior of teachers and students*. Provo, UT: Brigham Young University (ERIC, ED 255 979).

Dantonio, M., & Paradise, L. V. (1988). Teacher question-answer strategy and the cognitive correspondence between teacher questions and learner responses. *Journal of Research and Development in Education, 21*, 71–76.

Darling-Hammond, L. (1997). *The right to learn*. San Francisco: Jossey-Bass.

Dillon, J. T. (1982). Cognitive correspondence between question/statement and response. *American Educational Research Journal, 19*, 540–551.

Gall, M. D. (1970). The use of questions in teaching. *Review of Educational Research, 40,* 707–721.

Gall, M. D. (1984). Synthesis of research on teachers' questioning. *Educational Leadership, 42,* 40–47.

Gall, M. D., & Rhody, T. (1987). Review of research on questioning techniques. In W. W. Wilen (Ed.), *Questions, questioning techniques, and effective teaching* (23–43). Washington, DC: National Education Association.

Gall, M. D., et al. (1978). Effects of questioning techniques and recitation on students' learning. *American Educational Research Journal, 40,* 175–199.

Gardner, H. (1991). *The unschooled mind*. New York: Basic Books.

Goodlad, J. I. (1984). *A place called school*. New York: McGraw-Hill.

Goodlad, J. I. (l990). *Teachers for our nation's schools*. San Francisco: Jossey-Bass.

Hare, V. C., & Pulliam, C. A. (1980). Teachers' questioning: A verification and an extension. *Journal of Reading Behavior, 12,* 69–72.

Holmes Group. (1986). *Tomorrow's teachers: A report of the Holmes Group*. East Lansing, MI: Author.

Hunkins, F. P. (1989). *Teaching thinking through effective questioning*. Boston: Christopher-Gordon Publishers, Inc.

Lange, B. (1982). ERIC/RCS report: Questioning techniques. *Language Arts, 59,* 180–185.

Mills, S. R., Rice, C. T., Berliner, D. C., & Rousseau, E. W. (1980). The correspondence between teachers' questions and student answers in classroom discourse. *Journal of Experimental Education, 48,* 194–204.

National Commission on Excellence in Education. (1983). *A nation at risk*. Washington, DC: U.S. Department of Education.

National Commission on Teaching and America's Future (NCTAF). (1996). *What matters most: Teaching and America's future*. New York: Author.

National Council of Teachers of Mathematics. (1989). *Curriculum and evaluation standards for school mathematics*. Reston, VA: Author.

National Council on Education Standards and Testing (NCEST). (1992). *Raising standards for American education*. Washington, DC: U.S. Government Printing Office.

National Foundation for the Improvement of Education (NFIE). (1995). *Touching the future*. Washington, DC: Author.

National Foundation for the Improvement of Education (NFIE). (1996). *Teachers take charge of their learning: Transforming professional development for student success*. Washington, DC.: Author.

National Governor's Association. (1986). *Time for results: The governor's 1991 report on education*. Washington, DC: Author.

Redfield, D. L., & Rousseau, E. W. (1981). Meta-analysis of experimental research on teacher questioning behavior. *Review of Educational Research, 51,* 237–245.

Renaissance Group. (1991). *Teachers for the new world*. Cedar Falls, IA: University of Northern Iowa.

Rosenshine, B. (1971). *Teaching behaviors and student achievement*. London: National Foundation for Educational Research in England and Wales.

Rosenshine, B. (1973). Teaching functions in instructional programs. *Elementary School Journal, 83,* 335–351.

Ryan, F. L. (1973). Differentiated effects of levels of questioning on student achievement. *Journal of Experimental Education, 41*, 63–67.

Ryan, F. L. (1974). The effects on social studies achievement of multiple students responding to different levels of questioning. *Journal of Experimental Education, 42*, 71–75.

Samson, G. E., Strykowski, B., Weinstein, T., & Walberg H. J. (1987). The effects of teacher questioning on students' achievement. *Journal of Educational Research, 80*, 290–295.

Shake, M. C. (1988). Teaching questioning: Is there an answer? *Reading Research and Instruction, 27*, 29–39.

Sizer, T. R. (1984). *Horace's compromise: The dilemma of the American high school*. Boston: Houghton Mifflin.

Smith, B. O., & Meux, M. (1962). *A study of the logic of teaching*. (U.S. Office of Education Cooperative Research Project No. 258). Urbana, IL: University of Illinois.

Stevens, R. (1912). *The question as means of efficiency in classroom instruction: A critical study of classroom practice*. New York: Teachers College Press, Columbia.

Suchman, J. R. (1958). *The elementary school training program scientific inquiry*. (U.S. Office of Education Cooperative Research Project No. 216). Urbana, IL: University of Illinois.

Swift, J. N., Gooding, C. T., & Swift, P. R. (1988). Questions and wait time. In J. T. Dillon (Ed.), *Questioning and discussion: A multidisciplinary study* (pp. 192–211). Norwood, NJ: Ablex.

Taba, H. (1966). *Teaching strategies and cognitive function in elementary school children*. (U.S. Office of Education Cooperative Research Project No. 2402). San Francisco: U.S. Office of Education.

Taba, H., Levine, S., & Elzey, F. F. (1964). *Thinking in elementary school children*. (U.S. Office of Education Cooperative Research Project No. 1574). San Francisco: U.S. Office of Education.

Winne, P. H. (1979). Experiments relating teachers' use of higher cognitive questions to student achievement. *Review of Educational Research, 49*, 13–50.

Wood, K. D., & Muth, D. K. (1991). The case for improved instruction in the middle grades. *Journal of Reading, 35* (2), 84–90.

第四章 穿透窗户缝隙的光芒

问题：在理解性教学和发展学生的理性思考能力的过程中，有效提问扮演了什么角色？

回答：我们不能孤立地看待教师的提问。理解有效提问和高质量的学生回答之间的关系，应该是我们在发展学生的概念理解时首先要考虑的因素。学生是如何考虑概念的、应该如何鼓励学生交流自己的观点、学生如何监控自己的思考等，这些问题和概念本身一样都是学习的核心。

引　子

在学生学习课程概念时，教学提问能够为特定的认知操作提供焦点和结构。如果我们仔细聆听学生在说什么，及时采纳学生对提问的回答，那么，我们的问题便能引导学生发展与完善认知能力和概念理解力。有关研究已经考察过主题教学中的教学操作过程，结果发现，学生在完善自身知识体系的同时，认知能力也得到了很大的提高（Ennis, 1989; Swartz, 1991; Prawat, 1991; Nickerson, 1988-89）。Beyer（1997）表示："只灌输或者只涵盖内容的教学会压制学生的发展，但帮助学生完善思维就是赐予他们成长的力量。"（p.308）

为了让学生开动脑筋，我们必须把注意力从学生必须学什么转移到学生怎样学习、怎样思考的问题上。我们也必须学会把有效的教学对话作为帮助学生学会学习的一种方法。通过采用系统的有效提问，我们可以推进思想深刻的教学对话，鼓励学生批判性地、创造性地看待各种概念。同时，我们还能更有效地把学校的课程学习与学生的相应生活经验联系起来。Duckworth（1996）曾以下面这种方式明确表达过这种观点：

如果人们坚持和儿童进行对话，并把这种对话行为作为尝试理解该儿童理解力的一种途径，那么，这个儿童的理解力便会在这个特别的过程中得到提高。谈话者提出的问题，既能帮助自己理清儿童正在思考的内容，也能促进儿童进一步深入思考。（p.96）

学生的回答向我们展示了他们的理解：即学生知道什么、他们对某个事物的了解程度或深度、他们是怎样针对某一事物展开思考的。我们对学生如何理解事物的过程了解得越深刻，便越有能力促使他们参与丰富多彩的学习过程，从而促进他们更深入、更有目的地理解课程内容的概念。我们将在本章探讨相关文献，考察理解性教学和教学对话在学生思考中的作用、与学生的理性思维发展和完善相关的提问等。

针对理解的教与学

理解意味着什么？对我们而言，理解意味着要求学生能够有针对性地把所学知识和利用自己的思维认识、思考技能及思维监控能力认识事物的方式，与他们的思考和知识在理解现实问题和解决问题中的实用性连接起来。公认的该领域的权威 Perkins（1998），把理解定义为：

思考和灵活应用所学知识的能力（p.40）……当学习者能思考、能灵活运用自身所学的知识时，理解力就在向人们展示它的存在。相反，如果一个学习者无法超越死记硬背，固执于某种思维和行为方式，这就是缺乏理解的一种表现。（p.42）

理解意味着学生的学习内容和学习方式对他们而言是有意义的。它具有价值和实用性。新的学习总是与以往的知识有着千丝万缕的联系，学习者则能积极、深入地认识二者之间的关系。Smith（1998）在《学习与遗忘》(*The Book of Learning and Forgetting*)一书中强调了内涵的必要性：

> 官方的学习理论指出，我们必须为了理解某个事物而学习。再一次强调，这与事实截然相反。我们必须为了学习而理解某一事物，我们必须了解事物的内涵。(p.34)

关于理解的这种观点是以杜威思想为根基的建构主义理论的基础。杜威（1938）认为，学习是人们借助自身与某一事件、物体、人、观念或活动的互动创造各种有价值的关系的结果。换句话说，我们通过自己的体验与我们对亲身体验的思考或反思来学习（Bruner, 1960, 1966, 1990）。内涵是由学习者自己建构的，而不是灌输给学习者的。杜威指出，教育者应该成为学习者的服务中介，帮助学习者实现发展（理解）的连贯性。

关于理解内涵的现代思想包括建构主义。建构主义的教学实践帮助学习者内化、重构或转化新信息。"当新信息的出现能激励我们反思现有观点，或者能促使我们强化反思的认知结构时，深刻的理解便发生了。"（Brooks & Brooks, 1993, p.15）建构主义提倡，由学生自己来建构、论证和展示他们的理解。

概念性思考

概念性思考要求学习者收集信息，创建信息之间的模型或关系，并为能表达概念本质的关系命名。认知理论的创立者奥苏贝尔（David Ausubel, 1960, 1968）曾提出，最有效、最有意义的学习，包括用更广泛、更具普遍性的模型逐步囊括更特殊的概念，由此建立概念之间的模型和关系。换而言之，所有的概念都可以按等级组织起来。

另一位备受尊敬的认知理论家布鲁纳阐明了这一观点：学习是学习者以现有的和既往的知识为依据，建构新概念的积极过程。他的学习理论由四个原则构成：(1) 学生必须自己发现概念；(2) 学生和教师都必须参与概念形成的积极对话；(3) 学习的内容应该适应学生当前的理解水平；(4) 应该按螺旋式结构来架构课程，以便学生的学习能不断地以已学内容为奠基石（Bruner, 1960）。1996 年，布鲁纳提出另一个观点：课堂应该是一个由相互学习的学习者与"组织学习过程的"教师组成的共同体（p.21）。

可见，如果我们希望帮助学生发展概念能力，我们必须让他们参与思考，这将促进他们关注概念的建构过程，也将鼓励他们投入交流思想与相互学习的社会互动。Beyer（1997）认为，通过为学生创建各种有助于思考发生的思维空间，学生运用认知过程的本领便会越来越精湛，学习概念时也会越来轻松。他的观点提醒我们，对任何一种思考方式的精通，都需要有自觉、谨慎的实践和对方法的理解，才能完成一项认知操作。

因而，提高学生的思考质量并不需要使用技能教学技术——所谓的"最快捷的"帮助或补救设施。更确切地说，提高学生的思考质量，不仅要为学生提供一套持续不断的教学、指导、引导和支持系统，帮助学生提高自我指导技能，而且要帮助学生熟练掌握如何思考的方法。（p.232-234）

这种实践只有在学生进行思考的外显行为很明确，且有利于分析和发展时才能加以引导。

教 学 对 话

课堂对话或交谈有助于发展和完善学生的概念性思考。一种对话理论（Pask, 1975）提出了一个基本观点，即学习的发生是通过推动知识明确化的主题对话来实现的。Tharp 和 Gallimore（1988）也发现，对话能有目的、有计划地促进学习，或使学习远离说教特性，变成学生的一种自然、自发行为。

为了控制教学对话的质量，首先，教育者应该通过师生的社交对话关注明确和探讨性的教学目标或目的；其次，教师必须能熟练灵活地引导促进学生思考的对话。我们可以鼓励学生多思考，支持学生利用我们提出的问题及对他们想法的反馈来参与思考（Costa，1991；Dantonio，1990；Dantonio and paradise，1988）。

通过我们提出的问题和对学生谈话的反馈，我们便能让学生有意识地关注某种特定的认知操作功能，并辅助他们实现这一操作过程，提高他们的思考质量。为了提高教学提问的有效性，教育者必须具备提问才能，懂得提示和引导学生完成某一特定思维操作的过程。我们必须能为学生提供充分的思考指导，使他们在其他适当的思考情境中也能理解、应用和采纳相应的认知程序（Beyer，1997；Dantonio，1990）。

有 效 提 问

现有文献对有效提问的一般陈述是："为了实现有效提问，必须用教学目标来指导提问。"与此毫无区别的另一种说法是："教师在提问时，必须及时发现和灵活应对学生的需要和兴趣。"尽管这一点很明显，也很确定，但是在实际运用到建构有效提问的课堂实践中时，又必然会遇到更多有差异的信息。

在关于学生思考的文献中，斯滕伯格和Spear-Swerling（1996）提倡采用对话法。这种方法以教师与学生、学生与学生之间的对话为基础，要求教师扮演一个引导者或助手的角色，要求学生加工或反思自己的回答。这种对话法鼓励学生带着批判的眼光来审视自己的回答，而不是简单地回复他们认为老师希望听到的答案。斯滕伯格和Spear-Swerling（1996）还提醒我们要注意对课堂互动的传统认识，并提出了一个思考性教学的新视角：

我们教师倾向于按照考虑思考过程的方式来看待课堂讨论。那就是说，我们把过程当作通向目标的途径。但是，在教学生思考的过程中，思考的过程及其在课堂讨论中的表现，就其自身而言，就是合理的重大目标。（p.119）

考虑到学生的智慧，我们必须确定一点，我们提出的问题能够激励和引导学生的思考，并为之润色。

Wilen（1987）为教师的有效提问提供了九点建议作为基础。具体如下：

- 设计提示课文结构和指导的关键问题。
- 问题的措辞必须清晰、明确。
- 提出的问题要符合学生的能力水平。
- 要有逻辑地、连续地提问题。
- 设计的问题要有水平区分度。
- 问题要紧追学生的反馈。
- 回答问题时，要给予学生充分的思考时间。
- 采用能调动更多学生参与积极性的问题。
- 鼓励学生提问。（p.11）

在这一列表的基础上，我们添加一点：

- 仔细倾听学生的回答，在剖析学生观点的提问中，利用这些回答来强调重点。

提 问 顺 序

许多研究提倡利用提问顺序来发现学生的思考程度和掌握知识的深度。诸如布卢姆的分类学（1956）、Aschner 和 Gallagher 的问题系统等，都是研究者经常用来区分问题认知水平的标准，也常被用来提高课堂实践者改变问题类型的意识。值得一提的是，这些分类法和分类系统的单独使用，不会改进教师的提问质量（Brophy，1986；Reigle，1976）。现有的证据也并未证实这些分类标准的使用能提高学生的回答质量。

如果从一个更开放的视角出发来探究与学生回答相关的问题,并借助有效提问把这些回答转化成有意义的理解,我们就会发现,大量专业文献资源都在支持教师提问。这能为课堂实践者提供重要的、制定教学决策的明智方针,帮助他们确定应该如何提问、如何应对学生的回答。

与之相对应的是,有效提问的相关文献资料一致坚持,在提高学生的理解方面,提问顺序比问题类型更加有效(Beyer, 1997; Costa & Lowery, 1989; Dantonio, 1990; Gall, 1970; Gall et al., 1978; Klinzing & Klinzing-Eurich, 1987; Riley, 1981; Wilen, 1991; Wright & Nuthall, 1970)。Gall(1970)曾在他对教师提问的早期研究中提到,教师连续提问有两大好处:首先,提问顺序为人们了解有效提问的组成提供了一个更加精确的视角;其次,在发展教师提高学生回答质量的能力和完善班级互动模式方面,提问顺序比问题类型更加有效。

提问顺序是一连串按认知发展先后顺序排列的问题,和一系列能促进学生解释、验证、支持和重新回答问题的问题(Dantonio, 1990)。这些问题可能会促进学生参与教学对话,激发和加深学生对课程概念的理解,因而,这种提问顺序被称作有效提问的典型特征。

学生对问题的回答暴露了他们认识事物之间的关系的思考方式。他们通过交谈,分享他们知道的和不知道的一切事物。Smith(1998)曾提醒我们,了解某件事情,意味着"你正在把新学的内容与已经知道的东西联系起来"(p.88)。而我们作为提问者的角色,就是要为学生提供建立这种联系的便捷之道。正如 Duckworth(1996)所教导的:

在邂逅概念时,内涵并不是被动灌输给我们的,而是由我们赋予的——是由我们按照自己的方式,根据当前我们组织理解的一般形式来建构的。作为一名教师,我们必须尊重学生对我们共享的某个事件的见解。为了沟通我们和学生的理解世界,我们必须采纳一位知情人(权威人士)的观点……(p.112)

关注学生的回答意味着教师必须学会从学生的视角来看待问题。

有效提问能帮助课堂实践者获取了解学生观点的入场券,并能支持他们在学生的心理建构和课程内容之间搭建必要的桥梁。所谓的既有效又有建设性的提问,它所提出的问题必须能带动学习者积极参与学习过程的创造性回答(Beyer, 1997; Borich, 1992; Dantonio, 1990; Gall, 1970; Good & Brophy, 1987; Orlich et al., 1996; Ornstein, 1988; Sternberg and Spear-Swerling, 1996; Wilen, 1991)。当学生饶有兴致地投入到自己的学习过程中时,他们便成为更好的学习者,所学到的东西也会更多(Caine & Caine, 1994; Smith, 1998)。如果说教学过程是理解性教学的核心,那么有效提问就是整个教学的生命线。

聚焦式思考:核心问题

为了创立一个有意义的问题顺序,需要注意提问的两大功能:其一,要集中观点;其二,要通过对话来推动思考的进程。我们首先会探讨那些能集中、引导和调节学生初始的思考成果的问题。在以思考为中心的问题中,要运用精确的认知操作语言来提示学生必须执行某种特定的思考方式(Beyer, 1997; Dantonio, 1990)。Beyer(1997)宣称,"是否能运用精确的思考语言至关重要,因为'思考'一词寓意深远(涵盖了相信、想了解、猜测、假设、理解、判断和预测等多重意义),不能清晰明了地表示某种特定的思考方式、思想成果或精神状态"(p.71)。

Beyer(1997)在他的著作《提高学生的思维能力》(*Improving Student Thinking*)中提到过这种被称为"过程结构化问题"(process-structured questions)的问题。他把"过程结构化问题"定义为"一系列能引导学生依次通过某个特定的思维操作的基本心理步骤的问题"(p.179)。(在原著中强调的)(该文献又一次充满了问题的聚焦、引导和调节思维操作之类的专业术语。辞典成了教育撰稿人手中的一件具有危险性的武器。)这些集中、引导和指导思考的问题可以被称作:

"焦点问题"(focus questions)(Taba et al., 1964; Taba, 1996);

"被集中的问题"(focused questions)(Kelly, 1989);

"聚焦性问题"（focusing questions）（Moore，1992）；

"过程结构化问题"（process-structure questions）（Beyer，1997）；

"认知领域的问题"（cognitive domain questions）（Hunkins，1989）；

"初始核心问题"（Initial and core questions）（Dantonio，1990；Beisenherz & Dantonio，1996）。

为了与其他提问著作保持一致，我们将使用核心问题（core questions）一词。

核心问题主要关注和指导课堂对话的内容和认知操作（Dantonio，1990）。核心问题在课堂对话中的应用，要求课堂实践者把学习看成一个过程，而不是对讲授内容的简单记忆。核心问题并不要求学生记住知识。它们会标明并向学生提示某种特定的认知操作，引导学生在回忆和执行这种操作过程时运用这些线索作辅助（Beyer，1997）。总之，核心问题的目的是引导学生去思考课堂互动中的内容。

在形成和提出核心问题时，教师必须带着批判的眼光去关注经过精心设计的问题，并且应该善于设计这些有条理的、以与学习目标保持一致的观点和内容为中心的问题。问题的表达方式很关键。问题应该是开放式的，这意味着学生会运用词汇和句子来回答问题，而不仅仅是做出"是"或"否"的反应。这些问题的开篇通常是"什么"、"为什么"一类的词，因而能从学生那里获得更多、更丰富的回答（Dantonio，1990；Kubota，1989）。因此，这为后面的进一步提问与完善学生的观点和认知操作奠定了基础。

在回答问题时，安置在核心问题中的动词提示，能让学生敏锐地捕捉到具有批判性的结果。因此，在设计这些问题时，教师必须精心挑选包含认知操作的行为动词，如回忆、比照和确定因果关系（Costa & Lowery，1989；Dantonio，1988，1990；Orlich，1996）。Dantonio（1990）也指出，表达清晰的核心问题应该：

（1）包含学习者容易理解的措辞；

（2）陈述简单，问题中没有混杂额外的问题或说明；

（3）让学生关注课堂内容；

（4）确定学生回答问题时将会用到的单个思维操作。（p.14）

一旦把思维操作稳固地融入教学问题，这些问题便能依次为建构概念和其他形式的思维体系创造机会。本书将集中讨论概念化问题。在接下来的章节中，我们将会探讨为了建立提问模式，应该如何确定核心问题的顺序——在某种意义上，提问模式是协助学生从一种思维操作转向另一种思维操作，并把各个孤立事件引入组成概念的模型和关系的敲门砖。

提问模式

支架——发展一个核心问题的连续框架，并借此引导学生从一种认知操作转向另一种不同的认知操作，不断进行思考，直到完成整个认知操作过程为止——为我们创造了各种各样的问题模型。支架自身宛如一张清晰明了的蓝图，构成了一个明确的技能运用程序。这种建构问题模型的支架正是核心问题的句法结构，它勾勒出认知操作过程中的每一次变化。学生则可以循着这些步骤进入认知操作的世界。

塔巴及其同事于20世纪60年代发展出一套以学生思维的有效发展为中心的教学提问策略，并证实了这种教学提问策略的有效性。她的提问策略，如概念发展、资料解释以及类化的应用，详细说明了有助于学生关注某个特定思维操作的核心问题的先后顺序。她相信：

问题的角色极其重要，提问题的方式目前也是最具影响力的一项教学行为……问题可以……被用来创建各式各样的晋级之石，帮助学习者从一种思维模式转换到另一种思维模式，或者促进学习者形成新的概念体系……教学的效果并不只是由某些单一行为的个别影响构成的，它更加取决于这些单一行为构成某种模式的结合方式。（p.53-55）

例如，如果我们希望学生能分辨两组不同的文学作品，如史诗和莎士比亚式的短诗之间的关键特征，那么，核心问题的模式或者支架可以像这样：

> 观察类：你在史诗（或莎士比亚式的短诗）中发现了什么？
> 回忆类：你想到了哪些关于这两类诗篇的重要特点？
> 比较类：它们有哪些特点是相似的？
> 对照类：二者之间有哪些差异？

为了让学生学会区分两类诗歌之间的异同，我们在这个例子中按照观察、回忆、比较和对照的顺序来引导他们的思考进程。我们从观察开始，第一步，让学生用自己的眼睛来收集关键信息，帮助他们确认两类诗歌的重要特征。第二步，我们让学生回忆已经知道的关于诗歌形式的知识——只有当他们立足于自己的观察时，这些知识才能为他们所用。

第三步，我们叫学生比较不同诗歌的体裁，帮助他们理解两类诗歌都包含了一首诗歌之所以成为一首诗歌所必须具备的关键特征。最后，因为我们的目标是让学生能够区分史诗与莎士比亚式的短诗之间的差异，所以，我们又让他们去确定两类诗歌的不同之处。倘若我们的重点是希望学生形成诗歌的概念，而不是区分两种不同形式的诗歌，那么，我们应该颠倒比较与对照的核心问题的顺序。

在尝试发起和引导颇有见地的课堂对话时，我们必须确保用来表述核心问题的动作词汇能够清楚地暗示，或者能完全激发学生独立展开认知操作。为了实现这个目标，教师必须对自己希望学生选用什么样的认知操作回答问题非常敏感。同样，在倾听学生的回答时，我们必须能辨别学生是否运用了由核心问题的提示指定的认知操作模式，然后利用学生的回答来引导我们探索他们的思想和观点。

学生回答的品质

一旦学生对我们的核心问题做出回答，我们必须立刻意识到需要补充哪些问题才能帮他们生成高质量的回答，加深对概念的理解。我们可以从学生的回答中找到提出补充问题的线索。从某种角度来看，学生的回答就是学习之窗，教师可以通过它进入学生的大脑。当走进这些学习之窗时，我们就会豁然开朗，就会明白学生知道了什么、了解的程度有多深及怎么看待这些想法。在窥探学生理解力的同时，我们就有机会引导他们建构高质量的回答，让他们能更好地理解自己的想法。

高质量的学生回答具有几个特点。Gall（1973）发表过一份列表，其中列举了评估学生回答的七种品质。评估学习者回答的品质特征或标准有：

清晰性：学习者回答问题时所用的词语完全可以理解，不带丝毫含糊，也不存在说话不完整或者思维混乱的现象。

精确性：学习者的回答不存在事实性错误，以正确的信息为基础。

适当性：学习者回答的问题正是提问者所问的问题。

确切性：学习者很明确他（她）在跟谁说话及在谈论什么话题。

支持性：学习者提出各种理由、事实或例子来支持他（她）的陈述，或者他（她）会解释构成自身观点的标准或假设。

复杂性：学习者的回答表明他（她）意识到可以从多个角度看待正在讨论的问题，而且在达成一个令人信服的看法之前，他（她）必须考虑多重观点的影响。

原创性：学习者充分利用现有的知识和过去的经验创造或发现了新观点。（p.3-4）

在课堂对话中，教师必须不断地评估每个学生的回答，当场确定每个学生对课堂内容的理解程度。以上述七种品质为评价标准，教师便能很好地鉴别学生回答的具体特征，同时也能更好地确定需要设计哪种补充问题才能让学生形成高质量的回答。

对学生的回答穷追不舍：加工性问题

积极听取学生的回答，并及时将获得的回答融入后面的问题，由此考虑成熟的后续问题，这样可以为教师提供钻研学生的观点和改进教学对话的机会。后续问题要求学生通过反思自己的初始回答来解释、验证和支持自己的所思所想，或者生成个性化的观点。通过这一步，学生便更有可能发现课程内容所蕴含的意义。目前，各种教育文献均尚未明确后续问题的具体命名。（令人惊讶的是，教育文献的作者们创造了大量的无意义词汇，而且从不觉得杜撰新名词会让人困惑不解，他们这么做的一个后果往往是把简单问题复杂化。我们也是为这种现实感到愧疚的教育文献的作者之一。）为了澄清贴在后续问题上的杂乱标签，我们在下面列举了几个常见的术语：

"探索性问题"（probing questions）（Borg et al., 1970; Hunkins, 1989）；

"元认知问题"（metacognitive questions）（Beyer, 1997）；

"探究"（probes）（Borich, 1992）；

"探究"（probing）和"后续问题"（follow-up questions）（Gall, 1970, 1984, 1987; Gall et al., 1978; Gillett, 1980）；

"追根究底式问题"（follow-through questions）（Taba et al., 1964; Taba, 1966; Ehrenberg & Ehrenberg, 1978）；

"具有促进效果的"（facilitative）、"元认知的"（metacognitive）和"加工性问题"（processing questions）（Dantonio, 1990; Dantonio & Paradise, 1988; Beisenherz & Dantonio, 1996）。

为了与前面的论述保持一致，我们将沿用加工性问题（processing question）这一术语来指代后续问题。

我们认为，加工性问题就是能"促进学习者反思自己的初始回答，进而能帮助他们理解被自己隐藏在表面观点背后的思想"的问题（Dantonio, 1990, p.13）。加工性问题主要用于激励学生更全面地理解课堂内容，并建构一个更完善的认知操作。加工性问题——例如："你那么说有什么寓意吗？""你怎么知道那个的？""你为什么那么说？""请用另一种方式做解释。""你有什么证据可以支持你的想法？""你怎么想到这一点的？"——为课堂实践者提供了很多关于学生思考了什么和如何思考的信息。它们也开创了拓展学生观点的新途径（Dantonio, 1990;

Duchkworth，1996）。正是学生的回答，而不是教师的提问，能发掘学生知识的广度和深度。学生的回答掀开了他们如何思考、如何掌控自身思维操作的神秘面纱。认知心理学家称之为元认知（metacognition）。

元 认 知

元认知是以参与思考过程的思维为对象的探究过程。Flavell（1976）曾这样描述："元认知是指一个人关于自身的认知过程，或与之相关的其他行为或事物（如与学习相关的资料或数据的属性）的一切知识。例如，当我注意到自己认识A比认识B更困难时，我就正在进行元认知；元认知也会提示我在接受C是一个事实之前，应当仔细检查，确保无误。"（p.232）认知心理学家认为，元认知由三种类型的知识构成：陈述性知识、程序性知识和条件性知识。

陈述性知识就是对某一事物的公认理解。它就是浮现在我们头脑之中的、大家共同分享的信息或知识。有时人们也称它为关于"是什么"的知识——事实、规则或其他能有效交流思想的知识。程序性知识是指能描绘我们是如何获得信息的，或者指某个认知操作是如何实现的心理步骤、过程或心理阶段。条件性知识用来确定适宜性，负责说明做某事或应用某物的前提条件。

在参与教学对话的过程中，元认知督促学习者主动控制和规范自身的认知操作。它展现了学生借助知识所拥有的控制力。当我们提问加工性问题时，特别是如果我们紧跟在学生的回答之后迅速提出这些问题，我们便是在鼓励学生开展元认知式的思考。一旦学生理解了他们正在想什么、他们是怎样形成自己的观点以及什么时候适合应用特定的思维操作，他们就掌握了教学内容。如此有效的提问便成为学生生成独特见解和独立学习的重要工具。

Beyer（1997）曾提出元认知反思（metacognitive reflection）的概念，

并把它和元认知加工（metacognitive processing）加以区分。他认为，元认知是个体对思考行为本身的认识。从另一个方面来看，元认知反思指的是学生解释自己曾经执行过的认知操作的能力。

在课堂上，旨在完善学生思维的元认知反思并不是简单地要求学生反思自己的观点，它还包括让学生尽可能精确地说明他们是如何形成那种观点的，与其他经历过相同思维操作过程的学生分享结果，以及带着批判的眼光看待已经展现的或隐含的程序和认知知识。（p.107）

为了提高概念性思考的质量，同时也为了能把有效提问引进自己的学习策略，学生必须明白在执行某些特定的思维操作时需要什么、该怎么做以及在什么条件下才能完成这些操作。学生也必须能分析和向他人解释自己的观点。在聚焦认知问题的教学对话过程中，系统地、反复地、适当地应用加工性问题，能为学生提供未来学习必需的辅助模型。

有效提问的策略

只有以学生的回答为基础来组织核心问题和适当的加工性问题，才能建构出有效的提问。本书的作者已经整理出一系列有效提问策略，用来引导学生运用单个的和综合的思维操作来思考概念问题。这类学习/提问策略被称之为Qu:Est教学策略，即"为理解而提问：让学生开动脑筋"。

这些有效提问策略在课堂教学中的运用，为学生创造了许多提炼观点、完善思想的机会。"在发展和改进学习者认知加工的过程中，回答的结构化和随后的教师追问均比提出的初始问题更加重要。"（Dantonio & Paradise, 1988, p.75）紧随学生回答之后的，经过精心设计、与核心问题密不可分的加工性问题能为学生提供一套指路标识，引导他们参与目的明确的、以教师和其他学生为互动对象的对话。总之，有效提问策略能有效促进学习，能帮助学生生成高质量的回答，并为学生提供一个运用有效问题引导自身学习的基础。

有效提问策略具有双重目的：首先，它可以辅助学生描绘出精确的、能被个体内化的，且能和其他学习建立联系的心理图式；其次，它能督促学生发展和完善自己的观点。Dantonio（1990）认为，思考是一项技能，和其他技能一样，思考能力也可以通过有效的练习得到改进。为了给学生提供有效的思考练习活动，或者是塔巴等人（1964）和塔巴（1966）所说的"思考体验"，教师们必须关注自己提出的问题，以及期望学生在回答问题时所展开的思考活动具有怎样的品质。

运用适度简洁的核心问题与经过精心设计先后顺序的加工性问题，可以提高教师敏锐的洞察力，帮助他们及时发觉学生思考问题的方式。通过引导和收获更高质量的学生回答，教师们便可以更清晰、更深刻地了解自己的思想。同样，在认识到应该如何利用有效提问策略作为一种指导和支持未来学习的资源时，学生也获得了成长。

总　　结

理解性教学是一个学习过程。在课堂实践者把学习理解为一个过程的同时，成熟与有效的提问策略，在学生推理能力的发展过程中，在学生理解复杂的、深奥的观点的过程中，将会扮演一个关键角色。长期以来，以记忆为中心的陈旧教学仍在挣扎，但是，这种教学尚未磨灭学生的学习意愿，学生需要把知识内化为自己的东西（Gardner, 1991; Perkins, 1993; Perrone, 1998）。面对各种有效学习策略的变迁，为了激励学生的学习动机，教学必须能激发他们的批判性思维和创造性思维。课堂必须环绕着精彩对话的光辉。当教师们用精心设计的、充满思想性的问题轻轻推进学生的回答时，这激情、这光芒只会闪烁得越来越明亮，越来越频繁，燃烧得越来越猛烈。

参 考 文 献

Aschner, M. J., & Gallagher, J. J. (1965). *A system for classifying thought processes in the context of classroom verbal interaction.* Urbana, IL: Institute for Research on Exceptional Children, University of Illinois.

Ausubel, D. P. (1960). The use of advance organizers in the learning and retention of meaningful verbal material. *Journal of Educational Psychology, 51*, 267–272.

Ausubel, D. P. (1968). *Educational psychology: A cognitive view.* New York: Holt, Reinhart, and Winston.

Beisenherz, P. C., & Dantonio, M. (1996). *Using the learning cycle to teach physical science.* Portsmouth, NH: Heinemann.

Beyer, B. K. (1997). *Improving student thinking.* Boston: Allyn & Bacon.

Bloom, B. S. (Ed.). (1956). *Taxonomy of educational objectives, Handbook I: Cognitive domain.* New York: David McKay.

Borg, W., et al. (1970). *The mini course: A microteaching approach to teacher education.* Beverly Hills, CA: Collier-Macmillan.

Borich, G. D. (1992). *Effective teaching methods.* (2nd edition). New York: Merrill.

Brooks, J. G., & Brooks, M. G. (1993). *The case for constructivistic classrooms.* Alexandria, VA: Association for Supervision and Instruction.

Brophy, J. E. (1986). *Synthesizing the results of research linking teaching behavior to student achievement.* Paper presented at the annual meeting of the American Educational Research Association, San Francisco. (ERIS Document Reproduction Service No. ED 293 914).

Bruner, J. (1960). *The process of education.* Cambridge, MA: Harvard University Press.

Bruner, J. (1966). *Toward a theory of instruction.* Cambridge, MA: Harvard University Press.

Bruner, J. (1986). *Actual minds, possible worlds.* Cambridge, MA: Harvard University Press.

Bruner, J. (1990). *Acts of meaning.* Cambridge, MA: Harvard University Press.

Bruner, J., Goodnow, J. J., & Austin, G. A. (1956). *A study of thinking.* New York: Science Editions, Inc.

Bruner, J. (1996). *The culture of education.* Cambridge, MA: Harvard University Press.

Costa, A. L. (1991). *The school as a home for the mind.* Palatine, IL: Skylight Publications.

Costa, A., & Lowery, L. (1989). *Techniques for teaching thinking.* Pacific Grove, CA: Midwest Publications.

Dantonio, M. (1990). *How can we create thinkers? Questioning strategies that work for teachers.* Bloomington, IN: National Education Service.

Dantonio, M., & Paradise, L. V. (1988). Teacher question-answer strategy and the cognitive correspondence between teacher questions and learner responses. *Journal of Research and Development in Education, 21,* 71–76.

Dewey, J. (1910). *How we think.* Boston: D.C. Heath.
Dewey, J. (1938). *Experience and education.* New York: Macmillan.
Duckworth, E. (1996). *"The having of wonderful ideas" and other essays on teaching and learning.* New York: Teachers College Press.
Ehrenberg, S. D., & Ehrenberg, L. M. (1978). *Building and applying strategies for intellectual competencies in students.* Miami, FL: Institute for Curriculum and Instruction.
Ennis, R. H. (1989). Critical thinking and subject specificity: Clarification and needed research. *Educational Researcher, 18* (3), p. 5.
Flavell, J. H. (1976). Metacognitive aspects of problem solving. In L. B. Resnick (Ed.), *The nature of intelligence.* Hillsdale, NJ: Erlbaum.
Gall, M. D. (1970). The use of questions in teaching. *Review of Educational Research, 40,* 707–721.
Gall, M. D. (1973, February). *What effects do teacher's questions have on students?* Paper presented at the Annual Meeting of the American Educational Research Association, New Orleans, LA.
Gall, M. D. (1984). Synthesis of research on teachers' questioning. *Educational Leadership, 42,* 40–47.
Gall, M.D., & Gillett, M. (1980). "The Discussion Method in Classroom Teaching, *Theory into Practice 19,* 98–102.
Gall, M. D., & Rhody, T. (1987). Review of research on questioning techniques. In W. W. Wilen (Ed.), *Questions, questioning techniques, and effective teaching* (pp. 23–43).Washington, D C: National Education Association.
Gall, M. D., et al. (1978). Effects of questioning techniques and recitation on students' learning. *American Educational Research Journal, 40,* 175–199.
Gardner, H. (1991). *The unschooled mind.* New York: Basic Books.
Good, T. L., & Brophy, J. E. (1987). *Looking into classrooms* (4th Ed.). New York: Harper and Row.
Hunkins, F. P. (1989). *Teaching thinking through effective questioning.* Needham Heights, MA: Christopher Gordon Press.
Kelly, T. E. (1989). Leading class discussion of controversial issues. *Social Education, 53,* 368–370.
Klinzing, H. G., & Klinzing-Eurich, G. (1987). Question responses and reaction. In J. D. Dillon (Ed.), *Questioning and discussion: A multidisciplinary study.* Norwood, NJ: Ablex.
Kubota, M. (1989). *Question-answering behaviors in ESL and EFL classrooms: Similarities and differences.* (ERIC Document Reproductive Service No. ED 313 913).
Moore, K. D. (1992). *Classroom teaching skills* (2nd ed.). New York: Random House.
Nickerson, R. (1988–89). On improving thinking through instruction. In E. Z. Rothkopf (Ed.), *Review of research in education, 15,* 31. Washington, DC: American Educational Research Association.
Orlich, D. C., et al. (1996). *Teaching strategies* (4th Ed.). Lexington, MA: D. C. Heath and Company.
Ornstein, A. C. (1988). Questioning: The essence of good teaching—part 2. *NASSP Bulletin, 72* (505), 72–78.
Pask, G. (1975). *Conversation, cognition, and learning.* New York: Elsevier.

Perkins, D. (1993). Teaching for understanding. *American Educator: The Professional Journal of the American Federation of Teachers. 17*, 3, 8, 28–35.

Perkins, D. (1998). What Is Understanding? M. S. Wiske (Ed.), In *Teaching for understanding.* pp. 39–58. San Francisco: Jossey-Bass.

Perrone, V. (1998). Why do we need a pedagogy of understanding? In M. S. Wiske (Ed.), *Teaching for understanding* (pp. 13–38). San Francisco, Jossey-Bass.

Prawat, R. S. (1991). The value of ideas: The immersion approach to the development of thinking. *Educational Researcher, 70*, (2), 3–30.

Reigle, R. P. (1976). Classifying classroom questions. *Journal of Teacher Education 27*, 156–161.

Riley, J. P. (1981). The effects of preservice teachers' cognitive questioning level and redirecting on student science achievement. *Journal of Research in Science Teaching, 18*, 303–309.

Rowe, M. B. (1987). Using wait-time to stimulate inquiry. In W. W. Wilen (Ed.), *Questions, questioning techniques, and effective teaching* (pp. 95–106). Washington, DC: National Education Association.

Smith, F. (1998). *The book of learning and forgetting.* New York: Teachers College Press.

Sternberg, R. J., & Spear-Swerling. (1996). *Teaching for thinking.* Washington, DC: American Psychological Association.

Swartz, R. (1991). How to infuse thinking. *Cogitare, 3*, 1–7.

Taba, H. (1966). *Teaching strategies and cognitive function in elementary school children.* (U.S. Office of Education Cooperative Research Project No. 2402). San Francisco: U.S. Office of Education.

Taba, H., Levine, S., and Elzey, F. F. (1964). *Thinking in elementary school children.* (U.S. Office of Education Cooperative Research Project No. 1574). San Francisco: U.S. Office of Education.

Tharp, R. G., & Gallimore, R. (1988). Rousing schools to life. *American Educator, 13*, (2), 20–25, 46–52.

Wilen, W. W. (1987). Effective questions and questioning: A classroom application. In W. W. Wilen (Ed.), *Questions, questioning techniques, and effective teaching.* Washington, DC: National Education Association.

Wilen, W. W. (1991). *Questioning skills for teachers.* Washington, DC: National Education Association.

Wright, C. J., & Nuthall, G. (1970). Relationships between teacher behaviors and pupil achievement in three experimental elementary science lessons. *American Educational Research Journal 7*, 477–491.

第三部分　学会提问

为思考而教学是优质教育的主要目标之一。在过去的20年里，美国学校与教师发展改革委员会一直都在主张教学应该包括为理解而教与为理解而学——理应为学生提供既有助于概念内化，又能帮助他们掌握可在课堂内外不同情境中运用的其他学习方法的教学。这种学习是终生学习的基础。Linda Darling-Hammond 在《学习的权利》(*The Right to Learn*) 一书中说道：

接受理解性教学的学生能运用严谨的推论和证据对各种观点进行评估和辩护，能借助有效的研究策略独立调查问题，能创作高质量的作品，并且能理解象征着好成绩的标准。他们可以运用学过的知识去解决从未遇见的难题，这正好能说明他们理解了什么。(p.96)

在后面几章，我们将向大家介绍一种教学提问策略的设计——Qu:Est 教学策略，这将把上述改革言论提上议事日程。本书将集中探讨概念学习的理解性教学。然而，概念学习远不足以涵盖理解性教学的全部内涵。目前，我们之所以限定为概念化，是因为我们发现概念知识是大多数学校课程的根本。此外，课堂观察的文献也指出，现有教学仍倾向于以背诵为基础。在这种教学中，学生通常都会忽视对概念的理解，往往只记住了某些特定的事实，对如何组织资料构成概念一无所知。通过对课堂教学进行个人观察，我们发现，绝大多数学生更热衷于记忆概念，而不是积极建构自己对概念的理解。

概念理解要求学生参与思维操作过程。这个过程允许学生收集特殊的事实、为创建模式整理事实依据、确定模式成立的前提及为他（她）建构模式的关键特征指定一个恰当、精确的名称,以方便表达概念。最重要的是,学生是否既能有效、有意识地认识和使用概念,又能理解为了发展和扩充概念有展开思考的必要性。

参 考 文 献

Darling-Hammond, L. (1997). *The right to learn*. San Francisco: Jossey-Bass.
National Commission on Excellence in Education. (1983). *A nation at risk*. Washington, DC: U.S. Department of Education.
National Commission on Teaching and America's Future (NCTAF). (1996). *What matters most: Teaching and America's future*. New York: Author.
National Council of Teachers of Mathematics. (1989). *Curriculum and evaluation standards for school mathematics*. Reston, VA: Author.
National Council on Education Standards and Testing (NCEST). (1992). *Raising standards for American education*. Washington, DC: U.S. Government Printing Office.
National Foundation for the Improvement of Education (NFIE). (1995). *Touching the future*. Washington, DC: Author.
National Foundation for the Improvement of Education (NFIE). (1996) *Teachers take charge of their learning: Transforming professional development for student success*. Washington, DC: Author.
National Governor's Association. (1986). *Time for results: The governor's 1991 report on education*. Washington, DC: Author.
Renaissance Group (1991). *Teachers for the new world*. Cedar Falls, IA: University of Northern Iowa.

第五章　为理解而提问：让学生开动脑筋

引　子

Qu:Est 教学策略是专为筹划和实施由有效提问组成的教学策略而设计的。该教学策略的重心是建构概念所必需的个体思维操作。Qu:Est 教学策略主要用于帮助教师规划出能增强学习者的概念意识和概念理解的有效问题。

Qu:Est 教学策略主张学习是一个过程。对学生来说，为了牢固掌握建构概念理解所必需的概念和思维操作，他们必须分享彼此的观点。能否成功地促成或调节教学对话，取决于教师对作为设计、陈述和评估教学的工具——有效提问的性质与功能的坚定认识。Qu:Est 教学策略通过推动学生和教师参与能够接触和精简学生知识体系的思考体验，达到帮助双方参与教学对话的目的。教学对话让教师与学生有机会利用以可靠信息为基础的、集中的思维操作来交换重要概念。

我们从关于有效提问、理解性教学和儿童如何学习的研究文献中整理出各种学习原则，并在此基础上发展出 Qu:Est 教学策略。Qu:Est 教学策略的构思以下面几个假设为基础：

> 记忆不等于学习。学习是学生为了建构深刻且概括的理解，在有目的、有重点地实现知识的个性化和推广应用的过程中，利用自己的观点进行自觉思考的结果。

> 学习要求学生充分认识不同类型的思维操作，并了解不同思维操作在概念化过程中扮演的不同角色。

> 当学生在教师引导的教学对话中相互讨论他们的观点、分享他们的认识时,个体的思考能力也逐渐得到了发展、完善和监控。

> 为了使学生能够进行认知操作,教师和学生都必须参加有计划的、以学生熟悉的内容为主题的思维操作练习。通过这种途径,学生能够关注和反思不同思维操作的目的和结构。

> 当学生对自身的思维操作知识充满了信心,并开始游刃有余地运用不同类型的思考方式时,内容知识便得到了增加。

换句话说,学习要求我们把所有注意力都集中在如何思考与思考什么这两个问题上。为了建构深刻的、概括的、有意义的和切合主题的内容理解,我们必须充分认识或特别注意自己的学习过程。

学习取决于我们积极参与各种事件的能力,这些经历能磨炼我们的知觉、完善我们的思维,并且可以联结未知与已知领域。这意味着,作为教育工作者,必须掌握思维操作是如何激活我们的理解、理解又是如何要求我们完善自身的思维能力的。为了发展和完善学生的思维能力,教学必须以学生熟悉的知识为中心。对学生而言,为了发展丰富的内容理解,他们必须熟练地运用和监控自己的思维操作。精心设计的问题能促进学生思维操作的发展和完善,并能唤醒学生的概念理解。

概 念 理 解

概念化要求学习者积极参与自身的学习过程。当学生消极学习时,他们便会背诵大量毫无意义的资料,就像把无数未经加工的信息输入一套录音设备一样,无法吸收理解。因此,当个体提取信息时,什么也不会发生。为了实现"回忆"、"背诵"、"复习"、"重述"、"反省"或"回想",

在采取"重新"或"再做一次"的行为之前,首先必须让一些事物各就其位。当我们为记忆而教学时,通常会向学习者灌输许多根本不具备学习体系的概念。

从一个角度来说,积极的概念学习要求学习者为自己收集各种与概念相关的特殊信息。他们必须为了理解概念内涵去获取和加工大量的内隐信息。在此基础上,学习者必须整理手头的资料,并从中找到各个孤立事件之间的关系或模式。一旦学习者发现并理解了这些关系,便会从自己的思维出发,用有意义且能描述该概念核心特征的词汇或短语来阐述事物之间的关联。这些词或短语就是概念标签。

正是概念标签而非理解所需的基本事实的关键特征,是概念理解的终极目标。只是简单地要求学生记住概念标签和概念定义,与形成概念和应用对学生有意义的概念名称迥然不同。同样,学生会按概念标签划分概念的新例子,并不能保证学生已经理解了概念的关键特征或概念属性。例如,年幼的学生并不能理解概念分类中"动词"的实际含义。然而,"表示动作的词语,或者说明某人正在做某件事的词语"("动词"的概念属性)正是"动词"的意义所在。

给概念的新例子分类,就是把一种新状况或新案例的特征与已知概念的关键特征相匹配的过程。为了能有针对性地划分新的概念例子,学生必须分析新例子的特点,然后确定这些特点是否与某个概念的关键特征或属性相符合。以"动词"为例,当一个学生说"I on run down the street"(概念例子)时,句子中的"run"是"动词"(概念分类),他必须明白"run"的意思,理解这个词在这个句子中的用法,然后再对比句中的"run"和这个概念的关键属性,确定二者是否相符。概念化要求学生全力把握自己的思维,并且能够运用这种方式监控自己的学习过程。

Qu:Est 教学策略

Qu:Est 教学策略是一系列以过程为中心的课程设计。它结合有效提问共同促成教学对话的实现,最终达到在学生参与课程教学对话时,发展和完善学生认知能力的目的。每种课程设计均以个体在概念化过程中的思维操作为中心。为了督促学生认识到自己是怎样回答问题的,帮助学生监控自己的回答,Qu:Est 教学策略把思考问题与有助于学生反思自身反馈的追问融为一体。

Qu:Est 教学策略可以分成以下三类:

> **收集策略**(Collecting Strategies)
> 　　观察
> 　　回忆
> **搭桥策略**(Bridging Strategies)
> 　　比较
> 　　对照
> 　　分组
> **锚定策略**(Anchoring Strategies)
> 　　贴标签
> 　　分类

为了方便描述,我们把这些策略分割成各自独立的认知操作。在实际应用时,为了区分相似概念,或者为了拓展学生的初始理解以囊括相关的子概念,既可以分别行使这些策略,也可以按顺序依次实施各个策略,形成对某一概念的初始理解。

收集策略

　　收集策略是建立概念的基础。被归为收集策略的概念操作有观察和回忆。单独运用这两种策略能提高学生从经验和回忆中搜集特定细节的能力，这一点同样适用于印刷和视听类的媒体资源。在形成概念方面，观察和回忆是学生收集特定信息的主要途径。通过观察和回忆获得的信息，最终将用来鉴定和辨识概念的关键特征或属性。

　　观察课堂教学对话重点是明确的物理信息——学生可通过自己的感官获取该类信息——的收集。引导学生完成这些课程，能提高他们从个人经验、具体案例或从某些事物的处理中发现有价值信息的能力。回忆课可以帮学生找回精确、可靠的信息。在某种意义上说，收集策略是一种调查策略，要求学生通过各种资源——如个人经验、文本材料、专家权威或一般法则——来验证自己的回答。持有可靠的、有价值的事实是建构合理概念的根本。

搭桥策略

　　然而，概念化不能只停留在特定信息的收集和回忆阶段。学习者还必须消化收集到的信息，才可能建构出有意义的关系。

　　比较、对照和分组这三项思维操作，是发展和创造概念不可或缺的步骤。当学习者发现先前隐藏在各个孤立事件之间的关系时，他们就会把各个细节信息整合成更大的概念，把一个例子的零零碎碎的信息与某个相似案例的特征连接起来，或者会根据一般事物或概念拥有的相似特性，把相似的物体或概念聚集在一起。当学习者采取这些行为时，他们便是在鉴定一个概念的关键特征、属性或模型。

　　Qu:Est 教学策略把比较、对照和分组这三项思维操作归为"搭桥策略"。实际上，"搭桥"是一种隐喻，指学习者是如何从收集孤立的事实过渡到连接、向前转变，或创造一条通往建立各种知识——主要用来构成概念的关键特征——之间的关系的通道。搭桥策略可以帮助教师提出有效问题，为学生提供联系孤立事件，生成概念构成基础的关键属性或特征的机会。这些关系以学习者借助自己的经验完成的心理联结为基础。

学生可以借助搭桥策略整理、组织信息，进一步建立信息间的关系，并创建出真正概念上的思想模型，而非简单地罗列孤立事实。一旦让学习者有机会练习比较、对照和分组，那么，他们在进行各种形式的概念性思考时将会更好地理解个体的思维操作，并且会更加注意有待他们回答的问题的类型。

锚定策略

锚定策略主要用来帮助教师在提问时推进贴标签和分类这两项认知操作的开展。学生在建构概念定义时会用到这些策略，接着学生需要为概念命名，或者确定新例子是否符合概念或相关子概念的关键特征。这两项思维操作能帮助学生阐明他们形成的概念，并有助于给这些概念划分类别。

贴标签是一种有效表达概念属性的方法。通过在对话中运用贴标签策略，学生将学会欣赏积累词汇的价值，重视精确措辞在交流思想过程中的重要性。分类则让学生有机会运用自己的概念建构知识，分析新的、未知的知识或例子。换而言之，锚定策略规范了概念的建构过程，保证学生建立起特定事实和信息与已知模型的命名之间有意义的链接。

按顺序安排 Qu:Est 教学策略

为了获得应用 Qu:Est 教学策略的能力，我们仍需针对 Qu:Est 教学策略开展单独研究和练习。但是，如果能按顺序来运用 Qu:Est 教学策略，那么，它将会成为一个最有影响力的概念建构工具。课程的目标便在于确定这些策略的先后次序。可以通过组织相互独立的策略来形成一个初始概念，区别两个相似概念间的差异，或者识别两个相关的子概念。如果目标涉及三个或三个以上的相关子概念，便需要用到三级顺序。

为了设计概念理解的策略,教师首先必须制订一份概念内容规划。每个教学概念或相关子概念都应该有例子、概念属性和一个及以上的正确分类。例如,《绿野仙踪》《爱丽丝梦游仙境》《老鼠和他的孩子》都是概念标签"幻想文学"的典型代表。幻想文学就是能有效地表述这些文学作品根本属性的概念标签。可以这样描述这个概念的属性或关键特征:"以虚构的超现实的情节结构为依托,刻画身处矛盾冲突中的人物角色的文学作品。"

倘若学生已经明白文学的概念,那么,他们在这种情况下就会形成一个初始概念——幻想文学。只要教学目标要求学生在学会区分或引申这个概念之前,对某个概念有一个基本认识,那么,一个初始概念的顺序就会发展起来。也就是说,在学生能理解幻想文学的概念之前,首先必须理解文学的概念。幻想文学可能具有很多相关的子概念,如童话、史诗、科幻小说等,每一个子概念都具有一个用以相互区分的独一无二的属性。

形成初始概念的顺序

运用 Qu:Est 教学策略形成一个初始概念的顺序是:

- 观察和回忆来自每个例子的信息。收集的信息必须包括概念的关键特征和一般信息。
- 对照每个例子,挑选出不是概念关键特征的差异点。以幻想文学为例,每个故事都有不同的特点、不同的背景、不同的寓意等。
- 比较每个例子,确定概念固有的普遍问题。正是这些要点构成了概念的属性、关键特征、特性或概念定义。在这个例子中,是指"以虚构的超现实的情节结构为依托,刻画身处矛盾冲突中的人物角色的文学作品"。
- 为了完成这个顺序,学生可以通过贴标签发现或创造一个名词,有意识地表述概念所要表达的意思。在教师指出课程中将会采用的术语之前,学生要创造并支持他们自己的命名。如此一来,学生便能把一个对他们有意义的专业术语与另一个不熟悉的术语联系起来。
- 分类可以用于确定学生是否能鉴别和分析在概念形成的顺序中不是表现这个概念的例子。

区分概念

分辨两个相似概念或两个相关子概念之间的差异性的顺序如下：
- 观察和回忆涉及这两个概念或相关子概念的每个例子的特定细节。
- 通过比较确定概念间的普遍特性，但这些特性并不是分辨这两个概念或相关子概念的关键。
- 通过对照确定关键的概念或子概念之间的本质差异。
- 为了能有效地表述概念，给每个子概念贴标签。
- 对两个概念的其他例子进行分类，进而评估学生对每个概念的理解与学生利用刚建立的标准分析新例子的能力。

从概念推演到相关子概念

课程的目标经常要求学生理解大量的相关子概念。在这个例子中，一张概念图可以按计划编制的过程来创立。如：

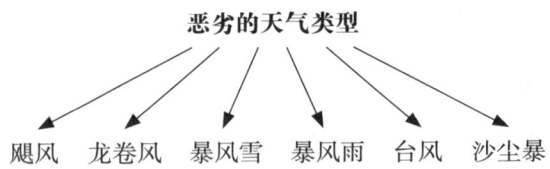

需要利用概念属性来定义每个概念标签，同时也需要运用概念例子来解释每个概念标签。利用 Qu:Est 教学策略实现从概念引申到相关子概念的顺序如下：
- 观察和回忆每个子概念的详细信息。
- 根据所有资料或例子的相似性进行分组。学生也必须确定分组的原因。
- 利用有意义的相关词汇或短语——描述了各个分组的关键特征、属性或特性——给分组结果贴标签。
- 对新的例子进行分类，把它们分成小组或置于标签内，并且要证明新例子符合小组或标签的概念属性。

研究建议与问题

- 在你的教学中，哪些目标或内容可以作为单独的 Qu:Est 教学策略的练习素材？
- 在你所教的学科领域或年级水平，什么概念最重要？
- 你会采用哪个概念顺序来发展学生对所教概念的针对性理解？

第六章　有效问题的性质与功能

引　子

  尽管有效提问的研究进展不错，看起来也很容易，但是整个研究事宜仍旧相当棘手。如果我们希望学生的思考具有创造性、思想性和建设性，那么，我们必须理解学生在发展和完善自身回答方面所付出的巨大努力——正是这些努力深化和拓宽了他们的理解。作为教师，我们会为了达成各种目标而提问。例如，我们通常会利用提问激励学生思考、发问与探索问题，同时也会利用提问来考察学生对知识的掌握程度。设计 Qu:Est 教学策略有三个目的：（1）使教师在教学之前就能利用有效提问评估学生的观点及其对内容的理解；（2）开展教学对话，发展和完善学生的思维操作和内容知识；（3）帮助教师在课程结束后评估学生最近掌握的概念。总之，Qu:Est 教学策略的有效提问为教师和学生提供了一条参与有计划的教学对话，共同调解对话的有效途径。

  在兼顾学习内容的同时，有效提问把学习的重点放在思考过程上，因而是一项关键性的教学手段。此外，为了紧追学生的思路，激发学生展开广泛而深刻的思考，有效提问也包括必须认真倾听学生的说话内容。有效提问还要求我们认识问题的性质与功能，认识有效提问对学习者和所学课程的影响。这意味着为了有效地引导学生回答问题，我们不仅要精心构思提问的问题，而且必须特别关注将要在教学中运用的微妙的非言语提示。

  为了更好地认识有效提问的性质与功能，我们可以从以下四个方面出发：

1. 一段小插曲。先向大家介绍一段教师们和我们一起参加一场关于思考教学对话的小插曲。通过这段小插曲，我们塑造了各种展示 Qu:Est 教学策略的提问模型。

2. 关于教师对有效提问的反应的反思。

3. 一次自学讨论。用以解释有效提问的性质与功能。

4. 一系列的研究建议与问题。可以引导读者研究核心和过程问题的使用。

小插曲：这种思考要素相当重要

我走进房间时，教师们正热闹非凡地议论着什么。等大家都安静下来以后，我让教师们把课桌椅摆成一个马蹄形。我自己站在这个"马蹄"的中间，和每个学生的距离都很近。"在你们当中，有几个人觉得自己上课时是在教孩子们如何思考？"我从这个问题开始了自己的讲课。我一边提问，一边环顾四周。所有人都举起了手。我完全相信所有参加这门课程的教师都做到了这一点，因为他们都对"为思考而教学"抱有浓厚的兴趣。

"好，我希望大家回顾一下，你在课堂中是怎么开始教孩子思考的。请简单记下几个你曾经做过的、能促进孩子思考的例子。"我给教师们 5 分钟的时间集中思考。这段"思考时间"（think time）对生成一个高质量的回答至关重要，而且记录回答的行为也给教师提供了一个参考，可以引导他们更好地展开为思考而教学的对话——文献中称这种"思考时间"为"等待时间"（wait-time）。

"你们刚才已经回忆过自己的课堂教学了。接下来请关注我和你们的互动。思考有哪些特点？"我一边发问，一边走向投影仪，准备记下他们的回答。

这个问题收到了许多回答。教师们给出的回答是关于思考的类型的，而不是关于思考的特征的。他们列举的思考类型有：创造性思维、批判性思维、分析思维、问题解决、决策、回忆、归纳、演绎、概念化。显而易见，他们阅读过该领域的相关论文和著作，并且真正钻研过以促进学生思考为目的的教学的重要性。在绝大多数教师分享自己的答案之后，我重新提问："你们刚才提到的内容是思考的类型，不是思考的特点。你怎么知道什么时候某个人正在思考？"

"唔，我们认为人们在回答问题的时候就是他在思考的时刻。"Jill 提出自己的见解。

"你们说的'思考'是什么意思？"我坐在中间的一张空椅子上问大家。

Jim 回答："嗯，是指开动脑筋。"

我对 Jim 笑了笑，慢慢扫视班里的其他人。"嗯，其他人对'进行思考教学'有什么定义吗？"

"那是指你提出问题让学生分析某件事。"Sharon 回答。

"你说的是一个例子。我想要的是一个定义。那么，你提到的'思考'一词是什么意思？"我问 Sharon。

"分析。"她说。

Jody 补充道："对。分析是批判性思维的一部分。"

在我提出让 Jody 解释"批判性"之前，John 加入了，"'思考'是指你正在主持一次讨论，学生也正在争先恐后地发表自己的看法。"

我站起来，走向教室前面的门，拉开与教师们的距离。

"请注意，"我对 John 说，"你正在给我举一个关于为思考而教学的具体例子。我要找的是与思考相关的特征——那么，思考有哪些属性？"

"思考就是创造新观点，或者探究已有观点。"他指出。

"是的。"Chris 也加入进来，"就是指考虑想法。"

"考虑想法？"我表示疑问。"'考虑想法'是指什么？"

"你知道的。"他说。

"不，我不知道。你刚才在用'思考'定义'思考'。'思考'是什么？"

"让我想想——思考意味着说明。"

"Chris。"我猜测他是在胡乱拼凑答案因此接着说，"请给我举一个'说明'的例子。"

我注意到学生在椅子上坐立不安，空气中弥漫着一股紧张的气氛。于是，我平静地走到 Chris 附近，在一张桌子旁坐下。

Chris 尝试着给出答案："好的。例如，当你问我们在课堂上采取了什么措施促进学生思考，我记录到，在讨论过程中，我希望学生告诉我为什么事情会按照已有的方式发生（他特别强调了'为什么'）。在历史中，总是存在许多前提促成了各种事件的发生，而我希望学生能把导致事件发生的原因与事件本身联系起来。当他们这样做时，我便知道，他们开始把历史看成由一系列连续发生的事件串连组成的，而不仅仅是一些偶然发生、毫无根据的事件。"

我点点头，环顾四周。课堂里一片寂静。我回过头看着 Chris，接着问，"在什么情况下，建立各种事件与其原因之间的'联系'就是'说明'？"我清楚地意识到我正在努力推动教师们进行思考，但很快，我从这个团队身上体验到了挫败感。

"因为这表明，学生发现了两个历史事件之间的关系。他们做出了一个事件会导致下一个事件的推论。"Chris 斩钉截铁地说。

我微笑着转向班里的其他教师，向他们提出我的问题。"还有谁再给'说明'下一个定义？"

房间里依然鸦雀无声。我等待着。房间里的氛围异常紧张。30 秒过去了。

最后，Sharon 说："分析就是说明吗？"

显然，她和其他人一样，深受 Chris 影响。我若无其事地表示质疑："唔，请给我举一个分析的例子。"我向窗外望去。

"就像当你要求学生比较和对照故事中的两个角色时。"她说。

"怎么比较才能帮助学生进行分析或说明呢？"我冒险打断她的话。

"好，这么说吧。学生必须了解每一个人物角色以及这两个角色之间的相似点和不同点。你知道，他们必须熟悉课文，然后从中找出答案。"她结结巴巴地说。

第六章　有效问题的性质与功能 • 73

　　我笑了。"什么让你认为，如果学生知道或者记住要点就等于他们对其进行了分析？"

　　"我不知道。事实就是如此。而且，正是他们对人物角色的推理，而非记忆，构成了说明。"Sharon 的语调告诉我，她已经抓住我提问的要旨。我向 Sharon 走去，站在她背后，让她看不见我的表情。

　　"还有其他关于教学生思考的例子吗？"我把这个问题抛向整个团队。

　　Bill，坐在 Sharon 的正对面，回答道："我采用'脑筋急转弯'——一系列有多个答案的故事。"

　　Jane 坐在 Bill 的右边，接着 Bill 的话说："我一直都要求学生告诉我为什么。"

　　"我们先来看 Bill 的回答。"我说，同时对 Jane 点点头，表示肯定。Bill 的脸绷紧了。

　　"答案不止一个的故事里蕴藏了什么因素让你认为你正在教学生进行思考？"

　　"唔，是他们的看法。"他提出。

　　"我很好奇，你刚才问想起自己做过的什么事可以指引学生形成自己的看法？"

　　他说："我保证每个人都有机会发言。"

　　"好，你说这些故事的答案不止一个。你怎么知道一个学生给出的答案就是他（她）分析过故事或脑筋急转弯的结果，而不是因为他（她）想起了其他人说过的某些话呢？"

　　"我不知道，我推测的。我只是觉得，如果我让不同的学生说些不同的事，我就能让他们认识到每个人看问题的角度是不一样的。"

　　"Jane。"我说。

　　Jane 的神情顿时变得不自然了，接着说："哦，不，我希望刚才我什么都没有说。我知道您接下来准备问我什么问题。"

　　"是的。什么让你认为要求学生回答'为什么'就是有助于他们思考的？"我等待着——5 秒、10 秒、15 秒。Jane 看着地面。

所有教师都低着头，没有任何目光接触。我等了 20 秒。然后，我转移到 Chris 身边，站在 Jane 背后，在距离 Jane 足有三张椅子远的地方坐下。最后，经历了一段非常不自在的沉默之后，Evelyn 在房间的对面说："'为什么'的问题能让学生运用逻辑思维对自己的想法做完整的推理。"

"你使用的'完整的推理'是指什么？"我一边问，一边看着其他教师。他们的眼神告诉我，他们正在设法找到一个答案帮助 Jane 摆脱当前的困境。

"哦……"Evelyn 的眼睛滴溜溜地转动起来，并向大家宣布："让我想想。"

"Jane。"她又颤抖了一下，接着把头埋进胳膊，趴在桌上。我再一次踱步，穿过房间，站在 Evelyn 的桌子前面。我看着 Jane，"请给我举个例子，关于你要求学生回答的'为什么'的问题。"

5 秒、10 秒过去了。她脸上的表情告诉我，她正在搜寻答案。

"昨天，我上了一堂关于污染的课。我希望了解学生为什么认为污染导致了生命的消亡。"她吞吞吐吐地说。

"对！"我点点头，转身去观察其他人。Jane 顿时松了口气，脸上写满了获得解脱的神色。"那个问题是通过什么方式促使学生思考污染的？"我站在马蹄形的中央，直接把这个问题呈现给整个团队。

5 秒、10 秒又悄悄地过去了。最后，Jerry 灰心丧气地回答："因为这个问题让学生考察污染的类型及其对地球造成的影响。"

"你怎么知道是那样的？"我紧追不舍。

"哦，好了。"Jerry 说，"你应该去问 Jane。她才是提出那个问题的人。"所有人的视线都不由自主地转向 Jane。Jane 开始大笑，全体教师也都神经质式地笑起来。

待教师们重新冷静后，Judy 说："我猜您一直在做的就是让我们考察自己的答案，而我们还不习惯那样做。但愿我们了解真相，可我们的确不知道为什么我们认为自己在教孩子进行思考。真令人沮丧。我们都在这儿告诉您，我们在教学生进行思考，但我们都无法解释为什么我们认为要教这个。"

我在 Chris 旁边坐下，开始留意教师之间的互动。

"是的。"Jane 说，"我被困住了。总是有人告诉我要问'为什么'，但我从未想过当我问学生'为什么'时，他们身上发生了什么变化。有时，我甚至不知道自己在问'为什么'的时候是在寻求什么。"

"我知道了。"Sharon 表示同意。"就像在我的脑子里以及当我问'为什么'的时候，总有那么一个细小的声音在低吟。看来这场讨论会帮助解答这个问题。我有很多知识要学。"

"还有已经忘掉的学过的知识。"我补充说道。

Sharon 开心地露出微笑，昂起头转向右边，诙谐地警告我："那么，您说的'已经忘掉的学过的知识'是指什么？"

大家哄堂大笑，我们都知道这段经历将成为激励我们所有人的一个英勇承诺。

教师学习的反思

参与这个活动的所有教师都直接体验到，要回答既能指引他们进行思考，又能鼓励他们反思初始答案的问题是多么困难的一件事。教师们亲身体验到在回答问题时，最困难的莫过于要求他们通过解释自己的措辞，或者通过叙述一个例子阐明措辞的意义，来限定自己的回答。这也是他们的学生会遇到的难题。这可能是因为我们一直都在假定我们都知道自己所指的是什么。或许，我们难以限定自己的回答是因为我们把质疑当作一场挑战。又或者，在回答问题时，我们只是选择了自己觉得用起来最舒服的词——即使我们并没有认真想过它们的内涵。

无论出于哪种原因，教师们都迅速领悟到为思考而教学不是件轻而易举的事，特别是如果我们希望学生不仅能理解思考的内容，而且能明白他们的理解过程。我们必须深入研究理解，全神贯注地建构对他人和对我们都有意义的回答。我们不能只是简单地推断，如果某个人能回答一个集中了整个教学对话焦点的问题，就说明他对问题有深刻的理解；我们也不能假设其他聆听和参与对话的人都能听懂说话者的言辞。

在教学对话中广泛应用有效提问，不仅可以增加考察学生回答的机会，而且也可以增加完善学生的理解的机会，帮助学生认识思维操作过程和思考对参与教学对话的重要性。Qu:Est 教学策略为设计与实施课程，为督促教师和学生共同参与思考过程，搭建了一个基本框架。

自 学 讨 论

Qu:Est 教学策略由四个概念组成：(1) 提出以思考为中心的问题；(2) 利用学生的回答作为进一步提问的基础；(3) 测定提问的速度并按顺序安排追加问题，从而实现对学生开展思考的引导；(4) 提供"思考时间"，鼓励学生利用适当的非言语手势与教室空间做出经过深思熟虑的回答。Qu:Est 教学策略的中心问题不仅仅是提问题，而是要理解问题的性质与功能。同样，Qu:Est 教学策略主要是用来帮助教师发现学生思考的方式，确定学生在某一特定的认知操作中能完成和不能完成什么，以及帮助教师分辨对学生有意义的知识或概念。对学生来说，Qu:Est 教学策略是他们建构概念性思考的学习工具。

提问的性质

提问的性质是指我们打算从教学问题中获得什么。我们开展课堂讨论的意愿必须符合且必须接受教学目的和目标的指导。类似我们如何表达问题、如何说明我们希望学生关注的内容、为了研究课程内容如何解释我们希望学生采用的认知操作等，这些问题都容易受提问的性质的影响。另外，提问的速度与我们在出现理由充分的回答之前所表现出来的耐性，也都依赖于我们对问题结构的理解和对课堂空间的巧妙运用。

为了确定教学中运用的问题的种类，我们必须留意课程的目的和目标。在发展出适当的教学问题之前，我们必须回答关于课程目标与教学效果的问题。涉及思考的本质问题、思考题的顺序或模型以及高质量学生回答的形成,这三类问题是成功指导教学对话的核心。提问的性质将会带着我们关注课程的目标和效果、问题模型的结构与我们鼓励学生互动的方式。

提问的性质

确定目标和效果

为了实现课程目标,学生必须采用哪种思考?

为了推进课程进展,我希望学生生成哪种回答?

如果学生答对了问题,他的声音听起来会是什么样的?

如果他们回答不正确,那么回答者的声音又会是什么样的?

我应该如何处理这两种回答?

提问模式

如果可以通过多种认知操作达成目标,那么,为了实现教学目标,我应该怎样安排追问的顺序?

如果需要经过多重思维操作方能达成课程目标,那么,为了实现课程目标,我会怎么判断什么时候应该改变学生正在进行的思考方式?

为了追踪学生的回答,我会怎样安排问题的先后顺序?

塑造高质量的学生回答

我该怎样处理与预期相符的回答?

我该怎样处理没有预见到的回答?

为了解释学生的回答和帮助他们认识正在探索的概念,我需要提什么问题?

我应该提什么问题才能为学生创造个性化的课程内容?

为了让学生关注课程目标指定的课程内容与认知操作,学生需要什么类型的问题?

为了考察课程内容的深度和广度,我需要什么问题?

问题的功能

问题的功能是指我们期盼学生会怎样回应我们的问题、要采取什么措施处理他们的回答或者该怎样引导他们思考问题、我们应该怎样让他们认识到要把有效提问当作学习的工具。功能同时也是在说明，作为提问者，我们在问学生问题时应具有怎样的言行举止。为了更有效地提问，我们必须了解自己期望学生怎样回答问题。为了能更娴熟地引导和完善学生的思考，我们必须仔细倾听学生说话，并在提下一个问题的时候，利用他们的回答来指引他们的观点与他们对自身思考的理解。我们越是能清醒地认识自己提的每一个问题与我们追问学生回答的方式，我们便越是能顺利地影响学生的思考内容和思考方式。

等待时间（Rowe，1987）是完成教学对话的一个关键问题。如果我们期望学生做出理由充分的回答，那么我们就应当耐心地等待他们的回答。由我们自己来回答问题，或者是紧跟着先前的提问提下一个问题，中间不留任何空隙，这两种做法都会干扰学习进程。课堂教学期间的沉默往往是学生思考问题的一大契机。我们应当确保不要因我们的讲话而扰乱了学生的思考。

一旦学生开始回答问题，就必须给他们提供充足的时间，让他们意识到回答问题是一种责任。有研究提示我们，在问题提出之后、允许学生自由讨论之前，投入较长的等待时间，能够提高学生回答问题的频率与质量。如果一个问题足够重要，需要提出来，那么我们等待学生回答的耐性也同等重要。因为在整个学习过程中，是学生，而不是我们，必须展开思考和学习课程内容。作为教师，我们必须学会如何创造更好的课堂条件促进学习的发生。

在实施 Qu:Est 教学策略的过程中，我们已经发现，在引导学生思考时，最重要的是如何对他们的回答做出适当的言语和非言语反馈。这也是"问题的功能"这个概念的另一个体现。问题的措辞和提问的方式是督促学生参与教学对话的决定性因素。提问的措辞应当是欢迎学生回答，或者是要求学生必须回答问题。同样,我们的肢体语言、在教室里的位置和手势语都应该用来鼓励或阻止学生回答问题。

我们坚定不移地坚持构建自己在课堂讲授期间的言谈举止。我们如何选择自己在环境中的位置所带来的影响、在学生中创立的互动模式、个人的手势,三者必须协调一致,才能促进有效对话的发展。与此同时,这三个方面也必须与我们的问题相互吻合。只有通过持续不断的练习和对有效提问的反思,才能完善我们引导有效教学对话的才能。为了推动学生之间的有效教学对话,我们也必须慎重考虑应该如何设计学习环境,如何利用自己的行为态度来影响学生对话。

问题的功能

位置的确定问题

问第一个问题时,我应该站在哪个位置上?

当听学生回答问题时,我应该站在哪里?

我在课堂上的物理位置会以什么方式来鼓励或干扰学生与学生的对话?

我在课堂上的物理位置是怎样鼓励或干扰学生与学生之间的对话的?

互动模式

学生在回答问题时应该指向谁?

我应该如何鼓励学生多与同伴交流,而不是只顾着与老师对话?

在回答问题之前,我应该给学生多少时间进行思考?

在一个学生回答完问题之后,在问另一个问题或是允许其他学生作答以前,我应该等待多久?

为了推动有效教学对话的进程,我需要怎样安排课桌椅的排列方式?

我该怎样确定教学对话的进展速度?

什么时候我应该放慢或加快讲课的速度?

我该怎样控制对话的进程?

哪种分组模式会诞生最好的回答?

学生需要什么才能生成答案?

续表

> **手势**
>
> 我应该用什么语调提问?
>
> 当学生没有回应时,我应该做什么?
>
> 为了鼓励害羞或反应相对迟缓的学生,我应该做些什么?
>
> 我该怎样示意某个学生,让他(她)明白他(她)说得太多了?
>
> 在教学对话期间,我可以通过什么手势来缓解各种想法泛滥成灾的问题?
>
> 哪种面部表情能增加学生的回答,哪种表情会阻碍学生回答问题?

研究建议与问题

为了进一步考察你对 Qu:Est 教学策略的理解,请思考以下关于有效提问性质与功能的问题。

- 在叙述过程中,什么问题可以发起特定的思维操作?
- 在设计第一个思考题的措辞时,你要注意什么?
- 在叙述中,什么问题能考察学生的观点?
- 学生的回答与紧随其后的教师追问,二者之间存在什么关系?
- 在学生回答问题之后,你在选择追问的措辞时应注意些什么?
- 当教师意识到学生并不是在回答第一个思考题时,会发生什么事?
- 教师应该采取什么措施使学生的回答个性化,或者该做些什么来支持或完善学生的回答?
- 什么练习可以用来激励学生集思广益?
- 课堂空间的运用是以什么方式激发或减少教学对话的发生的?
- 教师应该如何利用动作和空间来促进教学对话的发生、发展?
- 问题与回答之间的等待时间和步调是通过什么方式促成或阻碍课程目标的实现的?

- 在提问时，教师应该怎样变换语气和语调？

参 考 文 献

Rowe, M. B. (1987). Using wait-time to stimulate inquiry. In W. W. Wilen (Ed.), Questions, questioning techniques, and effective teaching, pp. 95–106. Washington, DC: National Education Association.

第七章 收集策略

引　子

收集策略让学生有机会利用观察与回忆这两种认知操作加强思考体验。这两种心理操作是为实现概念化而鉴别和追溯相关信息的基础。观察与回忆课程并不是记忆技术。更确切地说，它们是学生在积极建构概念时用来理解特定信息、实现信息个性化的一系列策略。对学生而言，运用收集策略的结果就是去收集他们可以理解的、可以与以往经验建立联系的孤立事件。观察与回忆是形成、区分和扩展概念必须迈出的第一步。

观察与回忆策略

通过运用收集策略，学习者可以从相关例子中收集到所学概念的关键信息。也只有在积极参与信息收集过程之后，学习者才能建立或创造出对自己有价值的概念。对学习者来说，为了最终能从不相关的信息中整理和分辨出相关信息，或者为了能生成适合概念的概念属性和标签，仔细观察与精确复原概念例子的关键特征是必不可少的。

运用与练习收集策略的过程，也是学习者生成思考的过程。这种思考是学习者形成概念、区分相似概念和引申到子概念的重要基石。一旦学习者有机会练习观察与回忆，他们不仅能更好地理解这两项思维操作，而且在面临要求搜集与获取信息的情境时，他们也会更加清楚需要自发地提出什么类型的问题。

Qu:Est 教学策略的收集策略可以加强学习者对需要运用观察与回忆策略的学习情境的了解。与此同时,学习者也将学会在复习功课时应该怎么运用和在什么时间运用这些思维操作。接下来的内容将帮助读者理解 Qu:Est 教学策略的收集策略——观察与回忆的具体引导方式。为了方便教学设计,我们编制了一套编码,用来表示可能出现的学生回答及加工性问题,具体编码符号参见随后的介绍。

- 提问策略图
- 示范课设计
- 自学讨论
- 课程应用
- 分析的本质问题
- 编码符号
- 示范记录
- 编码转录
- 对编码转换的反思

以下内容曾于 1990 年,由美国教育服务中心首度发表,本书已对其进行了必要的修订。

观察的提问策略图

观察的目的

要求学习者通过 5 种感官发现和收集事物特征,以备进一步加工所需;增长学习者的知觉技能。

问题的性质

集中感觉搜集关于某个物体、事件或某种情境的物理特征。

问题如何发挥作用

为保证概念的精确性和准确性,要解释和验证先前通过感官搜集来的特定细节。

学习者的回答

借助视觉、听觉、味觉、嗅觉、触觉 5 种感官，运用语言或示范来描述特殊的、可证实的细节。

观察的示范课设计

目的：让学习者有机会通过观察搜集一朵花的物理特性。

效果：学生能够识别、解释和验证运用五官收集来的关于这朵花的关键特征的全部信息。

依据：形成"花"这个概念的先决条件或练习利用感官收集信息。

内容特性：花瓣、茎干、雄蕊、雌蕊、颜色、形状、叶子。

资源：每个学生或每个学习小组都有一枝玫瑰花、郁金香或其他花（每次上课选用同一个科的花），纸，铅笔，黑板，图表。

核心问题：观察。

- 运用感官，你观察到了什么（关于这朵玫瑰的）？

可能出现的学生回答

- 它很漂亮。——RF
- 它还没有完全开放。——VR
- 它有很多花瓣。——CL/VR/RD
- 它是红色的。——OB
- 它的叶子是互生叶。——CL/VR
- 我妈妈种植这些花。——RF
- 中间是黄色的。——CL/VR/NF
- 它在我的手上呈现出黄色。——VR/RL

处理观察问题的主线

RF（重新聚焦于已离题的回答，Refocusing off-focus response to observing）

- 你看到了什么让你觉得这朵玫瑰花很漂亮?
- 你是在说你妈妈的玫瑰花——那么,你在这朵玫瑰花上看到了什么?

CL(下定义和运用更多或更精确的语言表述,Defining and using additional or more precise language)

- 你用"很多"这个词,是想表达什么意思?
- 当你说这些叶子是互生叶时,你是指什么?

VR(验证细节,Verifying details)

- 你怎么知道它没有完全开放?
- 请一片接一片地拔掉毗邻的叶子。
- 请指出黄色部位。

NF(限定关键特征的焦点,Narrowing the focus of the critical characteristics)

- 请多告诉我一些关于中央部分的细节。
- 你在茎干部位看到了什么?

RD(让更多学生参与,Attaining more student participation)

- 花瓣还有什么其他特点是刚才没有提到的?
- 还有谁注意到这个黄色部位了?

观察策略的自学讨论

观察是一种思维操作。个体可以凭借观察,运用感官(视觉、听觉、味觉、嗅觉和触觉),感知和收集某个物体、事件或某种情境的物理特征。观察,这一思维操作是我们理解事实、经验和环境的主要途径。我们一出生,观察就正式开始了。个体在婴儿期的时候便开始借助感官来探索周围的世界,收集以后可以用于比较和对照、确定概念、给已有概念分类和贴标签的信息。

需要开展观察操作的情境必定是真实或具有代表性的。个体不可能观察到抽象的象征物。例如,在收集一种水果的物理特征时,必须呈现水果的实物，只有这样，才能确定种子的大小、形状、颜色和位置，以及味道、果肉、叶柄、花的残余物和气味。如果只展示一张水果的图片，那么，我们能通过感官获得的信息量是极其有限的——很明显，这时只能运用视觉搜集信息。如果采用的是一块水果的模型，那么还可以通过触觉积累其他的感官信息。但是，如果只是在黑板上写下"orange"（橘子）一词，那么唯一可以用来观察的信息就只有：字母的排列、字母的数量、元音、辅音和字母的形状。无论学习者提供多少关于橘子的感官信息，都是他们回忆以往接触橘子的经验的结果，而不是直接观察所得。

以观察教学策略为教学重点时，教师可以提高学习者的认识能力。通过参与结构化的观察课，学生能关注到关于事物物理特征的更多细节。最后，在认识物理特征的基础上，教师就可以引导学生分辨概念的关键特征与一般特征。总而言之，我们运用感官搜集信息意味着注意大小、形状、颜色和质地等。

观察时，我们通常容易忽视琐碎的细节，这可能会干扰我们的理解或习得概念内涵。然而，"如何观察"的结构化经验将指导学习者超越显而易见的现象，采集丰富的信息资源，进而赋予学习者运用这种信息加工策略的能力，让他们有能力在环境中收集重要的关键信息，确立亲身体验的价值。

观察策略的直接教学要求教师在做教学设计时，必须首先以能被直接观察到的物体为焦点，同时采用能够提示观察操作的言词。"你注意到这个橘子有什么特点吗？"这是一个重点突出的核心问题。可以这样分析这个问题的语法：名词"橘子"是观察的对象，动词短语"你注意到"构成了学习者在搜集信息时应该运用的思维方式。

"你可以告诉我橘子有什么特点吗？"这是一个失败的核心问题。之所以说它设计拙劣，是因为这个问题缺少识别学生将要运用什么思维操作的词汇。因此，学生可能会回忆所有关于橘子的信息，也可能会评价这些橘子，或者会把这个橘子与他们见过的其他橘子做比较和对照。

在通过观察搜集信息时，运用能提示思维操作的词汇来组织以观察为中心的问题尤其重要。理由就是通常在要求个体观察时，他们会立即给出一个推论作为观察的结果。例如，当被问到"你注意到这张图片中的男孩有什么特点吗？"时，一个很普遍的回答就是"他很聪明"或"他很勤奋"。两种回答都是在观察数据的基础上得到的推论。因为这个男孩可能拿着一本书，或者正坐在学校的椅子上看着老师，观察者却跳过自己看到这个男孩正在做什么的直观形象，直接得出了一个结论。在这个时候，教师的职责就是引导学生关注看得见的细节，从图片中收集构成推论的直观特征，然后再把观察到的细节与学生的结论连接起来。

引导和指导观察远不止提出核心问题这么简单。教师必须仔细倾听学习者给出的回答，才能确定学习者获得信息的途径。教育研究文献把这一过程称作元认知。通过连续的追问，或询问认知加工性问题——如解释、验证、重新聚焦和限定核心问题，教师就可以帮学生理解和完善初始回答。

在面对以观察为中心的问题时，如果学习者的回答是一个结论，那么，教师就必须督促学习者积累组成这一推论的所有直观信息。通过解释、验证和限定观察内容，学习者便有机会从其他角度重新考虑他们的初始回答。这将加强他们对自身体验与周遭环境的感知和了解。

观察策略的课程应用

- 果实：苹果、橘子、花生、梨子、香蕉、西红柿
- 钱：硬币、纸钞
- 地图：世界地图、国家地图、区域地图
- 文字：排列、结构、形状
- 图片：颜色、质地、样式、观察对象、环境
- 句子：词语的组织、标点符号、大写
- 事件：一场交通事故、一次和平集会等

分析课程：观察

开展课程分析需要收集和反思课堂信息，确定教师引导课程的方式与课程对学生的影响。因而，首先需要建立一套编码系统，辅助我们收集教师提问和学习者回答的数据。接下来，这些数据可以为确定和修正教学策略的关键内容及组建相关模型提供原材料，帮助学习者发展和完善思维操作。

本节共分五部分：（1）学习者的回答；（2）编码符号；（3）一份示范课的记录；（4）编码转录；（5）编码反思。

学习者的回答：切中要领与答非所问

观察（OB）像其他的 Qu:Est 教学策略一样——会引来学习者的两种回答：切中要领的回答与答非所问。切中要领的回答是通过个体的感官获得的，它能清楚地鉴别出某个物体、某一事件或某种情境的关键属性，并且这些物理属性可以通过视觉、听觉、味觉、嗅觉或触觉得到反复验证。答非所问的回答并不是直接通过我们的感觉经验获得的，它们虽然以感官为基础，却被学习者转换成了另一种思维操作。由于这些回答可能建立了一个并不符合观察操作的问题模式，所以在解释或验证这些回答之前，需要重新聚集思考的焦点。

例如，如果一个苹果是观察对象，那么符合观察要点的回答就会是："它是红色的。""苹果里有大量果汁。""里面是白色的。""种子坚硬，位于果实中央。"所有这些信息都是感觉信息，可以得到感觉的验证。如果学习者回答"它是 Macintosh[*]"，"它看起来很不错"，"吃苹果有助于健康"，"它已经腐烂了"，那么，学习者接下来就必须重新调整自己的视角，摸

---

[*] 苹果公司 1984 年推出的一种计算机。——译者注

索引导自己做出这些评论的感觉信息。在观察课上,答非所问的回答通常都伴随着需要学习者提供划分观察对象的标签,或得出对观察的推论与陈述个人观点。

因为这类回答会给其他学习者树立一个回答问题的不良模式,加上学习者也可能很难区分真正的观察与解释性观察的差异。所以,一旦发生这种答非所问的情况,教师必须立即重新调整学习者的关注点。诸如"你刚才告诉我说苹果已经腐烂了"、"你发现了什么让你得出它已经腐烂了的结论"之类的重新定位,能促使学习者关注究竟是哪些感觉信息引导他(她)做出"腐烂"的推论。学习者可能会提出:因为他(她)注意到苹果表面有松软的棕色小点儿。这时,学习者的回答一旦回到正轨,教师就要继续发问,要求学习者解释(如,"你说的'松软'是指什么?")和验证(如,"你怎么知道表面是软的呢?")。通过这种形式,由观察得来的回答就能帮助学习者理解他们是如何完成观察的。

编码符号

在一堂课上,对问题与回答进行编码,将有助于我们了解教师提问与学习者回答的模式,以及二者之间的关系模型。编码所确定的客观信息则可用于探讨观察策略的属性。在对观察课进行编码时,可能会用到以下符号:

	教师的问题		学习者的回答
OB	关于观察的核心问题	+	回答切中要领
	关于观察的封闭式核心问题	—	答非所问
	(只需回答"是"/"不是")	CL	解释性回答
0	核心问题缺少认知加工或内容	VR	验证性回答
CL	解释性问题	?	学生的提问
VR	验证性问题		

续表

教师的问题	学习者的回答
RF　重新聚焦的问题	
RD　重新直接询问	
NF　限定焦点问题	

一堂观察课的示范记录

教师：请仔细观察这个苹果，你看到了什么？

学生：它是红色的。

学生：圆形的。

教师：你说的"圆形"是什么意思？

教师：请画出苹果的形状。

学生：（在黑板上画出一个苹果的图形）

学生：它更像心脏的形状。

教师：其他人还发现了什么？

学生：它已经腐烂了。

教师：你看到了什么让你断定它腐烂了？

学生：它的表皮上有黑色松软的凹点。

教师：凹点是指什么？

学生：你看这个苹果，这些黑点比其他部分的位置低。

教师：除了看，还有什么途径可以知道它腐烂了？

学生：当你触摸这些黑色的小点时，会发现它们是烂糊状的。

示范记录的编码								
教师：	OB	CL		VR		RD	RF	CL	VR
学生：	＋	＋	CL	VR	－	－	＋	VR	VR

Copyright 1990 by the National Educational Service, 1252 Loesch Road, Bloomington, IN47404. Phone:（800）733-6786.

对编码的反思

就内容和过程而言,教师提出的第一个关于观察的核心问题中心明确、开放性强。这引出了两个切中要领的学生回答,每个回答都是可解释、可验证的。这些解释性问题与验证性问题得到了学习者的正确回答,同时它们也扩展了学习者对初始观察的理解。当教师再一次提出这个核心问题时,由于问题本身缺少提示学习者观察的语言,因此,学习者做出了答非所问的推论。这时,教师恰如其分地调整了回答的中心,让学习者能够引用他(她)的观察来支持前面的推论。借助后面的解释性问题与验证性问题,学生便揭示了作为推论基础的感观信息。

同样,以下内容也得到了美国教育服务中心授权,收录在本书的部分已做出修改。

回忆的提问策略图

回忆的目的

要求学习者重新找回过去通过个人经验、阅读、观察或倾听收集的信息。

问题的性质

找回以前搜集过但目前存储在记忆中的信息。这些信息来自以往的个人经验、阅读材料和/或视听媒体。

问题如何发挥作用

首先,借助多种媒体收集关于信息的特定细节,然后,运用这些细节解释、验证回忆的精确性和正确性。

学习者的回答

叙述存储于记忆中的、可验证的特定信息。

回忆的示范课设计

目的：让学习者有机会从教师确认过的一份书面文件中回想起特定细节。

效果：学生能从原始材料中识别出特定信息，会验证信息的精确性。

依据：在论证某个研究主题时，回忆是精选论据的前提条件。

内容特性：有关提问的研究文献已经确认的、开展思维教学的明确理由；与师生互动相关的特定问题；能激发特定思维操作的问题类型。

资源：阅读本书的第四章。

核心问题：回忆。

- 读完之后，你还记得教师提问的提示有哪些吗？

可能出现的学生回答

- 大多数的问题都是考查记忆力的。——CL
- 教师提问与学生回答之间几乎不存在任何关系。——CL
- 元认知很重要。——RF/CL
- 倾听学生的回答最重要。——VR

处理回忆问题的主线

RF（重新聚焦于已离题的回答）

- 你想起的什么内容让你认为元认知很重要？
- 你说的是对阅读材料的一种感触。材料中有什么内容让你觉得很难针对思考本身设置问题？

CL（下定义和运用更多或更精确的语言表述）

- 你提到的"元认知"是什么意思？

- 当你说到"回忆"这个词时，你想说明什么？
- 请绘制一张图表，解释教师的提问与学生的回答之间的关系。

VR（验证细节）

- 你在第四章的哪个部分发现教师提了关于回忆的问题？请读给大家听。
- 针对这个事实，其他作者提到了什么？
- 请结合你个人的经历想想，你怎么知道教师提问与学生回答之间没有关系？

NF（限定关键特征的焦点）

- 请多告诉我一些关于元认知的观点。
- 这篇文章提出的问题比它解决的问题更多。关于这一点，你想起了什么？

RD（让更多学生参与）

- 还有谁愿意引用一份参考资料来说明这个问题？
- 文中还提到了哪些资料是关于设置回忆性问题的原因的？

回忆策略的自学讨论

回忆是学习者通过回顾个人的以往经历、追溯文字材料或通过观看或收听媒体作品等方式，找回特定细节信息的一种思维操作。回忆性思维操作是收集和存储信息的主要途径。尽管记忆在很大程度上必须由教师来确认学生已经"掌握了"那些曾经在正式的讲课和其他形式的课堂教学中呈现过的素材。但是，我们必须严格区分记忆与回忆性思维操作。在记忆过程中，学生会牢牢记住信息，根本不会注意自己运用了什么认知加工步骤。

记忆的最终结果是学生可以"背诵"、"记住"或"回想起"由其他材料提供的特定事实。在这种情况下，学生经常无须了解谈话主题便可以复述回答。换句话说，学生只是在简单地引用教师之前教给他们的资料。但是，在 Qu:Est 教学策略中，回忆的重点是认知加工过程。它的关注点是学生如何获得知识，如何认识已有知识与正在学习的新知识之间的联系。而回忆策略——作为一项收集性思维操作——要求学习者充分把握事实材料，挖掘材料之间的相关性和实用性。总之，回忆是一种学习工具，可用于收集信息、验证特定事实和建构概念。

一般情况下，通过回忆性教学策略收集到的信息既详细又精确。正是这些深刻而又广博的信息资源，加上开始着手验证自身观点的思维方式，让我们能够从容不迫地面对工作和生活。回忆起源于我们的日常生活和教育经历。最有代表性的就是教师要求学习者回忆阅读材料或课堂教学中的特定细节。如果学习者能够运用在课文或其他形式的课堂教学中引用过的说明，教师通常都会感到非常满意。值得提醒的是，这只是对回忆性思维操作的一种简单运用。如果学习者准备理解或把握曾经读过、听过或看过的信息，那么，教师应当留意学习者在探究深层信息之后给出的回忆性回答。

通过考察学习者最初给出的回忆性回答，教师将得到一份关于学习者对事实和观点的理解程度的评估结果。诸如"你说的（某个术语）指的是什么意思"、"你在哪儿发现这个信息的"、"你怎么判断这个信息是真的"等，这类问题也会向我们展示学生的知识水平。因此，教师必须采用能提示"回忆"的术语来调节自己提出的回忆性核心问题。起先，这可能显得微不足道，甚至是多余的；但是随着教学的深入，教师就可以通过这些提示用语帮助学习者了解他们搜集数据的方式。总而言之，这种做法既能预防"有根据的推测"（educated guessing），又能让学习者树立有能力给出合理的、可考证的回答的自信心。

例如，一个教师说："请给我讲讲昨晚你读的那篇短篇故事。"这时，学习者可能会谈到阅读这篇故事的感悟，也可能会议论和它相似的其他故事，或者会记起故事里的特定细节。但是，通过代表回忆的"提示语"，如"回顾"、"回想"和"找出"等，学习者便能把注意力集中在这个思维操作方面。同时，教师也找到了一个引导、发展和丰富学生理解的有效助手。譬如，在问题中采用提示词"回想"，"说起昨晚的阅读，你回想起了什么？"学习者就更容易直接说起头天晚上看过的故事的细节内容。

引导和指导 Qu:Est 教学策略中的回忆教学策略远不止提出核心问题这么简单。为了帮助学生加工他们对事实的理解，教师还必须认真听取学生的回答。简言之，通过提出加工性问题，帮助学生解释概念内涵、重新聚焦回答、验证已有信息和完成对已知信息的个性化理解以及引用更明确的细节信息，教师最终能帮助学习者完成对概念的理解。

回忆策略的课程应用

- 要求保留特定事实的客观事物
- 回忆实地考察的项目
- 词汇发展
- 回顾剧本的台词
- 复述一部常见电影的详细情节
- 回忆问题解决的具体步骤
- 叙述一首诗
- 再现前次观察课的特殊细节
- 列举事实，建构概念
- 搜集某个主题句的论据
- 列举规则或程序
- 回顾各种分类法
- 回忆各种相似的境遇或经历
- 为绘制故事结构图搜集材料

分析课程：回忆

开展课程分析需要收集和反思课堂信息，确定教师引导课程的方式和课程对学生的影响。因而，首先需要建立一套编码系统来辅助我们收集教师提问和学习者回答的数据。接下来，这些数据可以为确定和修正教学策略的关键内容及组建相关模型提供原材料，帮助学习者发展和完善自己的思维操作。

本节从以下五部分进行论述：（1）学习者的回答；（2）编码符号；（3）一份示范课的记录；（4）编码转录；（5）编码反思。

学习者的回答：切中要领与答非所问

回忆（RL）——和其他 Qu:Est 教学策略一样——会引来两种回答：切中要领的与答非所问的。切中要领的回答需要确定和详细说明个人经验、印刷材料和视听媒体的细节。这些特定细节的呈现必须采用学习者能理解的语言，而不能采用学习者死记硬背的标签，也不能使用意思含混不清的词汇。

答非所问的回答却跳过了从记忆中提取客观事实作答的步骤，直接得出结论或猜测。然而，不论是推论，还是个人看法，都不是客观事实，都必须得到客观资料的验证和支持。当学习者用推论或个人看法回应回忆性问题时，他们通常是在对信息进行解释，却没有意识到自己的回答并不能直接从原始资料中显示出来。由于这些回答可能会建立一个答非所问的回答模式，所以在解释或验证这些问题之前，需要重新聚集这些回答的焦点。

除此之外，回忆课中的确认尤为关键。通常，我们会通过收集一部分原始材料，结合材料以外的，以过往经历、原理法则和权威的形式存在的资料，把已有知识和学生当前所学的内容联系起来，最终得到确认结果。通过对原始材料的确认，学习者不仅将学会如何从能增强事实的可信性的原始材料中提取必要的引文，而且将学会如何把引文用作思考的论据。通过个人经历来确认信息则可以逐渐形成相关性。如果能借助原理法则和权威完成确认，则可以通过追加证据来支持客观事实，进一步扩展学习者的研究技能。譬如，在讨论一个故事的特定事实时，为了启发学习者，引导他们理解客观事实，教师应提出下列四类验证性问题：

利用原始材料确认

- 你在这个故事的哪一部分发现了那个情节？
- 请朗读那一段。
- 你怎么知道这是对的？

利用个人经历确认

- 请说出一个你喜欢的、和本故事相似的情节。
- 之前，你在哪里见过这种情节？

利用原理法则确认

- 有没有一个你知道的道德准则可以举例说明这个情节？
- 你想到的什么规则会反复提到这个情节？

利用权威确认

- 谁会那样说呢？
- 请指出其他持相同观点的权威人士。

编码符号

在一堂课上对问题与回答进行编码，将有助于我们了解教师提问与学习者回答的模式以及存在于二者之间的关系模型。编码所确定的客观信息可以用来探讨 Qu:Est 回忆教学策略的关键属性。在对回忆课进行编码时，可能会用到下面的符号：

	教师的问题		学习者的回答
RL	关于回忆的核心问题	+	回答切中要领
	关于回忆的封闭式核心问题	—	答非所问
	（只需回答"是"/"不是"）	CL	解释性回答
0	核心问题缺少认知加工或内容	VR	验证性回答
CL	解释性问题	?	学生的提问
VR	验证性问题		
RF	重新聚焦的问题		
RD	重新直接询问		
NF	限定焦点问题		

一堂回忆课的示范记录

教师：在罗密欧与朱丽叶之死一幕中，你回想起哪些事件？

学生：两个人都死了。

学生：罗密欧被他看到的现象误导了。

教师：罗密欧在哪个方面被误导了？

学生：他认为朱丽叶死了。

教师：我们怎么知道这不是事实？

学生：修士给了她一瓶毒药，喝了之后能让她看起来就跟死了一样。

教师：提到朱丽叶假死，你还想起了其他什么细节？

学生：她失去了活的意志。

教师：故事的哪个部分提到了这一点？

学生：唔，书上没有说。我只是觉得失去了罗密欧，朱丽叶也不想活下去了。

教师：你能想起来在朱丽叶假死那一幕有某件事让你相信没有罗密欧，朱丽叶也不想活下去了吗？

学生：朱丽叶让修士帮她设计假死。

学生：朱丽叶还谈到了希望醒来见到罗密欧。

学生：朱丽叶留下的便条充满了绝望。

教师：刚才你说"朱丽叶留下的便条充满了绝望"，这是什么意思？

学生：你知道的，就是非常害怕。

教师：请举例说明当一个人感到恐惧的时候，他（她）会说什么话。

示范记录的编码									
教师：	RL		RF	VR	RD		RF	CL	VR
学生：	O	O	RL	VR	O	O	CL	CL	—	CL

Copyright 1990 by the National Educational Service, 1252 Loesch Road, Bloomington, IN47404. Phone:（800）733-6786.

对编码的反思

就内容和过程而言，教师在回忆时提出的第一个核心问题中心明确、开放性很强，需要学生进一步解释自己的回答。不过，由这个问题产生了两个答非所问的回答，其中一个得到了教师的重新聚焦和验证。而教师提出的验证性问题收到了几个学习者的适当反馈，这既说明学习者已经理解了这幕剧的死亡情节，也促成他们领会了朱丽叶的心理状态。尽管如此，一个封闭式的验证问题也引出了一个脱离主题的回答。由于教师并没有针对最初的那两个脱离主题的回答重新聚集问题的焦点，所以学习者形成了一个推论性的回答模式。此外，由于教师必须花更多的精力关注推论的重新聚焦、解释和验证，所以无法挖掘到特定的、可验证的实际信息的广泛基础，这在很大程度上限制了学习者叙述事实的深度与相互交流的力度。

第八章 搭桥策略

引　子

搭桥策略包括比较、对照和分组三种认知操作。学生可以任意运用其中一种策略来整理和组织信息，最终形成信息之间的联系，并创建出理性概念的而不是孤立事实的模型。通常，在建构概念和区分两个相似观点或两个相关子概念时，都会同时运用比较和对照这两种认知操作。因此，在本章中，我们首先会讨论比较与对照策略。接着，我们会介绍分组策略。分组策略的提问形式与前两种略有不同，一般用于 3 个或 3 个以上相关子概念的发展。

比较与对照策略

搭桥策略中的比较与对照要求学习者区分各种项目、例子或情境的特征，并确定关键特征的相似性与差异性。例如，在形成名词这个概念时，学习者必须面对不同形式的名词，而且必须承认一点：不论形式如何变换、如何运用，所有的名词都是表示名称，如代表人、地、事或观点的词。它不是简单地记忆建立概念理解的规则或分类标签，而是要求学习者认真关注收集到的各类标识人、地、事或观点的不同名词是如何组合起来，并形成一个表现名词的本质属性的模型。通过相似性与差异性的认知操作，学习者便能把单独的概念例子或零散的信息连接起来。

在辨别子概念时，为了了解子概念所拥有的既继承了主概念的基本属性，又独树一帜、自成一派的独特性质，学习者必须重新比较和对照各个子概念的关键特征。以语法为例，"简单句"与"并列复合句"都是一个更大的概念——"句子"的子概念。句子的所有子概念都包含"句子"这个概念的关键特征；同时，又因为它们都是子概念，学习者必须区分简单句之所以被称为简单句，并列复合句之所以被称作并列复合句的关键特征。

为了加强概念化的针对性，学习者必须积极运用比较与对照的思维操作来分析相关子概念的不同例子。通过集中与区分每个子概念的关键特征，学习者便能创立出正确识别概念的必需模型。只是记忆简单句与并列复杂句之间的差异，并不能帮助学习者认识为什么简单句简单，而并列复合句复杂，以及简单句如何简单、并列复合句如何复杂。

接下来的章节将会带领读者一同去了解 Qu:Est 搭桥策略的具体实施程序。

- 提问策略图
- 示范课设计
- 自学讨论
- 课程应用
- 分析课程
- 编码符号
- 示范记录
- 编码转录
- 对编码转换的反思

本章节得到美国教育服务中心的授权，已对 1990 年版的资料进行了修改。

比较与对照的提问策略图

比较与对照的目的

要求学习者确定与区分各项目之间的相似性与差异性。

问题的性质

记下物体、事件、情境和/或现象的相似性与差异性。

问题如何发挥作用

辨别和/或整理出相似性与差异性，然后加以解释和验证。

学习者的回答

清晰明了地阐述已经记录下来的物体、事件、情境和/或现象之间的相似性与差异性。

对照的示范课设计

目的：让学习者有机会对照美国 20 世纪空间探索与 15 世纪环球探险的特征。

效果：学生会识别、解释和验证有关区分美国 20 世纪空间探索与 15 世纪环球探险的信息。

依据：区分探索原因和不同时期的开拓技术，或者练习对照性思维操作。

内容特性：领土扩张的原因，追求产品，对未知领域的探索，游船和旅行器材的变化，人类的阶段性特殊需求、哲学观和兴趣等。

资源：图书馆资料和 15 世纪探险家的笔记，图书馆资料和 20 世纪空间计划的记录，纸、铅笔、投影仪等。

核心问题：对照。

- 通过阅读，你发现今日的空间探索与 15 世纪的新世界（the New World）探险有什么不同？

可能出现的学生回答

- 我们的技术先进，能够操纵太空船，而他们只有做工拙劣的工具。
  ——CL/VR
- 他们不了解自己的目的地。——RF/CL/VR
- 一种是在太空，一种是在海洋。——VR

处理对照问题的主线

RF（重新聚焦于对对照性核心问题的回答）

- 你刚才说 15 世纪的探险家不了解自己的目的地。这与今天的探索有什么不同呢？

CL（下定义和运用更多或更精确的语言表述）

- 你说的"做工拙劣的工具"是什么意思？
- 当你提到"他们不了解自己的目的地"的时候，是想说明什么？

VR（验证细节）

- 你怎么知道那些工具技术含量低？
- 你在哪儿发现了_____信息？
- 你怎么知道 15 世纪的探险家不了解他们的目的地？

NF（限定关键特征的焦点）

- 请多介绍一些美国 20 世纪空间探索的先进技术，以及这些先进技术与 15 世纪的技术之间的差异。

RD（让更多学生参与）

- 还有谁了解人们渴望探索未知世界的资料？
- 关于两个探险时期的差异，你还发现了其他什么信息？

比较的示范课设计

目的：让学习者有机会比较美国 20 世纪空间探索与 15 世纪环球探险的特征。

效果：学生发现 20 世纪空间探索与 15 世纪环球探险之间的相似性，

会解释和验证相似信息的准确性。

依据：充分发挥学生对人类探索新世界的性质、故事和动机的理解。

内容特性：人类的好奇心，领土的扩张，对未知领域的探索，旅行设备器材的使用，探险动机、哲学观和工具等。

资源：图书馆资料和15世纪探险家的笔记，图书馆资料和20世纪空间计划的记录，纸、铅笔、投影仪。

核心问题：比较。

- 通过阅读，你发现美国20世纪的空间探索与15世纪的新世界探险有什么相似之处？

可能出现的学生回答

- 他们都试图发现未知疆土。——CL/VR
- 都以船为旅行工具。——CL/VR
- 都勇于冒险。——CL/VR
- 15世纪的探险家为君主国而航行。——RF/CL

处理比较问题的主线

RF（重新聚焦于对比较性核心问题的回答）

- 你刚才说15世纪的探险家为他们的国家而航行。这与美国20世纪的空间探索有什么相似之处？

CL（下定义和运用更多或更精确的语言表述）

- 你说的"勇于冒险"是什么意思？
- 当你说"未知疆土"时，你想说明什么？

VR（验证细节）

- 你怎么知道两组探索都很冒险？
- 你在哪儿发现了_____信息？
- 你怎么知道两组旅行都是以自己的名义组织的？

NF（限定关键特征的焦点）

- 请多介绍一些这两个时期的科技及其相似点。

RD（让更多学生参与）

- 还有谁了解人们渴望探索未知世界的资料?
- 关于两个探险时期的相似点,你还发现了其他什么信息?

比较/对照策略的自学讨论

通过比较与对照这两种思维操作,学习者可以对先前观察、回忆的信息进行整理分类。尽管它们是两个相互独立的认知操作,但教师常常把二者结合起来加以运用。即使这是一种很常见的教学行为,但是从教学习者掌握这两种思维操作的角度出发,也必须单独处理比较与对照。只有这样,学习者才能更好地领会核心问题所提示的信息;同时,也只有这样,学习者才有能力表达这些被暗示的特征。

比较要求学习者整理信息,发现同一个概念下的不同例子之间的相似性。学习者可以借助这个思维操作确立概念化的基础。相似的特征往往是区分一个概念的关键特征。例如,在研究文化时,学习者必须运用比较性教学策略考察不同类型的文化。只有通过比较,学习者才会发现存在一类独特的关键性质或特征使某些事物能被列为文化。

在世界的各个角落,不同的人在做事方式、信仰或容貌、服饰等方面千差万别,尽管如此,彼此间仍然存在共性。比如,所有文化都有通过仪式(如成人礼)、其他正式礼仪和生存发展问题等。对学习者而言,关注比较至关重要——因为这项认知操作可以让他们认识到,各种特殊资料与事实都能联系起来,形成更重大、更深刻的认识。理解共性是我们分享经验的基础,也是我们建立连接各种看似毫无价值的孤立事件的有意义模型的基础。

对照则要求学习者整理信息,发现项目之间的不同。因而它是区分相关子概念与主概念、子概念与子概念的主要手段。例如,在学习"句子"这个概念时,学习者必须能区分简单句与并列复合句、并列复合句与复杂句。通过记录句子结构的差异和每种句型中词语成分的不同,学习者将更容易区分出导致每种句型与其他句型截然不同的关键特征。存在于句型之间的这些区别，构成了"句子"子概念的关键特征。对照，这一思维操作的重要性不容忽视，因为它是制定决策的根本，也是在生活中发现实体唯一性的重要前提。

在这两个搭桥策略中，对照的学习难度更大，它也是教师在引导教学对话时最需要的。对照所做的鉴别，其实就是确定零散而特殊的、用来相互区分同属一个大概念下面的两个项目或概念的关键特征。

差异的陈述要求学习者有能力组织条件陈述。条件陈述中通常都有一个连词，主要用来明确划分两个项目的特征。例如，条件陈述可能是：篮球是圆的，但橄榄球是椭圆形的；假分数的分子比分母大，可标准分数的分子比分母小。

为了让学生在回答问题时特别关注这种差别，教师必须重点依靠重新聚焦的问题。学习者通常只会总结出一半的差异，以为每个人都知道另一半。因而，教师也必须持续不断地重新聚集回答的焦点："你说篮球是圆的，它与橄榄球相比，有什么不同？""你刚才指出简单句有一个主语和一个动词，这和并列复合句有什么不同？"对学习者而非教师而言，重新聚集回答的焦点，目的就是陈述差异。教师也绝对不能假设如果学习者没有提到某种差异，就说明他（她）没有发现它。

在帮助学习者认识和运用"比较"与"对照"这两种教学策略时，一旦回答切中要领，就必须立即追问补充性的加工性问题。这些加工性问题主要涉及解释、验证和限定问题焦点的问题，因而能帮助学习者更好地理解他们自己叙述的相似性与差异性。教师必须认识到，要求学习者比较和对照的例子越多，认知加工的难度就会越大。因此，必须从两个例子的比较与对照开始，待学习者熟练掌握两个例子的比较与对照之后，再逐渐增加例子的数量。

比较／对照策略的课程应用

- 区分国家政权
- 分析诗歌类型
- 发现动物之间的关系
- 区分政治候选人
- 鉴别数学操作中的相似性与差异性
- 比较同义词
- 发现居住地的特点
- 找出文字构造的关系
- 恰当地运用一种认知加工策略或技能
- 区分不同国家的硬币

分析课程：比较与对照

开展课程分析需要收集和反思课堂信息，确定教师引导课程的方式和课程对学生的影响。因而，首先需要建立一套编码系统来辅助我们收集教师提问和学习者回答的数据。接下来，这些数据可以为确定和修正教学策略的关键内容，为组建相关模型提供原材料，帮助学习者发展和完善自己的思维操作。

本节共分五部分：（1）学习者的回答；（2）编码符号；（3）一份示范课的记录；（4）编码转录；（5）编码反思。

学习者的回答：切中要领与答非所问

比较（CM）与对照（CT）会得到两种回答：切中要领的和答非所问

的。切中要领的回答就是能按照引进的或提示的认知操作来确定和整理信息的回答。如果教师希望通过核心问题引导学习者做比较，学习者就必须陈述相似性；如果问题的中心是对照，学习者就需要辨认各种例子的特征。在上课期间，学习者随时都可能会感到困惑，继而开始走向指定的认知操作的反面。也就是在这个时候，教师必须着手重新聚集学习者的回答焦点，让学习者能够采纳核心问题所提示的思维操作策略。

不论叙述的是相似还是差异，都必须详细而精确。在绝大多数情况下，学习者都会忽视区分更细微的差别，而只叙述项目的普遍特征。于是，一些实际上是差异的特征经常被误认为是项目之间的相似点。例如，在比较与对照水果一课中，一个学习者可能会提出香蕉和苹果都有皮；另一个学习者可能会说，"不对。香蕉的皮叫果皮，必须剥掉之后才能吃。"尽管这两种回答都是正确的，但是第二个学习者的回答更有区分度。结果，原本看起来相似的特征变成了不同点。

正如前面提到的，重新聚焦是引导搭桥策略必不可少的教学手段。对学习者而言，为了能更恰当地陈述相似性与差异性，重新聚焦是不可缺少的。比较的重新聚焦问题是："你说的是不同点，我想了解的是相似点。"而在对照时，就需要学习者从相似中发现差异点。下面这个问题会有助于学习者发现一直在寻找的差异："你已经告诉我在狂欢节和万圣节期间，人们都会穿上节日服装，化装成各种角色，这些看来似乎是相似点。那么两个节日期间的服装有什么不同呢？"为了进一步加深学习者对比较与对照的理解，只要学习者提出一个切中要点的回答，教师就应该立刻追问加工性问题，要求学习者解释、验证、限定自己的关注点和重新思考新的问题，从而达到调整课堂进度、提高学习者回答的深度和质量的目的。

编码符号

对一堂课里的问题与回答进行编码，有助于我们了解教师提问与学习者回答的模式以及二者之间的关系模型。编码所确定的客观信息是讨论比较与对照这两种 Qu:Est 教学策略的基础。

在给比较与对照课进行编码时，可能会用到以下符号：

教师的问题		学习者的回答	
CM	关于比较的核心问题	＋	回答切中要领
CT	关于对照的核心问题	－	答非所问
1/2	核心问题缺少认知加工或内容	CL	解释性回答
	关于比较的封闭式核心问题	VR	验证性回答
	（只需回答"是"/"不是"）	1/2	部分回答缺失
		?	学生的提问
	关于对照的封闭式核心问题（只需回答"是"/"不是"）		
CL	解释性问题		
VR	验证性问题		
RF	重新聚焦的问题		
RD	重新直接询问		
NF	限定焦点问题		

一堂对照课的示范记录

教师：狂欢节与万圣节在哪些方面存在差别？

学生：庆祝的日期不同。

学生：节日的目的不同。

教师：你发现二者的目的有什么区别吗？

学生：狂欢节标志着四旬斋*的开始；万圣节只是一天的节日。

学生：在狂欢节期间，人们着装高贵华丽；但在万圣节，人们的装扮是为了吓唬对方。

---

* 基督教在复活节前 40 天为纪念耶稣在荒野禁食的一个传统节日。——译者注

教师：还有其他目的吗？

学生：为了玩得开心。

学生：为了得到礼物。

教师：两个节日的乐趣存在什么不同吗？

学生：只有新奥尔良的人们在狂欢节玩得很开心。

教师：这与万圣节有什么区别呢？

学生：每个人都很开心。

教师：请把这两种想法结合起来，我们就能发现两个节日的乐趣有什么差异了。

学生：好的。狂欢节的时候，新奥尔良的人们整天都在消磨时间，其他地方的人还在继续工作、上学；而万圣节那天，每个人都会盛装打扮去吓唬别人。

示范记录的编码							
教师：	CT	NF		RD		NF	NF	RF
学生：	1/2	1/2	＋	＋	－	－	1/2	1/2	＋

对编码的反思

教师的第一个对照性问题以内容和认知加工为考察中心，问题清晰明了、自由度大，但学习者只回答了部分思考结果。接着，教师针对第二个学习者的回答，提出一个限定焦点的问题。这种处理方式胜过要求学习者重新聚集回答的焦点，更容易引出学生的条件陈述。虽然学生对追问的两个回答都包含对差异性的条件陈述，但是，教师并没有尝试解释条件陈述与部分回答的不同。正是这一点疏忽误导学习者建立了一个答非所问与部分回答问题的模式。也只有在教师最后一次重新聚焦之后，他（她）才收到了一个有条理的差异陈述。由于需要不断重新聚焦学生的回答，因此，教师既不能解释，也不能验证学习者提出来的差异性——这样会限制学习者的思考空间与课程的纵深发展。

一堂比较课的示范记录

教师:让我们来比较一下狂欢节和万圣节。

学生:好。

教师:二者有什么相似之处吗?

学生:都充满了无穷的乐趣。

教师:你怎么知道它们都很有趣呢?

学生:唔,我在万圣节玩得很开心,而妈妈说狂欢节是一场大聚会。

教师:二者的目的有什么类似之处吗?

学生:人们都盛装打扮。

教师:他们都怎么打扮?

学生:一种是吓唬人的;另一种是滑稽的。

教师:你似乎是在列举不同。两个节日的着装有什么相同点?

学生:人们都戴着面具。

学生:都穿着节日的盛装。

教师:你提到的"节日的盛装"是指什么?

学生:就是一种能掩盖真实身份的服饰。

示范记录的编码							
教师:	CM	CM	VR	NF	CL	RF	CL
学生:	−	+	VR	+	−	+	+	+

对编码的反思

教师的第一个说明没有要求学习者回答问题,只是想要学习者接受这个提议。学习者接受了。接着,他(她)开始要求学习者找出相似点,一个学习者陈述了一个相似点。紧接着,教师提出一个验证性问题,进一步处理了学习者前面提到的相似点。尽管紧随其后的那个限定焦点的问题很恰当,但是一个学习者开始注意到原始回答中的一个不同点,因此，他（她）提出了"衣着"上的区别。这时，教师重新聚集了回答的焦点，结果收获了两个切中要领的回答。最后，教师要求学习者解释这两个回答，进一步举例说明他（她）的"盛装"概念。

分 组 策 略

分组是搭桥策略的第三个认知操作，也是一项有趣的思维操作，它能为学习者提供有效的建议。通常，在同时建构3个或3个以上的概念或相关子概念时会用到分组策略。仍以"句子"的概念分类为例，如果运用分组策略的话，"句子"的子概念甚至可以包括陈述句、疑问句、感叹句、祈使句和复杂句。

概念与子概念有三个重点值得注意：其一，所有概念与子概念都有自己的概念标签，即揭示概念本质的名称——如"疑问句"；其二，所有概念与子概念都具有概念属性，即构成这个概念，并使之区别于其他概念的关键特征（有时也称之为"定义"或"性质"）——如"用以提问的句子或表达方式"；其三，所有概念与子概念都有明确的概念例子，即对概念属性具有解释性的特定样本——如"那些遗失的书在哪儿"。分组策略的运用使学习者能够以特定的理由对例子进行分组。实际上，正是分组的理由确立了概念的属性。

分组是一种归纳性策略。它允许学习者收集和整理自己的信息，从中找出信息之间的关系，然后以自己的发现为基础，组织有意义的分类小组。这些发现使个体能从纷繁复杂的概念信息或例子中找到一般属性。不仅如此，这些发现还会使教师有能力促进学生理性地理解概念的关键特征，并带领学生去理解相关的子概念。例如，概念标签"政府形式"就有很多子概念标签，包括民主主义、社会主义、共产主义等。

在分组前，学生首先必须牢牢掌握比较与对照的思维操作。这两种思维操作都是分组性思维操作的一部分。为了组建小组，学生必须反复比较、对照概念和相关子概念的信息或例子。可以根据以下标准进行分组：描述（如颜色、尺寸、体积、时间、地点、功能）——同时使用、同时操作的事物，或者分类——属于同一类的事物。我们将按照下列大纲叙述分组策略：

- 提问策略图
- 示范课设计
- 自学讨论
- 课程应用
- 分析课程
- 编码符号
- 示范记录
- 编码转录
- 对编码的反思

分组的提问策略图

分组的目的

要求学习者根据指出的共性或标本，给特殊例子的信息分组。

问题的性质

整理信息以获得相似项目的特征，然后，根据特定的理由给信息或项目分组。

问题如何发挥作用

以经过解释和验证的理由为依据，把信息或项目安排在一组。提供确凿的证据支持分组结果。

学习者的回答

陈述是根据一般属性、共性或关键特性为基础的特殊理由，把特殊信息或项目搭配到一起的，引用分组的理由确定关键属性。

分组的示范课设计

目的：让学习者有机会根据各种理由——包括身体特征、习性、饮食模式、聚集地、物种等——给动物分组。

效果：学生会从"动物"分组中形成子概念，并会解释这些概念的关键属性。

依据：发展一种观点，即无论选用什么方式，最终都可以对事物进行分类；同时也要树立另一种观点：可以根据不同理由对同一个事物做不同分类。

内容特性：根据身体特征、饮食模式、生活的环境条件和其他因素进行分组。

资源：尚未整理的动物列表和动物图片。

美洲鹰	兔子	狮子	鹿
可卡犬	黑熊	北美驯鹿	云雀
老虎	马	雪鸮	知更鸟
嘲鸟	美洲狮	旅鼠	北极熊
波斯猫	短吻鳄	母牛	牛
猪	麋鹿	小鸡	螃蟹
大象	天鹅	青蛙	公牛
主红雀	袋鼠	蜥蜴	蛇

核心问题：分组。

- 根据你对这些动物的了解回答：哪些动物在某些条件下可以放到一起？

可能出现的学生回答

第1组	第2组	第3组	第4组
嘲鸟	美洲狮	北美驯鹿	可卡犬
主红雀	黑熊	旅鼠	波斯猫
知更鸟	麋鹿	北极熊	兔子
第5组	第6组	第7组	第8组
云雀	马	北美驯鹿	马
麝鼠	母牛	短吻鳄	哈士奇犬
鹿	小鸡	美洲鹰	牛

处理分组问题的主线

RF（重新聚焦于对分组性核心问题的回答）

- 你一直在说自己的分组理由。那么，在你分出的小组里哪些是它特有的项目？
- 你是在介绍小组的标签。你把哪几种动物放在一起了？

SP（引用分组的理由）

- 请回顾被你分在一组的动物。你为什么要把它们安排在一起？
- 你根据什么把马、哈士奇犬和牛放在一起？

可能出现的学生回答

第1组：它们都会飞。	第2组：它们都栖息在山里。
第3组：它们都喜欢寒冷的气候。	第4组：它们都能成为宠物。
第5组：它们都从草地里获取食物。	第6组：它们都属于农场。
第7组：它们都濒临灭绝。	第8组：它们都能拉东西。

CL（下定义和运用更多或更精确的语言表述）

- 你提到的"濒临灭绝"是什么意思？
- 当你说"成为宠物"时，你是指什么？

VR（验证细节）

- 你怎么知道第 3 组的动物都喜欢寒冷的气候？
- 请举例说明哈士奇犬能拉东西。

NF（限定关键特征的焦点）
- 哪些动物是因为都生活在农场里，所以被你分在一组？
- 哪些动物是因为吃相同的食物，所以被你分在一组？

RD（让更多学生参与）
- 谁根据不同的理由分出了另一组动物？
- 谁还根据不同的理由分出了同一组动物？

分组策略的课程应用

可以建构与下面例子相似的任何概念：
- 身体系统
- 树叶的分类
- 运输的类型
- 形状
- 按结构或形状划分的文字
- 政府形式

分组策略的自学讨论

分组是详细阐述概念，引申出相关子概念的主要手段之一。将例子或信息划分成小组的理由最终会演变成概念的属性（性质、关键特征和特性）。因为学习者必须自己想出分组信息或例子的关键特征，不能只是简单地记忆规则或原理，所以说分组是一项强有力的搭桥策略。例如，在学习"营养"时，通过给不同的食物例子分组，学习者开始了解食物小组当中的关系，如营养价值、储藏方式、不足、使用、食物配制与对新陈代谢的影响等。

分组也让学习者有机会发展对信息的多元化理解。通常可以根据时间、地点、描述、种类、功能或因果关系的性质对信息进行分组。常见的分组练习形式是由教师给出一列项目，要求学习者根据自己的想法完成分组。通过这种练习，学习者便开始认识到不同的人会根据不同的理由进行分组。由此可见，分组策略的目标是理解不同的观点。

直接的分组教学要求教师愿意花时间允许学习者自由联想或自由组织信息，独立建立项目之间的联系。如果教师能关注涉及分组教学策略的教学，那么，他（她）便能帮助学生强化思维模式的灵活性。如果他（她）能运用分组策略组织结构化教学，那么，学生便会有机会练习整理和区分众多细节，发现对学习者有意义的内容模型。

分析课程：分组

开展课程分析需要收集和反思课堂信息，确定教师引导课程的方式和课程对学生的影响。因而，首先需要建立一套编码系统来辅助我们收集教师提问和学习者回答的数据。接下来，这些数据就可以为确定和修正教学策略的关键内容，为组建相关模型提供原材料，帮助学习者发展和完善自己的思维操作。

本节共分五部分：（1）学习者的回答；（2）编码符号；（3）一份示范课的记录；（4）编码转录；（5）编码反思。

学习者的回答：切中要领与答非所问

分组（GR）和其他 Qu:Est 教学策略一样，有切中要领与答非所问两种性质的回答。切中要领的回答会按照特别提到的联系给指定项目分组。它一般必须陈述两个问题：参与分组的项目与分组的理由。

首先，应当叙述组内项目。要求学习者根据某些理由给指定项目分组，其中的一个结果就是学习者把相关项目列在一起。如果学习者只是陈述分组的理由，就是对核心问题的答非所问——因为他（她）没有创建任何小组。这时，教师应当重新聚焦问题，直到引出小组项目。

其次，一旦小组成立，学习者就应该接着阐述聚集项目的关系依据或涉及的模型。这种情况下，切中要领的回答就是举例说明促成学习者完成分组的项目之间的关系。可以依据不同的理由对同样的项目进行分组。而提示学习者陈述项目之间的关系的加工问题就叫支持性问题。这种问题主要被用于找出分组项目的关键属性——这些属性可以鉴定时间、空间、描写、实用性或分类关系。对学习者来说，支持性问题的目的就是利用分组的依据，"抓住"从每个组内成员身上都能发现的个别特征。换句话说，分组的理由或根据就是待分组信息或例子的关键特征。

例如，假设一瓶可乐、一瓶牛奶和一瓶果汁被分在一组是因为三者都在玻璃容器里，那么支持分组的回答就必须确定这一特点。当被问到"你为什么要把这三样东西放在一块儿？"时，学习者的回答可以是："它们都装在用玻璃制作的器皿中。"如果提到的关系是里面装的液体都没有固定的形状，那么对这个支持性问题的回答就应该是："里面内容物的形状由承载它的容器决定。"这两种回答都符合问题要求，因为它们所阐述的理由都确立了分组的属性，同时也都得到了组内项目的验证。

对支持性问题的答非所问就是没有详细说明分组关系的答案。在分组时，对支持性问题的答非所问分为两类：阐述的理由不能清楚地说明分组的特征与只陈述命名小组的标签。标签不是组内项目之间的关系，而是一些简明扼要的名称或术语，主要用来综合与说明项目之间的关系；或者也可以说标签是一个支点，可用于检索分组项目的类别。

在遇到学生给分组贴标签的情况时，为了帮助学习者确定分组的关键特征，教师必须利用重新聚焦问题或解释性问题。这一点很重要，因为分组的理由通常都是关键特征或概念的定义。在理解事物的关键特征以前便要求学习者给事物命名，无疑会增加概念化的难度。例如，他们可能会指出$\frac{9}{4}$是一个假分数的代表，却不能解释这个例子为什么表现了假分数的关键要素。

一旦确定小组的项目和分组理由，教师首先必须要求学习者解释术语的内涵，以加深他们对项目之间的关系的理解。其次，必须要求学习者验证分组理由的精确性，确保小组内的所有项目都具备由分组理由明确说明的相同特征。假如教师希望学习者从分组课上获得详细而又精确的概念信息，那么就需要引导学习者关注更多的项目小组，同时还要限定确立特殊小组的理由。

编码符号

在一堂分组课上，给问题和回答编码将有助于我们理解教师提问与学习者回答的模式，以及存在于教师提问与学习者回答之间的关系。同时，也能为我们带来开展课程讨论所需的客观信息。在给分组课进行编码时，可能会用到以下符号：

	教师的问题		学习者的回答
GR	关于分组的核心问题	+	回答切中要领
	关于分组的封闭式核心问题	—	答非所问
	（只需回答"是"/"不是"）	CL	解释性回答
SP	支持性问题	VR	验证性回答
CL	解释性问题	SP	阐述关系
VR	验证性问题	1/2	部分回答缺失
RF	重新聚焦的问题	?	学生的提问
RD	重新直接询问		
NF	限定焦点问题		

一堂分组课的示范记录

教师：在这个学期，我们已经研究过世界上的很多国家。现在就让我们试试看，根据我们对这些国家的了解，可以怎样给它们分组？请先和自己的同伴自由讨论，然后告诉大家哪些国家应该分在一组，并说明你们分组的理由。

学生：西班牙、玻利维亚和墨西哥。

学生：英国、澳大利亚和印度。

学生：西班牙、意大利和德国。

教师：好。我相信你们分了很多组，但先让我们一起研究一下这三个组。你们为什么把西班牙、玻利维亚和墨西哥分成一组？

学生：他们都说西班牙语。

教师：你怎么知道是这样的？

学生：因为在学习这几个国家时，我们发现，这些国家的人都使用西班牙语的文字。

教师：那么英国、澳大利亚和印度呢？

学生：他们都说英语。

学生：他们的风俗习惯都具有英格兰特色。

教师：我听到了两种关于这样分组的理由。刚才你提到"他们的风俗习惯都具有英格兰特色"，这是什么意思？

学生：英国人曾经去过这些国家，因此，这几个国家的很多风俗与英国很相似。

教师：请举例说明印度的一个英格兰式的风俗。

学生：英国通常会在午后 4:00 喝下午茶。

教师：那为什么把西班牙、意大利和德国放在一起？

学生：他们都是欧洲的一部分。

教师：欧洲是指什么？

学生：是指位于欧洲大陆上的国家。

示范记录的编码									
教师：	GR			SP	VR	1/2	CL	VR	SP	CL
学生：	+	+	+	SP	VR	SP	SP	CL	VR	SP	CL

Copyright 1990 by the National Educational Service, 1252 Loesch Road, Bloomington, IN47404. Phone:（800）733-6786.

对编码的反思

  这位教师的这堂课组织得非常好。关于分组的聚焦问题以内容和认知加工为重点，条理清晰明了，因而引出了三个小组。这三个分组之后都得到了学生的证明，教师也随后解释和验证了学生的支持性回答。尽管教师的这种做法比较适当，但是，在讨论下一个分组之前，这位教师应该再提出一些支持、解释和验证性的问题，收集更多的关于这些国家的细节知识。这个步骤可能会让更多的学习者有机会分享如此分组的其他原因——意识到这一点很重要。因为，除了语言和风俗之外，学习者理应有能力发现更多的与这些国家相关的联系。

第九章 锚定策略

引　子

锚定策略将吸引学生参与关于贴标签与分类的教学对话，让他们有机会稳固概念属性与适当的名称和新例子之间的牢固关系，从而使他们能轻松自如地表达检索和分类。通常，在学生建立起对概念属性的有意义的理解之后，便可以实施贴标签与分类两项教学策略。然而，贴标签与分类策略不是记忆技能。学生首先必须把概念属性与专用名称或例子联系起来，然后利用概念名称进行推理和分析陌生的例子。通过练习贴标签与分类策略，学生将能更好地认识个体的思维操作，以及这些思维操作推动概念化进程的具体方式。

贴标签与分类策略

锚定策略中的贴标签与分类策略，要求学习者找到表达所学概念的内涵和划分概念类别的方法，方便大家理解。为了执行有关贴标签的思维操作，学生必须利用概念的属性，创造或发现适当的、简明扼要的名词，描绘符合概念定义的关键特征。

例如，在前面的分组课上，学生可能会"因为这些动物都通过产蛋来繁殖"而把某些动物分在一组。在关于贴标签的教学对话中，他们可能会把这一组动物命名为：会生蛋的动物、孵蛋类生物或会孵卵的动物。但不论选用哪个名称，学生都必须定义该名称的内涵，然后对该词或短语的定义进行分析,考察它是否适合已确定的概念属性。

在分类策略中,学生要利用新建构的标签、不熟悉的概念例子和无关例子,共同确定新提出的例子是否符合该概念属性的关键特征。当然,为了解释说明,我们会再一次用到分组的理由——"它们通过生蛋繁殖后代。"我们也会假定学生指定给该小组的名称是"产卵者"。

为了实施分类策略,我们必须掌握当前尚未分类的概念(标签和属性)例子和无关例子,让学生学习确定一只尚未划分为该概念的动物是否具备成为一个产卵者的关键特征。如果学生根据"通过生蛋繁殖后代"分出的小组只有鸟,那么,我们就会要求他们去分析一只短吻鳄是否符合产卵者的关键特征。这时,学生就必须比较概念的关键属性与这个新例子——短吻鳄的特点,随后再确定短吻鳄是否确实属于这一组。

通过关注和组织运用锚定策略的课程,学习者便能提高自己对什么情况下应该运用贴标签与分类策略的理解。他们将学会在何时何地、如何运用这些思维操作,以便既有效率又有效果地表达概念。此外,学习者也会知道为什么锚定加工对表达、保存和提取知识如此重要。总而言之,贴标签与分类这两项认知操作将成为学习者全部学习技能和学习工具的一部分。

锚定策略的学习将按以下方式来组织:

- 提问策略图
- 示范课设计
- 自学讨论
- 课程应用
- 分析课程
- 编码符号
- 示范记录
- 编码转录
- 对编码的反思

再次重申,以下章节在本文中的选用已得到美国教育服务中心的许可。

贴标签的提问策略图

贴标签的目的

要求学习者根据概念的关键特征或属性生成名词、术语或短语。

问题的性质

生成或发现能直接表述一套关键特征或属性的适合的术语、名称或短语等。

问题如何发挥作用

把名称、术语或短语指定给一个项目、小组或一系列特征,解释、支持这些命名。

学习者的回答

详细说明与支持能恰当地表达一个概念或子概念关键属性的标签。

贴标签的示范课设计

目的: 让学习者有机会为因各种理由——包括身体特征、习性、饮食模式、聚集地、物种等——形成的动物小组命名。

效果: 学生有能力找到或创造出可以恰当地表达已有概念的关键特征的名称。

依据: 促进学生表达一组被指定给动物小组的特征以及扩展词汇的发展。

内容特性: 根据身体特征、饮食模式、习性和生活环境等因素——这些因素将变成概念的关键属性与表达关键属性的标签——划分出动物小组，如食肉动物、林栖动物*、热带草原动物和非洲动物等。

资源：动物小组（见第八章的分组课）。

核心问题：贴标签。

- 以给动物分组的理由为基础，请思考用什么词给这些小组命名比较合适？（一次只讨论一个小组）

可能出现的学生回答

- 第1组：会飞的动物、鸟、有翅膀的动物。
- 第2组：山地动物、高山动物。
- 第3组：苔原动物、寒带动物。
- 第4组：宠物、家养动物。
- 第5组：栖息于草地的动物、食草动物。

处理贴标签问题的主线

RF（重新聚焦于对贴标签问题的回答）

- 你刚才说的是这个组的分组理由。用什么词给这个组命名会比较适合？

CL（下定义和运用更多或更精确的语言表述）

- 你说的"高山"是指什么？当你使用"栖息"这个词的时候，你想说明什么？请描述一下"苔原"。

SP（引用该标签的理由）

- 你为什么认为_____是一个适合第1组的名称？
- 第2组的动物有什么特点让你认为"高山"这个名称适合它们？

可能出现的学生回答

- 第1组：因为这些动物都有翅膀，可以飞。
- 第2组：能在山脉的高处发现这一组的所有动物。
- 第3组：这些动物都生活在冰雪之地。
- 第4组：人们在家里饲养这些动物。

---

* 指栖息在树木中的动物。——译者注

- 第 5 组：因为它们都在多草的地方觅食。

VR（验证细节）

- 你怎么知道第 3 组的动物都是在这些地区发现的？
- 请举例说明第 5 组动物会以什么为食。

RD（让更多学生参与）

- 谁还有另一个适合第 1 组的名称？

贴标签策略的自学讨论

贴标签是一个生成名词、术语或短语，用尽量少的语言表达已有概念的关键特征的过程。它是一个归纳过程，因而允许学习者收集自己的信息，对信息进行综合，然后为这一组项目、特征或观点的属性确定一个最好的名称。因此，贴标签要求学习者首先要了解一个概念的关键特征，然后选择一个恰好符合这个概念的关键特征的名词。通过贴标签这项思维操作，学习者开始认识到事物的名称不仅来源于它的属性，而且必须完全囊括了这个概念的所有属性；此外，标签还必须能精确地表达基本观点。

例如，在给宠物取名字时，人们首先会收集关于这只动物的信息，整理出这只动物的独特特征，然后根据动物的独特特征给它命名。一只黑猫可能会被命名为 Blacky 或 Midnight，一只古铜色的可卡犬可能被叫作 Buffy 或 Dusty。如果这只动物的忠实本性是它最与众不同的特征，那么可能会叫它 Lovey。而一只兔子可能会因为它小口吃东西而被叫作 Nibble。最关键的是，这是一个瞬间过程，我们通常很少会意识到它的发生。只有当我们关注这项思维操作时，才会发现命名或贴标签其实是一项由多个步骤组成的复杂认知操作。

贴标签主要用于表达概念。人们通常认为，只要学习者了解了一个概念例子的分类标签，也就意味着他们能分辨出这个概念的关键特征。实际上，这种假设根本不成立。对学习者而言，要理解概念，首先必须了解概念的关键特征，而标签只是表述这些特征的一个术语。由此可见，贴标签并不像人们想象中的那么简单。

例如，在向学习者举例说明三角形时，他们可能都能说出"三角形"这个术语，却无法阐明一个三角形的关键属性。这其实就是概念学习。如果学习者不能阐述某个概念例子的关键特征、属性或特性，也无法解释为什么这个标签符合该概念的关键特征或例子的理由，这就说明他们只是简单地记住了这个概念，并没有建构出一个针对这个概念的、深刻而又有意义的理解。许多人在用词时，知其然而不知其所以然；还有一些人用词不精确。贴标签策略的优点就在于它能帮助学生了解措辞对思想表达的影响力。

通过运用贴标签策略，学习者的词汇发展也会得到很大提高。为同一个概念设计不同的名称，这项练习可以鼓励学习者把词汇当作正确表达思想的工具。我们可以用"fracture"（使破裂）这个概念做解释，其他表示破裂的词还有"break"、"split"、"crack"、"cleft"、"disjunction"、"rupture"等。其中，哪一个最适合作"fracture"的同义词，完全取决于使用者怎样运用这个词语表达"破裂"这一概念。除此之外，为任何指定概念创作多种标签，还能帮助学习者把熟悉的词语与不了解的词语联系起来，这样便能巩固事物的概念化，胜过单纯的记忆。总之，生成标签与研究概念标签之间的关系将会提高学习者的用词能力，使学习者能恰当、简练与精确地运用词汇。

运用贴标签策略组织教学的前提是教师必须愿意让学生做语言游戏。在实施关于贴标签的教学时，需要教师的耐心与学生的创造性思维。要生成构思精美的概念名称，学生就必须综合处理各种相关信息，才能设计出高质量的回答。这是一项非常艰难的思维操作，它要求教师必须延长等待时间，以便学习者有充裕的时间考虑和提出适当的、有针对性的标签。此外，为了方便学习者展开思考，教师应当要求学习者在口述他们想到的标签名称之前，先把标签名称记在草稿纸上。

教师应该激励学习者设计出尽可能多的、适合特殊项目、小组或概念的标签，而不必害怕没有找到"恰当的"或"正确的"标签。教师必须记住一点，对学习者来说，由他们自己确定的、描述或称呼某一事物的标签，比教师或课本提供的学术标签更有价值。一旦学习者已经生成了对自己有意义的名称，教师就可以向他们介绍学术标签。在帮助学生认识词汇是传递思想的工具的同时，教师通过关注运用贴标签策略的教学，还能为学生提供增加词汇量的机会。因而，学生在挑选陈述概念的词汇时也将会越来越准确。

和其他 Qu:Est 教学策略一样，贴标签的认知操作理应得到关注和推动。贴标签的核心问题"哪些名称适合这个"，必须具备能提示内容和认知加工的词汇。在解决一个关于贴标签的核心问题时，切中要领的回答应该是能够恰当地表示概念的关键特征的名称或术语。为了帮助学习者理解他们所提出的标签的内涵及其与对应概念的关键特征之间的符合程度，标签一经形成，必须立即得到解释、验证和支持。和分组策略相似，贴标签的提问程序需要一个支持性问题来确定贴标签的理由。这个支持性问题是："什么让你认为_____是适合_____的名称？"

该支持性问题将直接引出概念的关键特征与标签的内涵二者之间的关系。所以，在询问支持性问题之前，教师必须先解释标签："你使用的'濒危物种'一词是什么意思？"接着，必须利用对"濒危物种"的定义来考证提出来的标签是否符合概念的关键特征。简言之，支持性问题让学习者有机会反思标签的定义，也让学习者有机会找到与概念的关键特征相匹配的标签来表达思想。

贴标签策略的课程应用

- 文学类型的命名
- 给性能命名
- 诗歌修辞方法的命名
- 语法概念的命名
- 给科学概念和科学加工命名
- 给歌曲命名

- 设计事物的名称
- 为发明创造命名
- 给历史时期命名
- 确定小品文或研究计划的名称
- 创造同义词

分析课程：贴标签

开展课程分析需要收集和反思课堂信息，确定教师引导课程的方式和课程对学生的影响。因而，首先需要建立一套编码系统来辅助我们收集教师提问和学习者回答的数据。接下来，这些数据就可以为确定和修正教学策略的关键内容、为组建相关模型提供原材料，帮助学习者发展和完善自己的思维操作。

本节共分五部分：（1）学习者的回答；（2）编码符号；（3）一份示范课的记录；（4）编码转录；（5）编码反思。

学习者的回答：切中要领与答非所问

贴标签（LB）也引来了切中要领与答非所问两类回答。其中，切中要领的回答就是给提到的项目、概念或关系命名的回答。一般必须包括两个要点：名称和选定这个标签或名称的理由。要求学习者生成适合的标签，应该会激发学习者列举出尽可能多的适当术语。

切中要领的回答，首先应该能清楚地解释被界定的标签与对应小组或概念之间的关系。如果学习者只解释生成标签的理由，那么，回答就是答非所问了——因为他（她）没有提出任何标签名称。这时，教师必须以引出标签为目标，重新调整学习者的思路。其次，一旦生成标签，学习者必须马上阐述该标签的定义与他们正在命名的小组或概念的关键特征之间的关系。

而对支持性问题的答非所问，就是没有明确说明被界定的标签与对应小组或概念之间的关系的回答。换句话说，学习者只是简单地定义了标签，没有抓住对应小组或概念的关键特征。这时就必须利用一个重新聚焦或支持性问题来辅助学习者确定对应小组、对应概念的关键特征以及这个标签的内涵。这个步骤非常重要，因为正是通过这一步，学习者学会了把语言视为一个能明确、准确表达思想的工具。

当教师要求学习者贴标签时，等待时间的问题尤显重要。首先，因为贴标签要求学习者综合整理信息，然后用一个简练、恰当的词语或短语表达复杂观点，所以标签的生成将是一个缓慢的过程。如果学习者提出的标签比较陈旧或世俗，教师就应该迅速提出一个重新引导核心主题的问题。这种重新直接询问核心问题的教学行为，让学习者有机会用更具创造力的方式来反思表达概念关键属性的名称、术语或短语。学生提出的标签越多，解释的标签越多，支持的标签越多，他们对标签与概念的理解也就会越深刻。因而在这个过程中，教师不能催促学习者。

编码符号

给一堂课中出现的问题与回答编码，是了解教师的提问模式、学习者回答问题的模式，以及存在于教师提问与学习者回答之间的关系模式的一种手段。同时，编码也为我们讨论所讲课程的关键问题提供了必要的客观信息。分析贴标签课时可能会用到以下符号：

	教师的问题		学习者的回答
LB	关于贴标签的核心问题	＋	回答切中要领
	关于贴标签的封闭式核心问题	－	答非所问
CL	解释性问题	？	学习者的提问
VR	验证性问题	CL	解释性回答
SP	支持性问题	VR	验证性回答
RD	重新直接询问	SP	支持性回答
NF	限定焦点问题		

一堂课的示范记录

教师：我们已经讨论过人类污染环境的各种方式。请以我们的讨论为基础，想一想用什么词能比较好地表达我们探讨过的观点？

学生：污染者。

教师："污染者"是表示什么？

学生：是指那些随地乱扔垃圾的人。

教师：随地乱扔垃圾的人有什么特点让你认为"污染者"是一个能代表讨论主题的好名称？

学生：唔。比方说，在驾车行驶时，有的人会把杯子和纸扔出窗外。这些人正在污染我们的高速公路。

教师：除此之外，还有什么词适合作讨论会的名称吗？

学生：环境抑制剂。

学生：缺乏生态意识。

学生：环境杀手。

教师：你依据什么判断"环境杀手"是表达污染环境这个概念的恰当名称呢？

学生：我们把废弃物扔进大自然，就是在破坏植物和动物的自然生长。

学生：对，那会杀死它们。

教师：抑制意味着死亡吗？

学生：不是，只是不能正常生长。

教师：那么，"环境抑制剂"这个术语有什么特点会让你认为它是一个针对污染环境的有效名称呢？

示范记录的编码									
教师：	LB	CL	SP	RD		SP		CL	SP
学生：	+	CL	SP	+	+	+	SP	CL	CL

对编码的反思

教师的第一个问题重点突出,陈述清晰,因而几个学生的回答都切中要领。接着,教师针对学生生成的第二个标签,问了一个支持性问题,却没有要求学生解释标签的意义。这导致学习者利用"抑制"来定义"抑制剂",不能清楚地揭示"抑制剂"作为标签在表述讨论会的关键特征时的内涵。结果,教师不得不在匹配标签与讨论会之前,将注意力集中在解释"抑制"的意义上。

分类的提问策略图

分类的目的

要求学习者能根据概念或相关子概念的已知关键属性,对项目或例子进行类别化。

问题的性质

把概念的特殊项目或特殊例子安置进能体现该类项目或例子关键特征的已知类别中。

问题如何发挥作用

把特殊的项目或例子划分到已知类别或概念中,并根据这类例子与概念定义的根本——明确的关键特征来支持上一步的划分结果。

学习者的回答

以这个概念的例子与关键特征的重要特点为依据,为例子挑选一个适当的类别。

分类的示范课设计

目的：让学习者有机会收集一种句型的各种实例信息，确定适合它的句型从属及如此划分的理由。

效果：学生有能力为一个已给定概念标签的概念鉴定、挑选及创造新的例子，并有能力解释符合概念属性的关键特征的新例子的关键属性。

依据：促进学习者理解和保持概念。

内容特性：包括三个句子子概念的句子结构：

概念定义	概念标签
（由一个主语和一个谓语组成，能表达一个完整意思的句子。） **概念举例**：Bill Lee ran down the street.	简单句
（包含两个完整的主语和两个完整的谓语的句子，且两个分句之间通过一个连接词连接。） **概念举例**：Joan found the book, and she returned it to the library.	并列复合句
（由一个独立分句和一个从句连接而成的句子，分句间相互支持。） **概念举例**：When Sherry realized that she was late, she ran home.	复杂句

资源：投影仪、一份罗列下面句子的书面清单——学生人手一份。

- Christopher awakened early this morning.
- Paul and John were best friends and played together often.
- Sherry went home with Jane, and they played all night.
- Following the strange trail home, the boys got lost.
- After school let out for the year, Alex moved away.
- When I fix dinner, I am always sure to set a place for my friends.

核心问题：分类：存在四类关于分类的核心问题。第 1 种最简单，第 4 种最难。

- CF（1）句子＿＿＿＿是一个（简单、并列复合、复杂）句的例子？（每次只讨论一个概念）
- CF（2）请圈出所有简单句，在所有并列复合句下画上横线，并在复杂句旁边画上 *。（每次只考虑同一种句型）
- CF（3）找到或创造一个简单句、并列复合句和复杂句例子。（同样，每次只关注一个概念）
- CF（4）我们可以做些什么变动，把这个＿＿＿＿句变成一个＿＿＿＿句？（每次只讨论一个概念）

可能出现的学生回答

- CF（1）是或不是。支持性提问需要回答理由。
- CF（2）句子 1、2 和 4 是简单句。支持性提问需要指出关键属性。
- CF（3）我的句子是一个＿＿＿＿句。支持性提问需要指出关键属性。
- CF（4）为了把句子 2 改成一个并列复合句，你必须添加主语"They"。支持性提问需要说明更改步骤。

处理分类问题的主线

SP（引用该分类的理由）

- CF（1）你凭什么认为句子 1 是一个简单句？
- CF（2）你有什么理由证明句子 1、2、4 和 5 都是简单句？
- CF（3）什么让你认为你发现或设计的这个句子就是一个简单句？
- CF（4）你必须对句子 2 做些什么调整，才能让它变成一个并列复合句？

VR（验证细节）

- 你怎么知道句子 2 没有两个完整的句子？
- 请举出一个包含两个完整意思的句子作范例。

CL（下定义和运用更多或更精确的语言表述）

- 你说的"不只一个主语"是什么意思?
- 当你说"When I fix dinner"是一个从句时,你指的是什么?

RD(让更多学生参与)

- 还有谁认为句子 4 是一个并列复合句?你为什么这么想?
- 谁认为句子 4 不是一个并列复合句?究竟是什么让你认为它不是?

分类策略的自学讨论

分类是一项认知操作,凭借它可以把新的概念例子安置或聚集到已知的概念类别或标签中去。分类的特色用途是作为概念构成、概念差异的评估工具,或者是作为一种帮助学习者在遇到新的例子时,发展和完善概念的教学加工手段。分类,包括了解一个概念或小组的关键特征或属性,记录一个新例子的关键属性,然后确定这个新例子是否符合这个概念或小组的关键特征。

在 Qu:Est 教学策略中,分类策略的加工过程正好与本书前面提到的分组策略相反。在分组策略中,学习者根据项目的共有关键属性,把项目聚集起来创造或生成小组。而在分类策略中,正如定义的那样,学习者要考察新例子,拿它们与已知的小组或概念、概念标签做比较。通常情况下,关于分类的核心问题主要用来鉴别小组或概念的标签,并要求学习者判断新例子是否属于被界定的概念或小组。这就意味着,学习者必须同时理解概念或小组的关键特征与表述关键特征的标签。

分类的直接教学假定学习者已经掌握了概念的标签和关键特征。因此,分类要求学生识别该类别或该概念范畴内新例子的关键特征,然后解释为什么新例子适合已知类别或概念。组织分类课程有好几种方式。常见的有四种:(1)要求学习者回答,一个新项目是或不是一个概念或类别的实例;(2)列举一个概念或类别的例子和无关例子,然后让学习者确定哪个项目是这个概念或类别的例子;(3)要求学习者生成或发现一个概念或类别的例子；(4)要求学习者改动一个概念的无关例子，使之成为该概念的一个有效例子。

显而易见，第一种分类最简单。如果学习者无法确定一个给定的例子是否属于某个概念或类别，那么，在多数情况下，他们也不可能有能力区分概念的无关例子与有效例子，更不可能生成或发现一个属于他们自己的例子。与 Qu:Est 教学策略中的其他思维操作一样，分类性思维操作必须由教师来调节目标和推动进程。关键问题有：(1)这是一个概念标签的例子吗？(2)列表中的哪个项目是概念标签的例子？(3)请找出或构思一个概念标签的例子。(4)我们怎么做才能把概念标签的这个无关例子变成一个属于该概念的有效例子？

核心问题必须能提示学生：需要应用分类性思维操作应对问题。对核心问题的回答就是对新例子关键特征的鉴定，同时也是对鉴定出来的特征与该概念属性的关键特征的比较。与分组策略和贴标签策略类似，分类策略要求教师利用支持性问题帮助学习者鉴定和匹配新例子的关键特征与概念的关键特征。针对分类的支持性问题是："这个例子有什么特点让你认为它就是这个概念标签的一个范例？"除非学习者比较了新例子的确定特征与概念的关键特征，否则就只能说明他们没有执行分类性思维操作过程。换句话说，他们不能利用新例子与概念属性之间的关系进行推理，只是猜中了新例子的关键特征。

分类策略的课程应用

- 语法概念：名词、动词、形容词、副词的例子
- 数学概念：分数、形状、小数、借位的例子
- 科学概念
- 政体类型的实例
- 宪法和修正案的例子

- 不同细菌的例子
- 疾病类型的例子

分析课程：分类

开展课程分析需要收集和反思课堂信息，确定教师引导课程的方式和课程对学生的影响。因而，首先需要建立一套编码系统，辅助我们收集教师提问和学习者回答的数据。接下来，这些数据可以为确定和修正教学策略的关键内容、为组建相关模型提供原材料，帮助学习者发展和完善自己的思维操作。

本节共分五部分：（1）学习者的回答；（2）编码符号；（3）一份示范课的记录；（4）编码转录；（5）编码反思。

学习者的回答：切中要领与答非所问

分类（CF）问题也会引出两种回答：切中要领的与答非所问的。其中，切中要领的回答能恰当地把一个新例子列入一个已知概念标签的名录中。一般包含两个问题：把新例子安排进已知概念标签中与如此安置的理由。这两个问题都必须与概念的关键属性保持协调一致。要求学习者把一个新例子与特定的概念标签搭配起来，这一教学行为将带来一个结果，即学习者能指出新例子的关键特征与该概念的关键特征是相互匹配的。例如，当问到"Mary抓住了球"一句中的"Mary"是不是该句的主语时，学习者必须阐明："是的，Mary是主语。因为它是一个名词，可以表示谁在做这个动作。"

对针对分类的支持性问题答非所问，就是指没有明确说明新例子的关键属性与已知概念的关键属性二者之间的关系。换句话说，学习者只是把新例子列入了一个概念范畴，并没有抓住它的关键特征。这时就必须运用支持性问题帮助学习者确定新例子和这个概念范畴的关键特征。

这一步关系重大,因为它能让学习者认识到例子是一个更大的观点或概念的特殊项目。

编码符号

给一堂课中出现的问题与回答编码,是了解教师的提问模式、学习者回答问题的模式以及存在于二者之间的关系模式的一种手段。编码所确立的客观信息有助于我们讨论一堂分类课的关键属性。

在给分类课编码时,可能会用到以下符号:

	教师的问题		学习者的回答
CF	关于分类的核心问题	+	回答切中要领
	关于分类的封闭式核心问题	—	答非所问
	(只需回答"是"/"不是")	CL	解释性回答
SP	支持性问题	VR	验证性回答
CL	解释性问题	SP	阐述分组的关系
VR	验证性问题	?	学生的提问
RF	重新聚焦的问题		
RD	重新直接询问		
NF	限定焦点问题		

一堂分类课的示范记录

教师:展示的哪件制图属于无脊椎动物?

学生:水母。

教师:什么让你确定水母是无脊椎动物的代表之一呢?

学生:它有触须,并且不是一个实体。

学生:它的身体里充满液体。

教师:你怎么知道水母没有一个实体?

学生：它有一个中空的体腔。

教师：请指出是哪个部位。

学生：（学习者指出了体腔的位置。）

教师：还有哪些是无脊椎动物的代表？

学生：海绵。因为它没有骨骼。

学生：蜗牛。

教师：蜗牛有什么特点使你认为它是一只无脊椎动物呢？

学生：它很柔软，像海绵一样。

示范记录的编码							
教师：	CF	SP		VR	RD/VR	SP	
学生：	＋	SP	SP	VR	VR	＋	＋

Copyright 1990 by the National Educational Service, 1252 Loesch Road, Bloomington, IN 47404. Phone:(800)733-6786.

对编码的反思

教师的第一个问题借助"无脊椎动物"这个标签，确立了分类的范围。这个问题获得了几个既切中要领，又备受支持且经得起验证的回答。几个学习者的回答都切中要点。在第一个学习者回答完问题、教师尝试连接这个回答与支持性问题之后，下一个学习者在回答问题时既指出了与概念相匹配的例子，又说明了这个例子属于无脊椎动物门的理由——这是一种特别理想的教学情形。它表明，学习者不仅了解这个例子的特征，而且理解了这个例子的特征与"无脊椎动物"概念的关键属性之间的关系。

第四部分 提问式学习

组织教学对话并不是一件简单的任务。它意味着，作为教育者，我们在强调发挥学生主动性和提高学生处理理解问题的能力的同时，必须牢牢记住课程目标。我们也必须成为一个忠实的倾听者，并且能熟练地运用有效提问。

在接下来的 5 章中，我们将介绍教师在组织以发展和完善学生的思考能力为目标的教学对话时，可能会遇到的具体情形与关键问题。第十章由一个叙述故事构成，阐述了一位教师第一次尝试运用 Qu:Est 教学策略的详细经历。它举例说明了教师在运用 Qu:Est 教学策略时应如何设计问题、如何制定决策。同时，它也证实了教师能够在策略的运用过程中获得自信。接下来的第十一章主要探讨成功实施 Qu:Est 教学策略可能会遭遇的关键问题。这些问题有：开启封闭式问题、核心问题的结构化与措辞、利用加工性问题塑造高质量的学生回答、设法利用学生的回答来强化概念:理念和理解学生运用的认知操作。

撰写这 5 章的目的，是向读者分析与运用 Qu:Est 教学策略的有效提问直接相关的关键问题。这 5 章的写作体例如下：开篇的"引子"，主要介绍本章涉及的关键问题。紧跟着"引子"的是一段小插曲，用来举例说明存在于学习环境中的关键问题。一般通过两种方式考察这段小插曲：首先是一份由组织这堂课的教师撰写、对正在发生的学习过程的反思；其次是一场描述关键问题的自学讨论。我们在每一章的最后一部分提出研究的问题与建议，希望能引导读者展开自己对关键问题的调查研究。

我们相信，只要不断地、有意识地通过研究有效提问来认识教与学之间的关系，我们便能为学生创建更活跃、更适宜的教学环境。同时，我们也可以提高自身组织有意义的教学对话的意识与能力，推进学生的概念理解。我们同样也可以为学生创造有意义的相关机会，帮助他们研究应该如何运用有效提问进行学习和监控未来的学习经历。

第十章　通过提问认识事物

Cindy Ybos

第一次尝试

核心问题？我的核心问题是什么？对了，我现在想起来了。我问："你在 Escher 的这张版画复制品中看到了什么？"

现在注意听他们的回答。会有什么样的回答呢？哦，不！他们没有任何反应。为什么他们不回答问题呢？他们只是坐在那儿，静静地看着我。他们看了看画，又看了看我。

上周的课不是这样的。Marylou 当时处理起来驾轻就熟。她提问，然后我们回答。课堂上出现了很多很多的回应。那么，她是怎么处理的呢？

噢，等等。有人在回答。等待时间。那正是我需要的。回答问题的人很犹豫，但他给出了一个答案。关注这个回答。

现在，我要怎么做呢？解释？验证？好好考虑一下这个回答。我只是希望打破沉默的场面，只是希望回答之声会吞没我。或许，我应该就此结束这节课。他们不会知道的，我课前并没有告诉他们我正在做什么新的尝试。他们不会知道的，但是，我会知道。除此之外，我必须找到一些东西和其他上同一个研究生班的同学分享。再问一次，那才是我应该做的。

"很好，还有谁知道答案吗？"

那听起来很苍白。我一点也不期望出现回答。我想要的是一个观察结果。

让脑子休息一下，想一想学生会给你什么回答。这种状况会持续多久呢？不到一分钟！另一个回答出来了。我从没考虑过这个。

"唔，你刚才的那句话是什么意思？"

这个问题更好一些。听起来似乎一切都在我的掌控之中。我看着学生的脸。那是惊慌，还是惊讶？他们肯定会认为我失去理智了。我已经打破了他们对"课堂讨论"的期望。他们不知道应该如何处理这种情况。我也想知道自己是不是看起来也和他们一样惊慌失措。

但这一次，学生的回答来得更快。Marylou 是怎么处理一个问题的多种回答的？

"让我先考虑一下这个，然后，我会听听你的回答。"

那样感觉会好些。我需要改变我的问题——她是怎么称呼那些问题的？支持性问题？探索性问题？

我有点头疼，感到疲惫不堪。只有两分钟，但她说我必须坚持 5 分钟。时间是那样漫长，没有止境，而我甚至还没走完一半的路程。

我原来的教学方法是那么轻松。为什么要这样对待自己？为什么不能高高兴兴地照原来的路走下去？

这个时候，我不能想这些事情。我必须集中精力关注学生的回答。我不能让自己心不在焉。我该如何提出验证性问题呢？我发誓这是我最后一次这样上课。我应该早就料到，它听起来太完美了，一点儿也不真实。没有背诵测验。不，是没有大量需要阅读和记忆的材料，但这样更糟。实际上，你必须执行。这是表演，还是受磨炼？没关系。我知道，如果我能从这堂课上全身而退，我决不会再上这个圈套。

"请举一个复制模型的例子。"

复制模型？我写"课程计划"时，根本没考虑过这个。当你无法预见学生会给你什么回答时，你怎么可能知道接下来要追问什么？此时此刻，这些胡思乱想对我来说没有任何意义。

3 分钟。哦，好。现在学生回答问题的速度更快了。我应该在哪儿配合他们呢？如果我无法结束这节课，提了这么多问题有什么价值？该死！

我现在已经在让它继续了，我只是停不下来。你会解释、验证或重新提问多少次？限定焦点。那是另一种方法。暂时就让我尝试一下吧。

"请多说一些关于你在这幅画上观察到的动物的情况。"

这个要求对这些学生来说毫无意义，对我也是如此。他们看上去就像受到惊吓的老鼠，生怕给错了答案就会被猫吃掉。他们不知道这只猫实际上也不知道正确的答案是什么。这只猫比老鼠们更加害怕。

"当你用'消瘦'（angular）一词时，你想表达什么意思？"

4分钟。太好了，已经足够了。我并不关心是不是5分钟。我放弃了。我深受打击，也厌倦了。而且，我还有很多别的事要和这些学生一起完成。他们还有很多资料和常规要学习。我为什么要浪费自己的时间尝试这个？结束这堂课之后，我再也不会采用这种方法了。

"很好。现在让我们运用这些操作方式来探索一些数学概念。"

从现在开始，才是这堂课真正重要的内容。

第二次尝试

其他人在初次尝试 Qu:Est 教学策略时也都遇到了同样的问题。上周听完 Marylou 的课之后，我感觉好了一点。当时一整堂课的时间，我从其他人那儿听到了很多与我一样的问题、抱怨和争论。Marylou 似乎很期待这样的评论，显得格外安心。然而，我还是为采用这种方法担忧。

我的学生对此都没有任何评论。他们只是在课堂上用一双双充满了信任却又惧怕的眼睛望着我。

"请先回忆一下你们的阅读作业。关于如何评估儿童对数学概念的理解，你想到了什么？"

我打算采用的是什么加工——不，思考技能——先不管它叫什么吧。现在我们又开始了。尽管这一次的回答出现得更顺利，我也认真注意了解释与验证的具体事宜，但我仍然需要其他类型的问题。我应该重新提问。当他们没有采纳这种思维操作方式，而你又希望他们能回到主线上来的时候，这叫什么？

"你一直在告诉我，你认为其他人在那种情境下会感觉如何。其实，我更愿意听到你告诉我你自己从阅读中记住了什么。"

笨蛋！不是记住，是回忆。你希望他们回忆，但学生不知道这一点。这有什么不同呢？你该怎样说明这一点？你希望这节课能得到"A"，不是吗？当然，确实与第一次相比发生了一点变化。当教师不再对你的"表演"作最后的评判时，这就已经制造了最大的不同。顺便问一句，她准备什么时候告诉我们，应该做些什么才能得到一个"A"？显然，现在不是想那些问题的时候，我必须注意听学生的回答。

"还有谁回想起你读过什么？"

这样对吗？这是一个教学错误，还是语法错误？录音机会捕捉到这一切的，然后，我会在研究生班上和大家分享这堂课。犯这个错误的唯一好处，就是我找到了可以在研究生班上讨论的话题。而这个研究生班的最大好处，就是其他每个人正好都和我一样遇到了许多难题。在所有这一切中，比较令人满意的就是我们都不能失败。不过，或许我们会失败。但是，你会怎样评价一项操作呢？

在那个班上，我经常遭受打击。我不是一个听觉型的学习者，却不得不去"听"这些课，不得不录下提出了什么类型的问题和回答。仿佛这样还不够，她居然要求我们相互提建议，让我们自己解决如何提高提问技巧的问题。她把我们看成什么了？天才？我知道我能做到这些，但可能需要花比别人更多的时间来考虑所有这一切，然后才能得出结论。

"请多提供一点信息。"

解释、验证、重新提问、限定焦点、重新聚集焦点——每次听完一个学生的回答，我都会压低嗓门追问这些问题，这一切逐渐演变成一篇冗长而枯燥的祷告。除了这样，应该还有什么做法比我现在选取的这种大杂烩式的方法更适合。她是怎么判断应该运用哪种问题的？应该记下笔记，在班上问问她。为什么会焦虑呢？她是不会直接给你任何答案的。

"这篇文章的作者是怎么建议你弥补那种评估方式的不足的?"

现在,学生倒像是不再害怕回答问题了。他们是已经猜到我根本不知道自己在做什么,还是理解了这个小游戏?也可能对他们来说,处理阅读比观察图片更轻松。和观察杂乱无章的图画相比,阅读则更"像大学"。

"'形成性评价'(formative evaluation)表示什么?"

要预见到学生对这个问题的回答似乎比较容易。回忆事物可能比观察更具体。整个认知加工的其他步骤会比这一步更具体,还是更抽象?

我遇到的问题可能就是同一时间内想得到的东西太多。我可能应该每次只继续某一类问题——只要在研究生班上有机会,一定要问这个问题。那将会解决我的一大难题。我仍然不知道该如何结束这样的课。每次的结尾总是唐突而又缺乏风度。这也是下次上研究生班时需要问的问题。

"好了,我希望你们分成小组,至少讨论出两种小组课程的评估工具。请注意运用来自文章的信息。"

令人惊讶的是,这一次,我竟然用这种方法填满了整整 5 分钟。学生好像也很喜欢这种教学方式。他们是真的希望创建评估。这是一个开始,学生再也不会出现以前的那种反应了。现在,我必须做的就是仔细听录音带,带着批判的眼光审视它。

第三次尝试

学生变得谨慎起来了。现在,每当我问:"你想用_____表达什么意思?""你怎么知道那个的?"他们的小眼睛就会骨碌碌地转动起来。一切都完了。他们发现我对自己正在做的事情束手无策了,只不过暂时还愿意为了分数与我合作。但有时,他们甚至会在我问那些问题的时候,咯咯地笑上好一阵子。虽然开始时心里不太好受,但是他们那样反而帮了我大忙——至少这样比较随意,使错误也变得比较容易接受了。

"这3份课程计划有什么相似之处吗?"

这个提问的确搅乱了我的课程计划。我通常都会有一个特殊的、合乎逻辑的呈现所有知识的顺序,然而现在却不得不调整主题,以便能跟得上研究生班的作业。学生则正在以一种特别混乱的顺序接受知识。尽管如此,他们似乎并不介意。他们究竟是怎样弄懂这个提问的意思的?如果我在这个班里上学,会立刻疯掉,因为一切都是那样的杂乱无章。

"当你说'它们都有目标'时,你想说明什么呢?"

我发现,学生实际知道的东西比他们认为自己知道的要多得多。他们知道的也比我认为他们知道的多得多。提问的运用已经帮助把他们的实际知识水平浮上了水面。在他们清楚地表达自己的观点时,我也认为他们解释得很明白。这增加了他们的自信,也提高了他们愿意承担风险的积极性。

我不知道自己是不是希望他们乐于冒险。在信心十足的时候,他们往往表现得更活跃,而我真的希望他们这么活跃吗?

因为观察对他们来说似乎太熟悉了,所以学生好像更愿意接受信息的比较与对照,而不太愿意做观察。可是,在此之前,我从没想过要让学生通过这种形式来查看课程计划。在过去,每逢"讲授"课程计划,我总是会给学生一份大纲,详细说明每门课会是什么样子的以及我希望他们做什么。然后,他们只需要照葫芦画瓢,而我就负责评分。很简单。

现在,他们必须告诉我每门课的属性,然后……然后什么?我准备把这些课导向何方?我怎么会学了这么多,却仍旧感觉自己很愚蠢呢?我无法确定该怎么处理这些"素材"。但根据直觉,我感到学生应该会运用他们的知识和洞察力,生成一个对自己有益的作品——只是我不敢肯定这是否就是 Marylou 希望我做的。

那是什么?一个学生向另一个学生提出了一个验证性问题!难以置信!为什么会那样?他们正在相互讨论、相互提问。等一等。我是这儿的老师。这些学生竟然敢这样,他们在想什么呢?我才是这场讨论的领导者。这是不是表示我失去了对课堂的控制？

无法控制课堂是一件坏事吗？我真的曾经掌握过课堂吗？大学生通常为了达到"标准"，个个精通于"遵守游戏规则"。那么，应该质疑哪种游戏呢？当我在大部分时间都不知道自己在做什么的时候，学生怎么知道我在追求什么？那会怎样影响我和这些学生的关系？我似乎认为学生会觉得更舒适。但我知道，我会更轻松，因为肩上的压力少了许多。我不必再变成至高无上的知识给予者，也不必再费尽心思地判断学生呈现给我的知识到底有多大价值。现在，学生必须对自己的学习负责，他们能从这个过程中获得多少，完全取决于他们投入了多少。

哎呀！他们已经偏离今天的主题太远了。在不打消他们的积极性的同时，我该怎么带他们返回主题呢？

"应该如何把你们的切身体验应用到我们今天讨论的课程计划中呢？"

在这儿，我做到了，而他们甚至还没有意识到。嘿，这也是一种乐趣。既然不存在对与错，我也不可能会犯错，不是吗？唔，或许我也会犯错，但这重要吗？

"你怎么知道是那样的？"

我甚至还没来得及考虑，这个问题就脱口而出了。

"你想用那个表达什么？"

这又是另一个问题，我可能开始理解了。可是，在"熟练掌握"这些方法的过程中，我仍然有很多问题要解决。我应该多久使用一次这种提问程序？在课堂上，必须按照什么顺序执行这些步骤？这些提问程序与我用过的其他教学策略有联系吗？我每次都必须上一堂完整的提问课，还是可以在我认为需要的时候，在课堂上点缀一些适当的问题？我真的必须考虑学生的每一种回答，然后再设计相应的追问吗？

等会儿，我们已经这样持续有 10 分钟了，已经超出了我今天的时间计划。课前我并没有打算花这么长的时间"讨论"课程计划。接下来，我该怎么弥补这段时间呢？

"好了。这些课程计划相互之间有什么不同？"

在我看来，这才是这堂课的真正要点。我应该先走这一步吗？但愿我还记得 Marylou 在课堂上是怎么做的。我或许应该给这些课录像，然后在自己尝试讲这些课之前温习几遍录像带。我到底该录些什么？她讲课很快，然后就是我们自己的大胆尝试。在大多数情况下，我们的课堂就像是由无知的人开导更无知的人，因为我们必须相互评价对方的教学行为。

"当你说'其中一种是一门发现课'时，你想表达什么意思呢？"

个性化的概念——我想知道教育者会不会把我们讲授的概念看成特别针对个人的，但我知道我从未这样想过。我必须传授的始终都是"除此"——"其他人的"观点很重要——之外的某些东西。可是，这些提问技巧却把每个事物整理得异常周密且富有针对性。

"在此之前，你在哪儿体验过？"

瞧，这就是个性化。学生必须发展个性化的理解。实际上，它比个人的更深入；应当说是发自内心的、私人的。以前，一提到"私人的"这个词，我总是感觉局促不安，不舒服。我很想知道我的学生是否会感觉提问侵犯了他们的私人空间。那可能就是为什么这个傻乎乎的教师在刚开始这样不停地提问时，他们会受到惊吓的原因——他们不得不曝光自己。

他们以前回答问题的经历是怎样的？他们始终认为总有对错之分，而老师会确定哪个是对，哪个是错。

提问课却截然不同。在这些课上，我从不告诉他们哪些回答正确，哪些回答错误。我只会用其他问题来回馈他们的问题。如果在思考中犯了错误，他们通常会在我提出加工性问题时自动修正先前的错误。我也从不说他们是对是错。不过，学生在必须自己修正错误时，总会有那么一瞬间的困惑。这种困惑是有利的，还是有害的？这是另一个给 Marylou 的问题。

"你注意到每个课程计划中的评估有什么不同吗？"

评估是我最近在 Marylou 的课上还没想太多的一个问题。一切似乎都在自然而然地"进化着"。期中考试如今迫在眉睫。但是，我仍在怀疑

Marylou 是否真的打算让我们相互鉴定，我也还在怀疑我们会不会做这么多的自我等级评价——尽管，我猜测这样做很合理。如果不发生什么意外，她会始终如一的——那就是按照某种结构化的思路，始终如一的难以预料。

如果我告诉这个班的学生，让他们准备相互评价自己的功课，他们会怎样？那时，他们可能真的会认为我迷失了方向。即使他们不认为我疯了，可能也会认为我太懒了。毕竟人们认定教师应该努力工作，应该批很多试卷，应该证明学期末的所有评估都是必要的。

成功开展自我评价和同伴评价的关键就是信任。事实上，有多少学生彼此信任，或者信任我？

"既然你们已经分析出这三种课程的相似性与差异性，那么，接下来请以小组为单位，选出两种利用前面讨论过的材料和资源作素材，进行课程设计的课程。这节课的剩余时间和下节课的全部时间都将用来完成你们的小组作业。"

运用这些提问课的优点就在于，后来每次上完课，我都精神疲惫，以至于我再也不觉得让学生从事小组学习是一种罪过。自从提问多过照本宣科的那一刻开始，我注意到学生对合作学习的态度也发生了变化。他们好像对继续这样的设计抱有更高的热忱。我想知道这之间是否存在某种联系。学生或许很感激我，因为他们不必再回答那些"难以理解"的问题；也可能是他们对概念的理解更加透彻了，因而更乐意看到自己是如何应用它们的。这都是值得进一步思考的问题。

第四次尝试

真令人惊诧。我一直认为自己是自亚里斯多德之后最好的教师了，可现在她居然说我们只抓住了冰山浮出水面的一角！所谓地狱不就是她现在正在谈论的这种境况吗？我的学生已经在兴奋不已地讨论这些主题了，他们的活力我前所未闻，可她竟然说我们还有更多的东西需要学习。

我只是在寻找如何组织头几堂课的窍门，她已经开始滔滔不绝地讲其他的两门课程了。我无法跟上她的进度。她刚刚在班里示范了这堂课，然后我们就得自己去实践。我们准备什么时候开始认真考虑期末考试会做什么呢？她只是让我们在课上练习，然后在自己代课的班级里试验这些课程。接下来的这一周，我们继续讨论，继续提问题。对我来说，这样的教学简直太不可思议了。

这一周，我都在做什么？我是练习贴标签还是分组？究竟有什么不同？你怎么可能会创造出一组没有标签的小组？你到底是为什么能生成一组没有标签的小组？我只会组织一堂观察课或回忆课，我只能说我忘了。不，那样做对我不会有任何帮助。而且，她还可能会让我们在期末考试时做这个，那时我会在哪儿？

"你可以……"

我又走回去了。我必须就此打住。为什么每次提问时我只能想到说"你可以……"？我明白了，我希望学生会帮助我。

"在开始讲今天的课之前，先让我说些事。"

很快地解释完，然后我们继续上课。如果我让学生拒绝回答任何用"你可以……"开头的问题，我知道我就会迅速改掉那个习惯。学生也很喜欢捕捉老师的错误。另外，我还使自己的自尊心陷入得失攸关的境地。我是出于自尊的考虑，还是仍在担心自己的成绩？我依然不知道必须采取什么措施才能得"A"，但近来，那倒显得不那么重要了。

"请观察这些图形，把它们按照你觉得合理的方式分成小组。"

这是件好事，我正在讲的一个主题刚好适合这种类型的问题。可怜了其他老师，他们不得不做超出教学要求范围的事，使学校教学配合研究生班的课程，他们会怎么样？那又意味着什么？这些老师是在讲应该讲授的内容，还是这些技巧正好比其他技巧更适合某些科目？幼儿园老师又会怎么样？那些小孩子将会怎样完成这些操作？咳，那不是我应该担心的事情。

"这些项目有什么特点让你把它们分到这个组里呢？"

听着好像不对劲。我问的这个问题对吗？这些问题的模型是什么样的？等等。这不是一项思维加工吗？既然我考虑到这一点，就说明我一直都把这些思维加工用作教学必不可少的一部分，只不过目前我还没有掌握它的组织结构。大学里的人都称呼它什么——一个框架吗？那就是它原本的状态吗？一个可以让我组织现有教学行为的框架。

"你怎么知道那些图形的所有内角加起来等于360度？"

开课3分钟了，我也在蹒跚向前。结束这堂课时，我仍旧很疲劳，还在头疼。我依旧会说"好的"，然后停顿半刻，考虑下一个要问的问题。我还是不知道如何结束这……我应该怎么称呼"这"呢？这是一堂课吗？这是一种技能吗？是什么让我认为自己很了解这种做法？她或许是对的。我可能只抓到了冰山的一角。

要理解这个术语很艰难。我希望它对我的意义变得更重大一些。我想知道准教师们是否能处理这个信息。我有十几年的教学经验，却很难跟上这种观念。那么，研究生班上的那些"新"老师呢，他们是怎样跟上Marylou的进度的？他们可能还没养成像我那么多的坏习惯，因而没什么需要忘记的，学起来便得心应手了。

"谁有不同的分组理由？"

我想知道这个班里的学生能不能应对这些问题策略的学习。这些学生正在与这么多的新概念做抗争。多给他们一些新概念，特别是那些与他们不相干的内容，公平吗？让一个会运用这些技巧的老师在课堂上摆布你是一回事，而不得不自己尝试运用这些技巧则完全是另一回事。我感悟到个人经验并不能使自己高枕无忧，可在刚开始上这门课的时候，我真以为它们会使我高枕无忧。

我很想知道，如果在未来50年里，所有的小学和中学老师都在运用这些提问技巧，那会发生什么？对准教师们而言，一门方法课看起来会像什么？提问会成为这门课的标准程序吗？它会成为一件必不可少的要事，还是这些准教师会吸收消化这些提问技巧，把它内化成自己的东西，从而使提问成为他们的一种无意识行为？我发现，这些学生在设计他们的课程计划时，大多数会采用"传统的"分发信息式（dole-out-information）的课程模式，我很担心这一点。为了改变他们对教学的理解，应该求助于谁？什么更重要，我该怎么做才能改变今天就在这个教室里、坐在我面前的教师？有人曾经说过，教学就是改动未来。这有时会让我惊恐万分，我害怕这些教师走出这间教室就会采纳我提供给他们的工具。我教给他们的是怎样的工具呢？直到上了这门课，我才十分自信，因为我正在给予他们一套已被公认的实用工具，它将会使每个教师都具备成为优秀教师所必需的基本素养。可是现在，我不那么肯定了。我开始了解到，"除了那些"，还存在许多我想都未曾想过的教学方法。具有讽刺意味的是，当我的学生在课堂上越来越自信的时候，我对自己的工作却越来越不那么自信了。

我现在也注意到自己问的问题比过去多多了。

"这个物体属于哪个组？"

我正在提更多的问题，同时，我也在整理更多的关系，连接自己过去经历过或听说过的事物与现在正在经历和听到的事物。例如，这门课的课本上列举了一些要点，它们使我回想起许多念大学时老师曾经试图"告诉"我，那时却被我视而不见的事情。

再如概念学习。读大学时，我阅读过布鲁纳对"概念"的陈述，当时，我只说了句："对，是个大人物。"我也听过塔巴，但她的"素材"似乎与我曾经的经历毫不相干，因而，我也从未深入探讨过它。如今，我不得不为学生设计一堂课，要教会他们鉴别事物的相似性或差异点，这时才突然认识到概念是思维的一个功能单位，也突然意识到我的一生都在给事物"分类"，而"类别"则是我的行为基石。例如，我用一种"立刻解决与稍后处理"的方法区分必须完成的任务。我会在头脑里把所有必须做的任务分成两类：一种是必须立刻完成的；另一种是可以稍后再做的。通过对那些任务的划分，便能决定我应该做什么、需要什么材料以及如何有效地利用时间。"立刻解决与稍后处理"便是我自己的个人概念。

在我的记忆当中，在我的执教生涯里，这是第一次有人给我呈现讲解"概念"的系统方法。我想我总是感觉自己在教学中错过了什么，而在此之前却又从未完全触及它。

是的，这种教学方式感觉更好些，但我不能说感觉它就是对的。这可能是因为我觉得自己的工作还不够努力，还不足以帮助这些孩子学习吧。

分组就是不如其他过程常见的事物，这句话没有任何意义。我知道在这之前，我已经做过回忆、观察，也做过分类。可以肯定的是，在生命中的某些时刻，我一定在某个班上给某些项目分过组，或许我没有。可能我时时遇到各种小组，然后就自然而然地接受了它们。

在我的生命中，还有多少其他事是我从未质疑，只是默默接受的？在这些学生当中，又有多少人会不带任何疑问地接受它们？又有多少次会有人鼓励我们从头开始"建立知识"？我所知道的是，很多人都会说建构你自己的知识太浪费时间了。

"你会给这一组取什么名字？"

学生正在兴致勃勃地回答着这种类型的问题。我注意到他们也会在其他情境中运用这些问题。当我向他们介绍新知识时，他们也会向我提问。那种感觉棒极了！我想知道其他老师是不是也觉得学生问这么多问题是件好事。

第五次尝试

为这些课设计的课程计划真是惊人。我感觉和它们在一起的时候，自己尤其显得多余，单调而又乏味。然后，当我面对班级时，这个课程计划又显得毫无价值。有时，学生提出的问题出乎我的意料，但绝大多数情况下不会。我很想知道如果在新的班级里试用这种方法，我能不能更准确地预测学生的回答。这可能就是有效提问的真正秘密——你必须了解你的学生，正如了解你自己一样。

"在这些课程计划中，哪一个是通往分数教学的概念发展步骤的范例？"

反思

我在这个研究生班里学到了什么？我之所以上这个班的课，原来只是希望自己能成为一名合格的教师。实际上，我获得的远远不止这些。我所学到的一切给了我一个更宽阔的透视教与学的视角：

1. 影响并不等于控制。

2. 对自身经历的思考造就了我们自己。学习如何向学生提问，也是在教我们自己要分析生活中的万事万物。

3. 真正的教与学意味着要实现个性化。

4. 学习新事物的低潮与高潮就像潮汐，教育你自己与教育学生同等重要。在你成长的同时，学生也会跟着你一起成长。

5. 要真正认识学习的过程，我们还有很长的路要走。

第十一章 封闭式问题：你懂了吗

引　子

　　学习在课堂对话中有建设性地、有意识地提问，要求教师改掉那些已经与他们的学校学习经验难以分割的不良习惯。在观察尚未接触Qu:Est教学策略的教师时，我们发现，他们的课堂提问都具有一个特点——持续不断地问封闭式问题。由于封闭式问题只需要学生简单回答"是"或"不是"，所以，如果教师真的想收获一个理由充分的回答，那么大范围地运用封闭式问题反而会适得其反——因为封闭式问题会伤害学生对自己掌握的知识量的信心，而且经常会导致教学对话陷入僵局。

　　许多教师并没有察觉自己倾向于用"能不能"、"是不是"、"会不会"一类的词开始提问。这种行为其实是教师从自己的学习经历中习得的，通过草率提问的习惯得到巩固的一种不自觉的习惯。提出封闭式问题是有效提问带动学生参与有意义的课堂对话的一大屏障。一旦意识到这些问题是强加在教学对话与学生学习上的教与学的障碍，教师便能更自觉地采用开放式问题为学生提供丰富的对话机会。

　　在这里，我们会介绍下列内容来帮助读者理解封闭式问题与开放式问题在课堂互动中的区别：

　　1. 一个教师小插曲，关注开放式与封闭式问题的研究。

　　2. 我们对开放式与封闭式问题的研究过程的反思。

　　3. 一场分析开放式与封闭式问题的自学讨论。

　　4. 研究问题与建议，帮助读者研究如何运用开放式与封闭式问题。

小插曲：开启封闭式问题

"你能告诉我 2+2 等于几吗？"我问一个小组。

"4。"一个教师回答。

我看了看其他教师，摇摇头，说："不对。""你知道 2+2 等于几吗？"

"4。"另一个教师强调。

我重新问了一遍问题。"还有谁能告诉我 2+2 等于几？"

"它的结果依赖于你以什么进制为基础。如果是十进制，那么答案就是 4。但如果是别的进制，那么答案就不是 4。"这名教师勇敢地补充了一句。

"都不对。"我说。教师们顿时惊慌失措。他们都在座位上不安地扭动着。我走向另一个教师，问："你想起什么是 2+2 的答案了吗？"

她深深地叹了口气，很不确定地低声说："我记得应该是 4。"

"正确！"我喊道。

全场顿时乱作一团。教师们都在私下抱怨，疑惑地摇着头。

于是，我问："我问你们的这几个问题有什么不同？"

沉默。

我把这些问题写在黑板上。

> 你能告诉我 2+2 等于几吗？
> 你知道 2+2 等于几吗？
> 还有谁能告诉我 2+2 等于几？
> 你想起什么是 2+2 的答案了吗？

忍受着不安的寂静，有几个教师显然渐渐理解了其中的差异，缓缓举起手。

Barry 说："'你能……吗'和'你知道……吗'这两种问题只要求回

答'是'或'不是'。'你想起什么'这个问题则要求回答信息，而不是回答'是'或'不是'。"

"当你观察'你想起什么'问题时，你还注意到它在寻找其他什么信息吗？"我客气地问。

又是一阵沉默。

"唔。"一个从容的声音从教室前面传来。所有人的眼睛都看着Maria。"它要求回忆。"

"什么词告诉你它要求回忆？"我继续问道。

"想起。"她说。

"你想用'回忆'这个词表达什么意思？"我一边说，一边转过脸去面对着班里的其他教师，希望能减轻Maria的一些压力，同时暗示其他人也可以回答这个问题。

"你知道的，"Jerry说，"来自记忆。"

"那么，'你想起什么'的问题与其他问题有什么不同？"我站在教室的后面，再一次向全组教师发问。他们都转向我，扭着身体，看起来很不自在。

"唔，"Sarah说，"前面三个问题要求学生确定他们是否知道答案；而第四个问题是要求他们回忆答案——因为以前曾经记忆过。"

"噢，"我又迅速转移到教室前面，"那就是说，这个问题中的有些词可以提示学生如何回答问题。"

我们对问题的性质与功能的调查就此开始了。教师们的脸上也写满了好奇。

对教师学习的反思

当教师们（我的学生）开始努力改掉无效的提问行为，学习能让学生参与语言生产、思想表达的提问方式时，提问研究就变成了一场喜剧。教师必须抛弃的第一类无效提问，即封闭式提问。

我们的许多学生认为，问题的开头语无关紧要，无须精挑细选。你可能也认为，为几个问题的开头语大费周折，毫无价值。然而，我们可以向你保证，根据以往的经验，封闭式问题会打击学生回答问题的自信心，也会阻碍教师了解学生生成答案的过程。让我们给你举例说明提封闭式问题是怎样阻止学生回答问题的。

我们已经观察到成人，甚至是我们自己，经过了多年的有效提问练习，都在问孩子，"你能告诉我你的年龄吗？"在问这个问题时，我们知道这个孩子知道自己的年龄。不管怎样，我们会反复坚持通过要求他们确定他们是否知道自己的年龄，来要求这个孩子告诉我们他（她）的年龄。为什么？因为当问"你能告诉我你的年龄吗？"时，这个孩子常常会沉默。我们假设是因为他（她）害羞。但实际上，有理由说是因为我们已经在暗示这个孩子，我们不确定他们是否能告诉我们答案。另一个流行的、针对儿童的问题措辞是："你知道（   ）？"我们之所以问这个问题是因为知道孩子肯定知道，但措辞中透露出我们表示怀疑。

我们认为，封闭式问题被孩子解释成我们不能肯定他是否真正知道什么。这个孩子可能会把这样一种问题措辞很好地解释成不需要回答的理由，因为答案很明显。绝不要问封闭式问题，因为它除了表达疑惑，其他什么信息也不能传达。试着问下面的问题，请用语调特别强调斜体部分的措辞："*你*能和我们分享你的故事吗？""你*能*和我们分享你的故事吗？""你能和我们分享你的*故事*吗？""你能*和我们*分享你的故事吗？"无论你怎么问这句话，你都在给孩子传递一个信息，即你不确定他（她）能回答这个问题。

我们也希望教师能高度重视这个问题，能意识到提封闭式问题会破坏探究学生思考模式的机会。当我们问"你可以告诉我一些关于你的房子的情况吗？"或者用其他方式替代这个问题的主题时，如果这个孩子回答"不"，我们就会失去考察这个孩子是如何回忆他（她）的房子的所有机会。如果他（她）回答"可以"，我们仍然必须问"你的房子像什么？"或者其他能提示孩子要用更多的词汇来描述我们提问的主题。这时，问题就出现了——既然一个表述清晰的问题就能解答一切,为什么还要问两个问题呢?

为了了解封闭式与开放式问题对学生回答的具体影响,教师能用来启迪自己的唯一途径就是运用问题措辞开展提问游戏,并且集中精力关注人们对不同的问题开头语的不同回答。我们已经发现,当教师重视问题的开头语时,他们便能迅速解决封闭式问题会限制回答,在回答问题时不生成语言应用的两大难题。

自 学 讨 论

教师的问题系统必须停止使用由"你知道"、"你能告诉我"、"你不认为"或者"你曾经历过"等词开头的问题,特别是当我们的教学目标是使学生理解主题材料和完善他们的思考时。封闭式问题的主干会诱导学生判断是或不是——确定他们是否准备在思考答案之前便回答问题。

最出名、最夸张的封闭式问题,就是普遍被教师用来强调课堂重点或用来结束课程的问题:"你懂了吗?"通过这样的问题措辞,我们对学生的理解了解了多少?我们认为他们准备说什么?我们希望他们说什么?最常出现的一种场面就是在我们问这个问题时,学生都低着头,静静地坐着,尽量回避目光接触。我们为什么接受他们的沉默?为什么要用这个问题助长沉默的气氛?最好的情况是,"你懂了吗?"这个问题是在向学生彰显老师最后说的那件事很重要;最糟糕的情形是,它是在向学生传递这节课已经结束的信息。没有了。

可以要求学生展开交谈,并要求学生在回答问题时必须应用语言,且无须在回答前考虑"是"或"否",以具有开放式主干的问题来取代封闭式问题。由"什么"、"怎样"、"为什么"或"以什么方式"等开始的问题,打开了学生的思考之窗,它们将引导学生留意回答问题时的语言应用问题。这些问题的主干不容许学生有选择不回答的权利。但是，它们能激发学生的思想，肯定学生的理解和认知操作。

在问"你多大？"、"你住在哪种房子里？"或"你的故事怎么有趣？"时，学生必须有一个明确的回答，或者保持沉默。此外，教师可以通过提问开放式问题让学生明白，他（她）相信他们知道答案是什么。学生会领会教师的语调。开放式问题的语调是一个肯定句。例如，在这个问题"你想起了哪些关于发现美洲的事？"中，无论教师强调问题里的哪一个词，所有的暗示都是学生知道答案，因而他们必须回答。

尽管如此，有时因为学生已经习惯了封闭式问题的主干，所以当教师开始使用开放式问题时，他们往往不知道如何应对。由于没有不回答的选择，问题便对学生构成了威胁。遇到这种情况，教师必须让学生意识到问题措辞的变化，并向学生保证提出这种问题并不是为了胁迫他们。教师也必须让学生知道，提出这种问题的目的在于让他们有机会分享自己的知识、观点及其对彼此的了解。一旦学生理解了开放式问题，并开始回答问题，他们就会渴望能参加教学对话。

开放式问题的措辞与语调在向学生强调教师知道他们知道，剩下需要他们做的就是回答这个问题。在我们的问题中运用"什么"、"为什么"、"怎么"和"以什么方式"这样的词取代"能"、"会"、"可以"之类的词作问题的开头语，这样便开启了被"是"和"不是"限制住的回答，为学生开创了参与有意义的教学对话的机遇。如果我们希望了解学生是否在思考、是否在积极反思课程的重点，或者我们希望发现学生在教学之后学到了什么，那么，用开放式问题替换封闭式问题则是最重要的。

从"你懂了吗？"到"你今天从课上理解了什么？"的微妙转述，改变了这个问题的整个意向。拥有开放式主干的问题欢迎学生回答问题。它通过期待学生会与我们分享他们的个人看法，肯定了学生的知识。这种提问方式细微却又显著的变化能造就学生的天壤之别，即是使学生成为学习者，还是削弱学生的学习自信心。

封闭式问题的主干	开放式问题的主干
你……吗?	什么是……
你能……吗?	以什么方式……
你会……吗?	怎样……
你知道……吗?	为什么……
你有……吗?	哪些是关于……
你正在……吗?	你怎么知道……
你曾经……吗?	

研究建议与问题

为了继续发展你的有效提问意识,在阅读后面的章节之前,请完成以下调查:

- 请你在自己的学校里观察一位教师组织讨论或叙述的实际情形,观察持续时间为10分钟。计算该教师提出的只需要回答"是"或"不是"的问题数量。这类问题的主干开头通常是"你能"、"你有"、"你会"、"你应该",或者其他封闭式的语法结构。
- 请在没有备课的前提下,组织10分钟的师生对话,并用录音带录下整个对话的过程。然后仔细听录音带,计算你在这场对话中使用封闭式问题的数目。
- 设计一堂课,写出可能用到的开放式问题。然后实际组织这堂课,录下对话。仔细听录音带,计算你提出的开放式问题与封闭式问题的各自数目。
- 重新听录音带,找出学生是如何应对你的开放式与封闭式问题的。回顾你的录音,查明你在提出一个封闭式问题之后都做了些什么。
- 写下你对自己和其他教师运用开放式问题与封闭式问题的反思。请以这几个问题为重点:

- 你从教师提问开放式问题与封闭式问题的数目中发现了什么?
- 在什么情境中,教师倾向于运用开放式问题?
- 在什么情境中,教师倾向于运用封闭式问题?
- 当你没有设计问题时,你会问哪种问题?
- 当你设计好问题之后,组织课堂的过程中会发生什么?
- 你现在对开放式问题与封闭式问题的主干有什么了解?
- 学生是怎么回应开放式问题的?
- 开放式问题的主干对学生的回答有什么影响?
- 为了使自己更加了解所提问题的开放度或封闭性,你会采取什么措施?

第十二章 "谁来问一个更漂亮的问题"

E. E. Cummings, 1968

引　子

问题自有问题之美。诗人和教育者施展着相似的手法挥洒问题之美。问题则点亮了人类的思想。高度结构化的问题,本质越深奥,无疑越是能收到表达清晰明了和充满敬意的回答。每个人都体验过"烫手问题":这种问题迫切渴求回答,其结果将引出一个能揭示或发现一种看待问题或解决问题的新思路。在寻求这种答案的过程中,我们小心谨慎地呈现问题,然后一个新观点神秘地喷发出来,带给我们获取新知识的舒适与活力。

我们的教学问题具有开启被封杀的知识的力量。然而在大部分时间里,教师在提问时只引用内容提示。教师教学提问中存在的漏洞就是动作词汇的缺失,这些动作词汇能为学生提供如何思考内容的信息,却往往被教师忽略了。在我们省略动词提示的同时,也疏忽了要向学生详细说明回答这个问题所必需的思维操作,这实质上是否定了学习过程的重要性。忽视认知过程在教学提问中的作用,就等于把学生潜在的丰富的认知理解转变成死记硬背的学习。

传递信号的思考

要想产生有价值的教学对话,教师在提问时不仅要注意内容问题,而且要照顾学习者为了获得和加工内容必须采用的思考方式。通过系地组织问题的语言，设计思考问题的提示，我们便能为学生提供无数的机会，帮助他们钻研课程内容，推动他们建立已知概念与目前还在困惑或混淆的概念之间的关系。

有效的教学对话从有效提问开始——这里提到的"有效提问"是指：提出的问题既能广泛囊括内容，又能明确指定达成课程目的和目标所必需的思维操作程序。能表明课程认知操作的有效问题就是核心问题。核心问题是我们教学对话的中心。在我们的问题中安置一个动作词汇，说明我们希望学生执行的思考类型，也就是让我们的教学对话具备了指路标识。这些标识为我们和学生搭建了一个互动的框架。我们可以利用核心问题开始一项特殊的思维操作，也可以利用核心问题在学生渐渐偏离中心时重新聚焦学生的思考，还可以利用核心问题搭建建构概念和完善概念理解所需的不同思维操作。

为了帮你熟悉教学对话中核心问题的性质与功能，我们将介绍以下内容：

1. 一个小插曲，关注核心问题的研究。
2. 我们对研究核心问题过程中的教师的反思。
3. 自学讨论，分析核心问题的概念属性。
4. 研究建议与问题，帮助读者研究核心问题在教学对话中的运用。

小插曲：提示性思考

教室里散发着爆米花的味道。教师们（我的学生）正忙着把玉米粒抛进嘴里，同时还在大声交谈着。他们明显很兴奋。当我进去时，我注意到他们重新调整了课桌椅的位置——从普通的竖行变成了马蹄形。他们站在马蹄形里面，聚成一团。

Jerry 转向我，突然说道："唔，你是对的！我在我们学校里观察了三个教师。他们都在问封闭式问题。在我们开始讨论封闭式问题以前，我从来都没有听到过它们。而且你也知道，确实有些学生对他们的问题直接回答'不'。"她说着说着便笑了起来，其他教师也跟着开怀大笑。他们继续分享着彼此的故事，完全忽视了我的存在。

终于，喧闹声中有了一丝平静。我趁机加入了他们的对话。"你们的观察和对教师们的封闭式问题的反思似乎让你们很激动。今晚，我们将要讨论有效提问的另一个点——把认知操作纳入我们的初始问题。这堂课可以这么来概括：如果你不知道你将要去何方，那么，你最终可能会到达别的地方。

我已经吸引了他们的注意力。我注意到教室里的灯没有亮。我打开灯。每个教师各自选了一张桌子坐下，拿出纸笔，然后望着我。我环顾四周，每个人都有一张前排的椅子。如此克制，我心里想到，同时也为他们这种渴望开始的劲头感到高兴。

我开始上课。"假设你希望学生回忆一份头天晚上阅读过的新闻。你这节课的目标是让学生回忆起关于这篇文章的特殊细节。例如，与新闻问题相关的谁、发生了什么、在什么时候、在什么地点、怎么发生的以及为什么发生。你的目的是让学生告诉你为什么这篇文章里的信息具有新闻价值。"

我把这篇文章分发下去，每个学生人手一份。"我希望你们阅读这篇文章，记下一些你认为可能会激发学生讨论的问题。"我给了他们5分钟的工作时间。

"好了。为了启发学生回忆这篇新闻稿中的信息，你觉得什么问题值得一问？"我问道。

他们开始大声嚷嚷自己的问题，而我则退到黑板前，示意他们等等，让我有时间找一支粉笔可以记录他们的问题。我把他们的问题列在黑板上：

> 这篇文章是关于什么的？
> 作者是如何向我们描述故事发生的地点的？
> 这篇文章讨论的是什么消息？

> 这篇文章是关于谁的？
> 故事发生在什么时间？
> 这篇新闻为什么重要？

"可以了。我看到你们问的开放式问题比封闭式问题多了。这很好。我们现在需要考虑的是这个问题正在要求学生做什么。在所有问题中，你们都用到了具体说明内容的词。什么词或什么话在暗示内容？"

教师们几乎异口同声地回答："文章、故事、新闻、重要新闻、故事发生。"我微笑着点点头，然后问："在你们的问题中，什么词或什么短语是用来提示你希望学生运用哪种思维操作处理内容的？"教室里安静了大约15秒。接着，教师们在沉默中轻松起来。

Jack 宣称问题所需的思维操作是隐含的。"我们都知道是回忆。"他提出。

"那么，为什么你不在问题中用这个词？"我问。

"不需要。"Jack 反驳。"当你问那些问题的时候，学生知道你想要什么。"

"好，让我们来看第一个问题，'这篇文章是关于什么的？'学生可能会用哪些事来回答这个问题？"我等了片刻，然后回答了自己的问题。当我想象学生会说什么来回答问题时，我的说话速度通常会比平常快。

我告诉教师们，学生可能会回忆信息。他们可能会提供故事的主要思想；可能会抱怨这篇文章太长；可能会告诉你他们不喜欢这篇文章；可能会告诉你它很像另一篇他们曾经读过的文章；可能会告诉你他们还没有阅读文章……也可能会告诉你任何他们用他们想用的思考方式想到的东西，因为这个问题并没有指定你希望学生在回答问题时运用什么认知过程。

我停下来，休息一下，接着又问了一系列问题。"你会承认这些回答中的哪一个是对你的问题的恰当反馈？收到哪种回答是你的问题想要的答案？哪个回答着手解决了你的课程目标？你想要学生回忆这篇文章的具体细节，他们怎么会知道要那么做？在你的问题里，什么词在暗示学生你希望他们回忆信息?"我故意拉长了"回忆"两个字的发音。

"这是显而易见的。"Trisha 评论道。"学生知道我们在说什么。"

"不,它并不明显。我们保证自己表述得很明白,也确信大多数学生猜得到我们指的是回忆,但是,有些学生可能会推断出一个截然不同的认知过程。如果我们的问题没有明确告诉学生在回答初始问题时将要采用什么样的思维操作方式,那么,他们就必须展开一场竞猜游戏,一场漫无目的的竞赛,这既可能引领他们参与我们设想的思维焦点,同时也可能引导他们脱离主线。"我停顿了一下。

"你准备接受比较这篇文章与其他文章的回答作为对你提出的问题的回答吗?——即使学生没有提及任何来自这篇文章的明确信息。你会接受另一个学生说他(她)不喜欢这篇文章,并把这个回答看成对这个问题的适当或正确回答吗?在这个回答中,学生运用个人尺度评价或评估了这篇文章。毕竟,对回答的学生来说,得出的这两种回答的确都是关于这篇文章的。"

"尽管如此,我们知道,在这两个例子中,学生并没有借助回忆来回答问题。我们应该如何反馈他们的回答?不向学生说明这节课的教学目标指定了什么思维操作模式,就会给学生带来极大的困惑,使他们分不清到底给出哪种信息才是真正符合你的提问意图的。"

我又歇息了一会儿,接着改变了我的思路。"刚才是谁给我们提出了'这篇文章是关于什么的?'这个问题?"Jane 点点头。"不管怎么样,你想用它达成什么目的?"我提出疑问。

"我希望学生回忆这篇文章的详细信息。"她指出。"用什么方式表述这个问题就可以把那个信息向学生讲清楚?"在有人回答之前,我继续追问,希望使我的问题更具说服力。"如果你希望学生回忆信息,为什么不明示他们回忆?"另一个反问。一个经过重新表述、能向学生提供回答的思考中心的问题是:"你从刚才阅读过的这篇文章中想起了什么特殊信息?"我把这个问题写在黑板上,大大的,非常醒目。然后,我转向教师们说:"这个问题与你们刚才提出的所有问题有什么不同?"

Jane回答说:"它告诉学生要去'回忆'。'回忆'这个词为学生将要进行的思考提供了基础。而我们的问题没有明确地告诉学生他们应该如何思考。我猜测,我们是对内容更感兴趣。我想我从来都没有想过学生是怎么得出他们的回答的;在提问时,我从来都没有真正考虑过那一点。"

教室里一阵骚乱,教师们热烈地交谈起来。房间里很热。我朝门走去,打开门透透气。"在我们继续往下讲之前,我打算考考你们,看看你们在多大程度上理解了认知信号在提问核心问题中的运用问题。投影上列出了一栏问题。希望你们判断哪些问题具有思考中心,哪些缺少提示思维操作模式的词语。请将有思考提示的问题用★标出。同样,我也希望你们核对封闭式问题,用 × 标出。"

问题	思考提示	封闭式
你注意到这个房间有什么特点吗?	(★)	
昨晚,你在这个故事里读到了什么?		(×)
如何区分奶油与牛奶?	(★)	
什么使万圣节与狂欢节很相似?	(★)	
你能告诉我这个句子里的动词吗?		(×)
你已经确定美国内战的原因了吗?	(★)	(×)

教师们完成这项活动以后,我们便开始讨论这些问题的措辞。他们一致同意是问题中的动词或谓语控制着思考的核心。我们也都同意问题可以具备一个认知中心,而且问题既可能是开放式的,也可能是封闭式的。教师们再一次承认,在获取学生的回答方面,开放式的、以思考为中心的问题比封闭式的、缺少思维中心的问题更有效。

随后,我要求教师们各写出一个开放式的、清晰的、以思考为中心的问题。在我有机会让他们分享他们所写的问题以前,核心问题在教室里全方位地爆炸了。在接下来的这场精力旺盛的对话中,教师们似乎坚定不移地相信，有效提问的关键特征由一系列明确的、开放式的且拥有一个能引导学生回答问题的认知提示的初始问题构成。

对教师学习的反思

教师们一直都在和我们争论是否有提示"回忆"这一思维操作的必要。他们认为这是不必要的。他们不断地告诉我们："学生知道我们希望他们去回忆——这隐含在所提的问题当中。"当问题中的认知操作换成是比较、分类或识别信息时，教师们相信这项认知操作必定会适时地成为学生必须回答的问题的一部分。我们没有看到差异。

我们坚持认为，提示认知操作的措辞，即便是回忆，必须被清楚地陈述在问题中，用来推动和引导学生回答问题时的思考进程。错误地担保学生在面对一个缺少思维操作提示的教学问题时，会推断出回忆或任何针对那个问题的认知操作就是问题所指，这种行为只会使教学对话变得混乱不清、目标游离而毫无效果。如果学生不了解课程的思考方向，他们很可能会送出我们不想要的结果。在没有认知提示的前提下，要实现课程的认知目标将难上加难。简而言之，如果我们的问题缺少认知标识，那么我们就很难在战略上引导学生探究真理，也很难帮助学生运用和监控他们的思维。

为了帮助解释我们的立场，我们提出下面这个范例：假定你正在组织一堂课，这堂课的目标是学会观察假分数的关键特征。作为教育者，我们必须对自己提出以下三个与课堂目标相关的问题：

- 目标中提到的内容是什么？
- 学生必须采用什么认知操作来思考内容？
- 为了收集、加工或应用这一信息，学生需要什么资源？

在分析目标时，我们对这些问题的回答是：

- 所学内容是假分数的关键特征；
- 该目标要求的认知操作是观察；

- 我们需要用来鼓励学生参与教学对话的资源是各种假分数的例子——如 $\frac{5}{3}$、$\frac{10}{1}$ 和 $\frac{12}{9}$。

假设我们的回答都正确,那么,为了促进有效教学对话的开展,我们必须确定一些我们希望学生回答的问题的结果。

如果从提问"假分数是什么?"开始我们的教学,就意味着我们在通过问题暗示学生他们知道答案,而且"正确的"的定义就是我们正在寻找的全部,但这个问题的提示只集中在内容上。如果学生告诉我们正确的定义,那么,我们对你的提问就是:通过问这个问题,这节课的目标实现了吗?显而易见,没有。该节课的教学目标并没有要求学生阐述定义,也没有要求他们回忆概念定义。它只是指导我们要让学生观察概念的例子,从中找出假分数这个概念的关键特征。

如果把我们的初始问题改成:"请告诉我假分数 $\frac{5}{3}$、$\frac{10}{1}$ 和 $\frac{12}{9}$ 有什么特点?"那么,我们离教学目标的意图就更近一步;可是,问题仍然没有确定目标中明确说明的思维操作。我们准备来一场集体大讨论,找出学生在回答这个问题时可能会给出的一些回复。如果我们遗漏了某个回答,请在我们的列表中补齐它。

问题:请告诉我假分数 $\frac{5}{3}$、$\frac{10}{1}$ 和 $\frac{12}{9}$ 有什么特点?

可能出现的学生对这个问题的回答有

- 它不是一个真分数。
- 它和真分数一样,分成两个部分。
- 它有一个分子和一个分母。
- 它比 1 大。
- 你必须对它进行划分,然后才能找到答案。
- 上部的数比底部的数大。
- 符号"—"把上面的数与下面的数分开了。

(你的回答)

- _____
- _____

在回顾可能出现的学生回答以后,我们会向你提出如下的问题:

- 其中的哪个回答是通过观察获得的,哪个回答是其他思维操作的结果?

我们对学生回答这个问题的结果分析陈述如下:

Marylou 和 Paul 对学生回答的分析

- 它不是一个真分数。——学生可能曾经观察过某些事物,所以得出这个结论,但是,我们不知道他们曾经看到过什么。显然,他们已经把这些例子分类为假分数的反例。

- 它和真分数一样,分成两个部分。——学生比较了假分数的例子与想象中的真分数。他们可能已经开始观察,但在思考时直接跳进了比较。

- 它有一个分子和一个分母。——他们已经观察到某些东西,并且利用标签对他们的观察结果进行了分类;但是,没有告诉我们哪个数对应哪个标签。他们对这些分数进行了贴标签与分类。

- 它比 1 大。——学生已经告诉我们关于假分数的信息,但还是没有告诉我们,观察到的什么内容使他们得出了这个回答。我们认为,学生是回忆起了这则信息,或者说解决了这个问题。

- 你必须对它进行划分,然后才能找到答案。——学生在这儿说他们需要什么东西才能解决问题。他们在回忆过程。

- 上部的数比底部的数大。——最后,一个来自观察的回答。

- 符号"—"把上面的数与下面的数分开了。——又一个起源于学生观察假分数的例子的回答。

在我们看来,问题"请告诉我假分数 $\frac{5}{3}$、$\frac{10}{1}$ 和 $\frac{12}{9}$ 有什么特点?",不仅会引导学生观察,而且会引导学生对这个问题应用其他的思维操作模式。尽管我们承认学生在回答问题时运用的这些思维操作模式也说明了

很多重要信息,但是,我们非常强烈地坚持,学生给出的大多数回答都不是通过观察过程获得的。由于我们的初始问题没有为学生提供一个动作词汇来集中和提示他们的答案构成。因此,无论学生采用哪种思维操作模式处理内容,我们只能接受他们的回答。

关键在于如果目标要求一个特殊的思维操作模式,为了满足这个目标的意图,学生必须采用确定的思维操作模式才能获得适合的信息。否则,我们便不敢说已经达成了教学目标。如果我们期望学生把学习看成一个过程,而不是一场谋取正确答案的竞赛,那么,我们的问题必须提供认知提示。

一个表述为"在这些假分数(如$\frac{5}{3}$、$\frac{10}{1}$和$\frac{12}{9}$)的例子中,你观察或注意到它们有什么特点"的教学问题便包括了动作词汇。从例句中可见,这些动作词汇代表了一项核心或关键的思维操作,学生可以通过这项思维操作生成教学目标所指定的回答。当然,学生在回答这个问题时,仍有可能进行其他的思维操作;然而,通过在教学问题中运用"观察"或"注意到"这样的词,我们限定了可接受的或适合教学对话的信息种类,同时也说明了获取或加工信息所需的思维操作类型。这样的措辞便成了引导教学对话的路标。你也会时常听到学生在组织回答问题的语言时,会运用提示思考的用语。

提示或信号的运用可以限定学生回答问题的思考方式与内容范畴,也将有助于我们在教学对话中监控学生的回答。除此之外,它还提供了一个评估工具,可以帮助我们确定学生什么时候在进行适当的思考;并且,当学生没有提出符合指定思维操作的回答时,它也为重新引导学生思考问题提供了一个向导。总之,既包括内容提示,又含有认知操作指导的教学问题,它们共同组成一道道的分界线,能保障我们的教学对话朝着实现课程目标的方向前进。

自 学 讨 论

有效教学对话依赖于所提问题的精确度。措辞合理的问题将博得学生的优秀回答，尤其是在我们和学生都已经了解问题寻找的信息类型和实现课程目标必需的思维操作的情况下，更是如此。能详细说明我们希望学生了解的内容的问题，有助于他们把注意力集中在原始材料上，不至于思维散乱。而能向学生暗示我们希望他们采用何种思维操作调查内容的问题，则为学生提供了一条理解如何构思回答的途径。当学生有能力理解应该如何权衡这一观点时，我们便步入了理解的一个更高水平，它使学生利用这些信号监控自己的学习过程成为一种可能。

在 Qu:Est 教学策略中，具有认知性提示的问题被称作核心问题。有效的核心问题能提示和控制课堂对话中的思考经验，主要被用来集中、引导和指导由课程目的或目标指定的特殊思维操作和课堂内容。在学生进行概念化时，它们同样也被用来支架思考或设计提问顺序，帮助学生从一种类型的思维操作顺利过渡到另一种思维操作。核心问题的措辞一般由三个独特的关键属性组成。

核心问题的属性

必须用学生能理解的词汇清楚地陈述核心问题。核心问题能引导学生关注课程目标所要求的内容和思维操作，因而应该被完全结构化，使它能引出多个回答，而不会局限于一个正确答案。此外，核心问题的句法结构还为学生提供了回答核心问题的各种提示。

综上所述，核心问题中的名词应以所学内容为中心。谓语或动词短语则用来简述学生在回答问题过程中需要执行的思维操作。最后，核心问题必须是开放性的，并且具备一个特殊疑问句的主干，能使学生在回答时生成对话，而非简单回答"是"或"不是"。对核心问题用词合理、简洁与含糊、繁复相比，能激发更多的有效教学对话。最有效的问题主干通常以"什么"、"以什么方式"、"怎样"或者"为什么"作开头。针对各种思维操作的、与概念化有关的核心问题的例子有：

> **针对概念化过程中个体思维操作的核心问题**
>
> 观察：关于_____，你注意到什么？
>
> 回忆：你想起来什么有关_____的事？
>
> 比较：_____与_____之间存在什么相似点？
>
> 对照：_____与_____之间存在什么差异？
>
> 分组：你依据什么把这些项目分在一起？
>
> 贴标签：我们可以把_____命名为什么？
>
> 分类：我们会怎么划分_____的类别？

我们可以利用核心问题的关键属性来分析这些核心问题。这类问题的名词用来确定思考的内容。在这些例子中，下划线上的空白处代表内容。此外，这些问题的动词或谓语提供了一个动作词汇，象征着必需的思维操作。最后，核心问题的陈述简单，问题主干经过结构化，避免学生使用是或不是来回答问题。

结构合理的核心问题值得效仿的一大优点，就在于它们创建了各种限制因素。经由这些因素，我们便可以与学生一同进入教学对话，确立反复思考内容的参考点——当然，后者主要是在学生迷失思考方向的时候执行。对学生而言，核心问题提示的思维操作，包括获得、建构或者同化相关内容，连接当前对内容的个人理解与新知识之间的通道。

下面呈现的是一份要点参考，主要介绍核心问题的关键特征。

> **核心问题的属性**
>
> 目的：集中、引导和指导课堂互动的思维操作与内容。
>
> **关键特征**
>
> 清晰简洁：运用学生能理解的语言，问题或信息不复杂、不绕弯儿。
>
> 中心明确：运用能指定内容和规定实现课程目标所需的认知操作的措辞。
>
> 具有开放性：选用的词汇能从尽可能多的学生身上挖掘大量多样化的回答。
>
> **核心问题的关键词**
>
> 名词：提示课程目标中明确指定的对话内容。
>
> 谓语：利用动作词汇聚焦思维操作，用来提示分析内容要求的思考模式。
>
> 问题主干：以"什么"、"以什么方式"或者"怎样"为主体。
>
> Copyright 1990 by the National Educational Service, 1252 Loesch Road, Bloomington, IN 47404. Phone:(800)733-6786.

研究建议与问题

为了进一步引导你研究应用 Qu:Est 教学策略的有效提问，我们提供下列建议，希望能帮助你认识核心问题。

- 在你的学校里倾听教师提出的问题。
  - 在他们的问题中，有多少包含了一个能引导学生在学习中思考主题的动词？
- 为了解措辞合理的核心问题的属性，请分析教材中的问题。
  - 教材中的哪种问题具备指定的、能帮助学生获取信息与加工信息的思维操作？
  - 在这些问题当中，有多少要求回答"是"或"不是"？
  - 关于教材的学习重点，你的发现给了你什么建议？
- 选择或写出三个指定了三种不同思维操作的教学目标；然后，为每个目标撰写一个措辞合理的核心问题；最后，利用前面"核心问题的属性"分析你的问题。
  ○ 在你的问题里，什么词是用来确定为了实现教学目标，学生必须采纳的思维操作的？
- 组织一堂课，利用你的核心问题作为这节课的初始问题。先提问缺少表示动作或思维操作的词语的问题。
  ○ 你从学生那儿听到了哪种回答？
  ○ 学生的回答反映出他们运用了哪种思维操作？
- 分析完学生的回答之后，重新上课，提问初始问题。这一次请保证你的核心问题中有提示指定的思维操作的动词。
  ○ 学生给了你哪种回答？
  ○ 这些回答与你排斥使用表示动作或思维操作的词语时获得的答复有什么不同或相同？
- 保留一份记录。内容涉及你的核心问题和学生对你的核心问题的各种回答。
  ○ 在逐渐学会运用措辞合理的核心问题的过程中，你注意到学生的回答发生了什么变化？
  ○ 学生逐渐意识到学习是一个过程，而不是简单的记忆。他们是通过什么方式做到这一点的？
  ○ 为了保证你在课堂教学中提出的每一个初始问题都是以学生在正确回答问题时必须采用的认知操作为焦点，你应该采取什么措施？

参 考 文 献

Cummings, e. e. *Complete Poems 1913–1962*. New York: Harcourt Brace Jovanovich, 1968. p. 462.

第十三章 "完美的回答总是……"

E. E. Cummings, 1968

引 子

  我们应该如何更加仔细地倾听学生正在说什么？我们应该如何了解学生的理解？我们应该怎样应对学生的理解，并帮助他们建构丰富而又有意义的概念和形成能促成他们探索相关知识的理解？在众多压力之下，我们开始讲授委托给我们的课程。在一心想着覆盖所有内容的同时，我们还时不时想当然地认为，如果学生正确地回答了我们的问题，那就说明回答对他们来说就是有价值的。可是在很多情况下，我们听到的只不过是学生认为我们期待他们会说的话，或者是一些他们已经记住的事实。本质上，他们既不明白自己的回答，也没有理解内容。我们平常做得最成功的就是使教学与学习相分离。为了把教学与学习融为一体，我们必须在真诚沟通的基础上，与学生建立良好的互动关系。

  教师具有帮助学生学习或者阻碍学生学习的能力。为了成为一名对学生的成长有促进意义的教师，我们必须在课堂上创造出能把内容和学生的生活经验连接起来的教学条件。为了促进学生创造出丰富的、属于自己的对课程概念的理性理解，我们必须引导学生加入教学对话，通过他们在对话中的种种回答，了解他们考虑主题的思考方式。我们也必须和他们一起参与对话，共同维持学习的鲜活性。这就意味着要认真倾听学生在说什么，然后利用他们的回答设计问题，要求学生自觉、深入地考虑自己的答案。要做到擅长听取学生的谈话，我们就必须审查自己是如何看待学生的：他们是我们的教学对象，还是一群能向我们反馈教学信息的知识主体？

Misty Johnson，一位来自中西部的教师，她反思了自己第一年的教学经历。这为我们提供了一个了解如何把学生理解为知识主体的镜子。

哇！每次一想到这个，我就惊叹不已——竟然允许我留下来教学了。这是一个漫长的演化过程。我任教的第一所学校是一块教育的荒芜之地。化学物质成瘾、少女怀孕和高达50%的辍学率便是这所学校"盛名"已久的原因。当我刚到这里时，我要求上课，校长送给我一些教科书。他叮嘱我完成课本即可，其他不必多讲。第一周的经验告诫我，这些孩子绝对不会容忍这种无意义的行为。他们不信任书本或我——我是白人，而他们不是。随着时间的推移，我逐渐放弃了在一所地方教师机构中学到的大部分教学法，开始注意这些孩子需要什么。他们教会我应该如何教学、如何提问、如何评估以及如何反思正在发生的事情。我从他们那里学到的最重要的一件事就是，书本不能告诉我学生需要什么。我必须首先倾听孩子的声音。从那时起，我的教学变成了一个反复试验的过程，保留对孩子有影响的方法和内容，除去不起作用的。不知怎么，我和他们建立起一个师生共同体。现在我仍会收到其中一些孩子的来信。我认为我的教育事业应该归功于他们，我理应感谢他们，但他们还没有收到我的谢意。他们只是在提醒我，他们曾经做的一切便是让我成为他们的其中一员。

我们倾听学生的意愿和能力是很有威力的，而学生的回答之美也将展现在他们与我们的对话之中。他们告诉我们应该如何教导他们。他们的回答为我们提供线索，帮助我们了解应该如何与他们沟通。当我们让学生参与诚恳的、重要的教学对话时，我们也是在构成教与学之间的纽带；不过，教学对话只与我们提出的问题具有同等效力。因此，我们必须提出与学生的回答直接相关的问题，也必须提出要求学生拓展与完善他们的概念理解，并能帮助他们完成理解的个性化的问题。学生必须说什么与我们对他们回答的追问必须保持一致——在帮助学生从不熟悉的课程内容中建构概念内涵时，这一点是最重要的。

为了帮助你更好地理解教学对话的概念，我们将介绍以下内容：

1. 两个小插曲：一个小插曲集中讲述一次不具有教学对话特征的课堂互动；另一个小插曲中的师生互动则用事实说明了教学对话的性质。
2. 我们对钻研教学对话的教师的反思。
3. 一份分析教学对话的自学讨论材料。
4. 帮助你进一步考察教学对话的研究建议与问题。

小插曲：我们来来回回地走着

下列内容是关于一次不具有教学对话特征的课堂对话的转录资料。五年级的学生正在学美国革命战争。前一天晚上，教师布置他们预习社会学课本《美国与他的邻居》（United States and Its Neighbors，1966，New York: Macmillan/ McGraw-Hill School Publishing Company）的第274-284页，"与英国的冲突"和"战争的开始"。这天，老师要求他们回忆从阅读中记住了什么。这节课的中心是导致美国独立战争的事件。学生一排排地整齐地坐着，桌上的课本都翻到了第274页。

教师：我想知道你认为是什么事件导致了美国革命战争的爆发。让我们集中考虑武装反抗和苛税。Jane，发生了什么重大事件？

Jane：波士顿倾茶事件。

教师：好。还有谁来告诉我一些重大事件？

Traceana：第一枪发生在莱克星顿。是英国人挑起的事端。

教师：是的，你说得对，Traceana。但在那之前还发生了什么？

Jane：哦——人们不喜欢苛税。

教师：苛税？

Jane：是的，你知道，英国要在进口的每件东西上征税，而美国人不论是否愿意，都不得不为此而付钱。

教师：很好，让我来列举一些税务条例。下面的内容写在黑板上。

>   印花税法案
>
>   汤生关税法案
>
>   不可容忍法案

教师：征收这些税款的理由是什么？为什么殖民地居民不想支付税款？

Brad：这些都是法律。它们要求人们为每件东西，如食物、报纸和茶等支付税款。

Jane：是的，波士顿倾茶事件之所以会发生，就是因为他们不想支付茶税。

教师：谁要为汤生关税法案负责？

学生（一致地）：汤生。

对教师学习的反思

上述小插曲是背书课的典型，不是一段教学对话。师生之间的互动不能揭示学生考虑这些事件的思考模式。这名教师的目的是让学生有机会回忆美国革命战争的导火线的相关信息。她提问是为了确定学生从阅读中记住了什么。在问第一个问题时，"Jane，发生了什么重大事件？"她向不同的回答敞开了大门。然而，在她提出这个问题之前就指定Jane回答问题，又限制了课堂中可能发生的互动几率。叫Jane回答问题无疑是把回答问题的责任推给Jane。其他学生则摆脱了需要回答问题的困境。正如你在记录中发现的，除了Jane，只有两个学生在回答问题。

这里发生的大多数互动都是围绕这名提出特殊疑问的教师与一个非常详细地回答了这个问题的学生——多数情况下是Jane——直接展开的。学生之间没有发生任何互动，也没有任何问题鼓励学生解释他（她）的回答。这节课的重心就是课本内容。从对话中也可以看出，教师的兴趣明显只在于回忆，而不是学生对整个事件理解了什么。

在某个时刻，这名教师自己提出了一份税务条例清单，而不是要求学生搜集信息。她问："征收这些税的理由是什么，为什么殖民地居民不想支付税款？"在这个问题里，这名教师实际上提出了两个问题让学生选择到底回答哪一个。当 Brad 综述这些法案是什么和征什么税时，这名教师没有继续追寻她的初始焦点"征税的理由"，而是把主题变成汤生关税法案的负责人。

这堂教学互动课，除了能获得明确的事实之外，缺乏明显的逻辑。在教师开始寻找导致美国革命战争的事件时，逻辑便已铺开，但所有的学生回答都显示他们还不明白答案应该是导致战争的事件。

当学生给出的答案表明他们尚未理解答案应该是导致美国革命战争的事件时，这名教师没有提出任何重新引导或重新聚焦的问题。因为从学生的回答中看不出他们究竟采用了哪种思维操作模式，所以，我们不能假定这些学生已经知道他们引用的这些事实就是导致战争的事件。到了这个时候，教师要求背诵的意图就值得质疑了。她是真的希望学生理解导致战争的事件，还是只关心学生对特定信息的记忆？

我们曾经观察过数以百计的教学对话，涉及从幼儿园到大学各个阶段、各个学科的众多教学互动。从这个小插曲反映出来的，正是我们观察到的许多课堂教学互动中存在的问题和特点：只要学生找到了问题的正确答案，教师通常就忘记了要针对学生的思考过程提出质疑，查明内容是否对学生有意义。而且，教师们常常都是在听答案，而不是在关注正在给出这个答案的学生。

除非我们听到学生正在说什么，听到他们是如何处理他们正在说的内容的，否则学生究竟理解了什么内容，我们便一无所知。当参与真正的教学对话时，我们必须仔细倾听学生的回答，与他们进行有意义的交谈，并利用他们的回答作为我们下一个问题的提示。当我们利用学生的回答来催化下一个问题时，便是在帮助他们更深入、更精确地思考自己的观点。

教学对话是课堂对话中的一种，它应该有助于揭示学生构思概念的思考模式，也应该有助于发现学生是如何建立已知知识与新知识的连接的。参与教学对话的结果就是，我们的学生会理解内容，并且有能力监控自己的理解过程。在这里，我们不是简单地决定要涵盖什么内容，而是必须清楚自己组织课堂对话的意图，必须确认哪些回答实现了教学对话的目标，哪些没有。这意味着在互动开始之前，教师就必须知道自己期待从学生那里获得什么样的回答。

为了实现课程的预期目标，教师必须确定如何处理学生的回答。这往往要求教师针对学生的回答继续追问附加问题，帮助学生加工信息、阐明高水平的回答。诸如："你通过（不喜欢被人征税）想表达什么意思？""你怎么知道（波士顿倾茶事件是对苛税的反抗）？""你一直在说（这些法案就是为了向殖民地居民征税而设计的法律）——这些（法案）以什么方式导致了（美国革命战争）？"这些问题让我们有机会和学生一起参与教学对话，这将有助于我们更新材料，激发学生的思维操作，并强调学习是一个过程。

小插曲：组织对话

以下内容是一段课堂对话的范例，用来向读者说明发生在教学交流中的对话应该是什么样的。五年级的学生正在学习美国革命战争史。前一天晚上，教师布置他们预习社会课课本《美国与他的邻居》的第274-284页"与英国的冲突"和"战争的开始"。这天，教师要求学生找出通过阅读获得了什么。这节课的中心是学习导致美国独立战争的事件。教师已经把学生分成若干个学习小组，每组3～4人。学生已径直打开书本，翻到他们昨晚阅读的那几页。

教师：昨晚，你们阅读了社会课课本的第274-284页。它讲的是导致美国独立战争的事件。今天，我想知道你们能回想起哪些有关这些事件的内容，以及这些事件是如何导致美国独立战争的。我们将会做两件事：首先，以小组为单位，列出一份引发战争的事件清单；在列完清单之后，我们会讨论这些事件为什么会导致美国独立战争。请你们一边回答这个问题——是什么事件导致了美国独立战争，一边开始罗列你们的清单。

（学生开始精读对应的课文，记下事件。教室里很嘈杂，但大家都很专注。教师绕着教室漫步，时不时地和不同小组的成员轻声交谈。大约3分钟之后，教师开始组织一场班级讨论。）

教师：可以了，我看到你们都列出了一栏事件。先让我们把这些信息登在黑板上。你想起了哪些引发美国独立战争的事件？

Traceana：庞蒂亚克战争、印花税法案、汤生关税法案、自由之子、波士顿倾茶事件、第一次大陆会议、莱克星顿事件和 Patrick Henry 演讲。

（Traceana 刚停下来，教室里的其他学生便开始窃窃私语。另一组的 Brad 开始发言了。）

Brad：在波士顿发生了两件事：大屠杀和波士顿倾茶事件。

Traceana：噢，是的，还有波士顿大屠杀。

教师：让我们一起来看看。Traceana 已经给我们列出了一份很好的事件清单，Brad 加了一条。让我们把这些事件按发生的先后顺序排列起来。给你们 5 分钟的时间完成排列。所有小组都排好顺序之后，我会按事件的先后顺序呈现你们的答案。

教师：哪一组愿意分享他们的事件顺序？（很多学生都举起了手。）好，我看到 Jane 先举手的。Jane，请把你们小组的列表告诉我们。（在 Jane 说的同时，教师把事件的顺序列在黑板上。）

庞蒂亚克战争
印花税法案
自由之子
汤生关税法案
波士顿大屠杀
波士顿倾茶事件

第一次大陆会议

莱克星顿事件

Patrick Henry 演讲

教师：（教师和学生一起坐着。）你们中有多少人同意这个顺序？（大多数学生都举起了手。）很好。我们先假定这确实是这些事件的顺序。请准备一张报告表，把你们的表分成三个部分：在右边记录"事件"，把它们按顺序列出；在中间一栏，记下几个与该事件有关的词，标题为"发生了什么"；在左栏写出一句陈述，说明你们组为什么认为是这个事件引发了美国独立战争，把这一栏命名为"为什么它意味着战争"。

（学生花了大约10分钟时间制好报告表。在这期间，小组内部展开了激烈的交谈。）

教师：我注意到大家都准备好要开始讨论各小组的发现了。让我们从庞蒂亚克战争开始：你们回忆起发生了什么，它是如何引发美国独立战争的？

Brad：好，印第安人不想被驱逐出他们的土地，因此他们烧了英国人的要塞和美国人的房子。

Jane：是的，这促使英国制定了一项法律，把土地送给印第安人，但移民不喜欢那样。

教师：移民不喜欢那样的原因是什么？

Chris：因为英国要向他们征税。

教师：向他们征税？

Chris：是的，移民必须为英国派出部队保护他们付钱。

Trevor：这是一项附加税，而且殖民地居民憎恶苛税。

教师：你怎么知道殖民地居民讨厌向英国交税？

Carla：因为有印花税法案和不可容忍法案。

Jane：唔，殖民地居民被迫为每件东西交税，而且他们挣不到多少钱。全都给国王了。

Jamie：是的，法律都是英国政府为了压榨殖民地居民的钱财而制定的。

教师：请回想一下你阅读过的课本。你想起来是什么使你认为这些法律让殖民地居民付钱给英国？（学生纷纷翻阅对应章节。）

Shannon：嗯，在第 280 页上。它说殖民地居民打扮成印第安人，把从英国运过来的茶扔进水中，因为他们不想为此付税。

Chris：而且第 276 页也说美国人拒绝购买英国原料，"自由之子"迫使商人不再出售来自英国的原料。

教师：请把那一段读给我们听。（Chris 朗读课文。）

教师：苛税是以什么方式导致了美国独立战争？

Joseph：印花税法案让美国人为他们运去英国的报纸付钱，但他们认为英国无权在印花方面征税，因为美国人没有投票选举国会议员。

教师：我们对此都有很多想法。那么我们用"税款"表示什么意思？

Jane：就是付给政府，维持政府运转的钱。

Trevor：是，你知道的，就像销售税。

教师：我们的销售税是怎样帮忙出钱运转政府的？

Chris：它为修学校、修路付钱。

教师：你怎么知道那个？

Chris：咳，上个月我和父母一起去投票表决一项法律。这项法律规定我们要为我们购买的东西付更多的钱。现在买东西的花销更大了。

教师：那项税款是怎么帮忙支付修路和建学校的钱的？

Carla：制定法律的人说那是它应该做的事。

教师：好，告诉我一些关于那项法律的制定者的情况。

Bobby：他们是议会成员。

Hunter：我们投票支持他们。

Katie：他们代表我们。

教师："代表"是指什么？

Hunter：就像某个人准备替你说话，因为你不能在那儿。我想起哥哥去问父母我们能不能去 Laser Zone。我想去，我朋友也想去，但只有我哥哥询问父母。

Jane：它就像我们现在正在做的。我们相互分享各自的想法，但小组里只有一个人正在陈述，可他（她）代表了我们所有人。

教师：因此，你哥哥代表了你，Hunter；而 Jane，你说在你们组里，正在做陈述的这个人代表了小组的其他成员。那么，我们投票选出的人是以什么方式为我们说话的？

Katie：唔，我们投票给他们，然后他们收集我们的想法，制定法律帮助我们。

Brad：他们不代表我。我没有给他们投票。我父母投了。

教师：Brad 提到的这一点很好。（她重新调整了给全班的下一个问题。）Brad 刚才说的情况与殖民地居民的境遇有哪些相似的？（一阵沉默，然后 Traceana 讲话了。）

Traceana：他们在送钱、送税款给国王，但殖民地居民认为他不代表他们。

教师：国王怎么不代表他们呢？他们都是英国国民。

Brad：是，但他们居住在美国，不在英国。英国剥夺了美国人的投票表决权。为此，美国人不能参与英国的投票，因为他们住在不同的国家。

教师：那么，不能投票选出某个人代表你说话，与你面临的父母投票而自己不能投票的情况有什么相同点？

Brad：唔，他们选出人来制定法律，而我不行。如果我不能投票，那么就不会有人考虑我的意见。

教师：嗯，现在，Brad 的意见不被考虑与发生在殖民地居民身上的事有哪些相似之处？

Paul：英国制定的法律是有利于英国的，而且因为殖民地居民没为某个人投过票，所以，他们感觉没有得到自己需要的东西。

教师：这样看来，让我们先回到引起这段对话的那个问题：纳税，但不能投票选举某人修改税法是以什么方式导致战争的？

Marcy：如果你感觉你得不到想要的东西，同时别的人还在强迫你为某些东西付钱，这会让你发疯的。

Jane：对，殖民地居民极度愤怒，因为他们被迫为每件购买的东西——如茶叶、印花等——交税，而且所有的钱都被送返英国。他们看不到这些税收是怎么帮助他们的。他们认为英国人很自私，因此，通过战斗反抗英国人。

教师：让我们讨论一些你们曾经投票表决过的，而且现在正为它而付钱的事。

Traceana 和其他人都大声嚷嚷：去年，我们表决过穿着制服的问题。

教师：好，你们说制服是纳税的一个例子。那我就有点困惑了，我们与制服的处境怎么还与殖民地居民的纳税困境发生关系了。那么，制服事件是通过什么方式与殖民地居民的纳税事件拉上关系的？

Marcy：我们想要制服，因为它们对我们的学校有好处，还因为我们想要穿着制服，我们不介意为此花钱。

Jane：嗯，这有一点不同。我们投票赞成穿着制服，可殖民地居民并没有投票支持他们的税目，却还得被迫支付税金。我们大多数人都为穿着制服投票，现在我们必须为我们的衬衫付钱。这有点像是一项税。

教师：但是你刚才也说了，你们表决穿着支持制服，而殖民地居民并不支持他们的税目。所以，再来一次，你们投票与殖民地居民不投票具有哪些相似之处？

Brad：我们中的一些人想要制服，我不想要。

Traceana：是这样的。我们投票决定，大多数人想要制服，所以我们得到它们了。

Chris：是的。即使我们都不想要制服，但如果投票计算结果显示更多的孩子想要穿制服。那么，我们就都得穿制服。得到最多选票的那些人获得他们想要的，其余的人必须与之和睦相处，因为我们都有机会表达自己的意愿，但那是不会发生在殖民地居民身上的，他们没有机会表达自己的意愿。

教师：好，我继续问一个问题，帮助你们了解被代表而为某物付款与不被代表而为某物付款之间的区别。仔细听着，为你们表决过的东西付钱，即使你这一方并未获胜，与为某件其他人希望你拥有的东西付钱，而且你还对此没有发言权相比，好在哪儿呢？

Tommy：唔，如果有机会表明你想要什么，即使没有得到你想要的，你也会愿意为它付钱，因为规则是由我们大家而不是由不必穿制服的孩子制定的。如果其他人说你必须做什么事，而你又没有机会为自己说话，那时你就不想为它付钱了。

Jane：就像殖民地的居民，他们希望制定属于自己的法律，但英国不同意。殖民地的居民认为他们应该制定自己的法律，然后才愿意纳税。

教师：Jane，你从哪儿得到那个想法的？

Jane：让我们等等，我知道我在某个地方看到过。（她浏览课本。）

Chris：哦，答案在第257页。上面说美国人厌倦了被征税，厌倦了对如何使用税款没有发言权。他们准备反抗。

教师：谢谢，Chris。让我们花几分钟自己想想这个问题：到目前为止，我们讨论的基础是什么，会导致战争的两个重大问题是什么？

（一段时间的沉默。）

Chris：我认为是税，因为人们看不到这些钱是怎么帮助自己的。

Jane：还有选举。居住在英国的人正在替殖民地居民制定税法，而不是由殖民地居民自己制定。

教师：好，这样看来，你们主张苛税和不能投票选出感觉会代表你说话的人，这是导致美国独立战争的两件大事。接下来，让我们分析一下列出的其他事件，看看能不能找到其他证据支持我们的观点。

对教师学习的反思

在这里，我们有一场真正的教学交流！师生之间的对话、学生之间的对话都奔涌而出。为什么？解答这个问题的答案是多方面的。它取决于教师是否认识到应该使学生参与理解概念的学习过程。很明显，在这个小插曲中，这名教师假设学生都具备充足的知识和运用材料进行思维操作的能力。她提出的问题表明，她把获得概念当作一个过程。可是，她并没有假定所有学生都能以同样的方式理解这些观点。她利用学生生成的例子作工具，帮助她更深入地调查学生是如何理解提出的问题。她是怎么做到这一点的呢？

第一，这名教师通过组织学生参与对话，确定了教学参数。在组织这堂课之前，她让学生有时间自行研究信息，并且还给学生安排了一张图表收集信息——一张列表，内容涉及事件、事件期间发生了什么以及这些事件为什么导致战争。除此之外，这名教师让学生分成若干个小组一起整理信息，从而能在小组内相互分享各自的想法。这模拟了学生在对话中谈到的一个概念——"代表"。

第二，这名教师加入小组讨论，成为班级的一员。她提出与学生生成的观点直接相关的问题。她的问题要求学生：（1）解释在回答中运用的词语；（2）验证陈述的事实；（3）找到能使他们表达的意思个性化的例子；（4）把他们表达的意思与课程的原始中心——引发美国独立战争的事件——连接起来，以支持他们的回答。她耐心地等待学生回答问题，没有给他们提供任何信息，只是等着学生发现它，或是等着学生借助某些事进行推论。搜集和加工知识的责任都由学生自己承担。

第三，这名教师接受学生的所有意见，也包括那些好像偏离材料内容的观点。她在接受学生的所有回答的同时，让学生自己负责连接他们的回答与殖民地居民的实际经历之间的差距。她运用她的核心问题"你想起来是什么事件导致了美国独立战争"作路标，开启这场对话，明确了学生的观点，并把学生的个人例子同课程中的概念联系起来。在这里，核心问题是所有交谈产生和发展的中心。她经常以不同的方式调用核心问题，帮助学生的讨论与对话的目的保持联系。同样，她把核心问题当作另辟蹊径的一个手段，激励许多学生给出了涉猎广泛的多种回答。而学生也经常在没有她提示的情况下相互补充观点。

第四，这名教师鼓励学生通过他们的回答进行推理。教学对话的重点既包括获得内容，也包括利用学生自己的思考作为连接书本内容与个人经验的桥梁。在把所有概念串联起来建立这样一个关系——"如果没有代表，就不要征税"以前，她耐心地向学生提问，确保学生已牢牢地掌握投票选举与代表的概念，确认学生能给出个性化的回答。

她常常要求学生解释、证明他们提供的信息。当她问"你想用（征税或代表）表述什么意思"时，学生能够回到这个观点，想出自己对这个观点的表达方式。当她要求提供证据（如"你怎么知道那个"）时，便是在为学生创造机会，帮助他们把课本材料与个人经验看作增进理解力的资源。解释性与验证性问题要求学生借助自己生成的定义与有意义的例子，重新考虑这些概念。紧跟着一段利用学生实际生活中关于投票选举与代表的例子作说明的简短对话，她又追问："英国对殖民地居民征税的什么特点会导致战争？"如此一来，她又带着学生过了一遍这节课的主要观点。

通过对学生生成的回答进行连续追问，并利用学生的回答提出问题，我们便可以更恰当地激励学生把课程内容与生活经验联系起来。当所有观点对学生来说都实际存在时，对话自然也就会顺畅轻松地打开局面。由于这些观点都来自学生的理解范畴，而不是课本，因此，材料内容变得鲜活起来了，学生都可以直接体验到它。这样，体验越真实，例子就越具体、越具有个性，学生就越能建立起更多的知识链接。在建立更多链接的同时，他们也在深化和引申自己的理解。于是，在这个过程中，进一步回忆或追忆的潜力也得到了强化。

自 学 讨 论

为了帮助学生完善他们的理解，在提出追加问题时考虑学生的回答就意味着要评估学生回答的品质。我们必须知道我们希望从学生的回答中听到什么；同样，我们不能假设学生能说出某件事就表示他们已经理解了这件事。我们也不应该想当然地以为所有学生都会用同样的方式理解材料。最后，我们必须有能力辨别回答的品质特征和追踪学生的回答。我们针对学生的初始回答的连续提问既能促进学生思考问题，生成高质量的回答，同时也是发现学生思考模式的一个有效工具。

高质量学生回答的属性

我们将怎么处理学生的回答？我们怎么知道学生确实明白他们正在讨论什么？他们是如何形成自己的观点的？如果我们准备让学生参与教学对话，深化他们对教学内容的理解，这是三个必须回答的重要问题。在这里，我们重印了高质量学生回答的关键问题，以方便读者学习，具体细节讨论请参见第四章"穿透窗户缝隙的光芒"。

清晰性：学习者回答问题时所用的语词完全可以理解，不带丝毫含糊，也不存在说话不完整或者思维混乱的现象。

精确性：学习者的回答不存在事实性错误，是以正确的信息为基础的。

适当性：学习者回答的问题正是提问者所问的问题。

确切性：学习者很明确他（她）在跟谁说话以及在谈论什么话题。

支持性：学习者提出各种理由、事实或例子来支持他（她）的陈述，或者他（她）会解释构成自身观点的标准或假设。

复杂性：学习者的回答表明他（她）意识到可以从多个角度看待正在讨论的问题，而且在达成一个令人信服的看法之前，他（她）必须考虑多重观点的影响。

原创性：学习者充分利用现有的知识和过去的经验创造或发现了新观点（Gall，1973，pp.3-4）。

如果把这些属性当作引导我们倾听学生之声、评估学生理解力的指路明灯，那么，我们就能做出更好的决策，知道该如何处理他们给出的答案。同样，如果我们重视学生的理解，他们就必须为自己加工信息。

高质量学生回答的属性也可以用来指导我们设计追加问题，排列追加问题的顺序，最终提高学生的概念性思考能力。

加工性问题

针对学生回答的追问，让学生有机会重新考虑、重新回顾或更新他们的初始回答。学生通常都不太清楚他们的回答。因此，对所有学生而言，需要更多的信息才能理解原始材料。了解学生生成回答的过程也是一项复杂的任务，它要求教师给学生提供重新考虑观点、参与完善观点以及追踪自身思考经历的机会。

我们不仅希望学生了解他们在思考什么，而且也希望他们能明白自己是如何思考和为什么思考，知道为了给出一个答案，什么时候执行特定的思维操作比较合适。加工性问题将带着教师与学生一起去领悟微妙而又复杂的学生回答。在回答加工性问题的过程中，学生负责建构他们自己的理解，教师则针对学生回答提出精细的战略问题，这将为他们的自我发现之旅开辟道路。

加工性问题通常出现在核心问题的一问一答之后，根据学生回答的品质做出相应的反馈，引导学生更加深入地调查自己的思考过程。在提出加工性问题的过程中，教师必须仔细倾听学生回答的措辞，并在追问时充分利用学生的表情。教师必须小心谨慎，不要尝试改变学生的措辞。最重要的是，在教学对话期间运用的加工性问题必须能提高学生回答问题的自觉性，同时还必须留意学生正在表达什么——而不是教师希望他们说什么。对教师来说，加工性问题可以帮他们获得更多的信息，引导他们了解学生的观点，了解学生是如何考虑自己的观点的，从而帮助他们设计能促进学生探究活动的教学，进而使学生之间的对话可以引导学生有建设性地理解教学内容，同时还能帮助学生认识正在执行的认知操作。

在组织教学以前及教学期间，教师必须做出选择：到底提出哪种加工性问题才能帮助学生更全面地理解源自内容学习的概念。因此，在设计课程时，教师必须考虑可能会影响核心问题的学生回答，并确定促进学生形成更优秀的回答所必需的加工性问题。在设想可能出现的学生回答时，必须同时考虑切中要点的与答非所问的两类回答。教师必须经常问自己的一个问题是："我该怎么处理收到的学生对我的核心问题的回答？"我们在本章末列出了一份问题清单，将向你介绍如何回复学生答案的方法。

有六种加工性问题可以反映学生回答的品质特征的若干方面。这些加工性问题是：重新聚焦的问题、解释性问题、验证性问题、限定焦点的问题、支持性问题和重新直接询问的问题。本章末的那份清单是对下列内容中涉及加工性问题的信息的总结。

重新聚焦的问题

在利用加工性问题解释学生的思考和理解时，教师首先需要关心适当性的问题，即学生是否回答了提出的问题？如果学生回答了所提问题，那么，教师应该继续考虑其他因素，如清晰性、精确性、确切性、原创性与复杂性；如果没有，那么，教师就必须特别关注应该如何帮助学生重新聚集回答的焦点。

回答可能会在内容或过程方面脱离中心。什么意味着答非所问？它可能是学生不在讨论初始内容，或者是学生没有运用恰当的初始思维操作，也可能是他们没有回答建议的加工性问题。如果教师接受答非所问的回答作为核心问题或者其他任何问题的答案，那么，教学对话将会长时间、漫无目的地四处徘徊，自然无法完成课程目标。

为了处理答非所问的学生回答，也要对支持性问题展开行动。学生要想了解自己的回答怎么不适合所提问题，就必须解答三个问题：他们给出的回答、在回答中什么不适合、教师的核心或加工性问题的明确中心。要求学生确定初始回答与导致它不符合问题要求的因素之间的关系，是一项复杂的活动。为了重新聚焦思考中心，学生必须明确地或含蓄地推断出回答中的什么部分不合适。

在绝大多数情况下，重新聚焦的问题都是用来调整学生的答案，使之符合核心问题或限定焦点问题的要求。它的目的是帮助不在研究教学内容的学生，或者是帮助那些采用了其他并非核心问题指定的思维操作的学生。有时，学生没有用定义来回答一个解释性问题，取而代之的是给出一个例子。这时，你会希望重新聚集例子的中心，得到一个专用名词的定义。经过精心策划的重新聚焦的问题，可以帮助学生解决这些复杂任务。在具体应用时，教师重新聚焦的问题必须再次叙述学生的回答，告诉学生这个回答的哪些方面不合适，然后再重新陈述原始问题。这就叫反射镜技术（mirror technique）。例如：

- 你说_____。我要求你_____。所以，（再一次提问你的原始问题）。
- 在你的回答里，你陈述_____。我还无法确定那是如何涉及_____，因此，让我们重新考虑你的答案，注意结合这个问题，（再次提问原始问题）。
- 在你的回答里，你说_____。我有点困惑，你的答案是怎么与这个问题——_____——建立联系的。

解释性问题

清晰性的特征以语法、定义和词语描述的适当性为中心。它让学生有机会运用自己的语言来解释他们对某个事物的理解。教师可能经常要求几个学生给词语下定义。这个习惯可以帮助我们剖析学生的回答用语，确保学生的确是把语言当作保障沟通精确性的精密工具。它也使学生对如何运用词汇阐明个人见解或搅乱概念内涵的问题保持高度的警觉性。

在学生回答完问题之后，运用解释性问题是发展词汇，尤其是发展这个班级或这个主题特有的词汇的一种高效手段。这些问题与高质量学生回答的清晰度、确切性和复杂性直接相关。因此，教师必须保证学生在回答解释性问题时一定会给他们使用的词语下定义，而不是给出解释词语内涵的例子。解释性问题的例子有：

- 你想用＿＿＿＿＿＿＿＿＿＿表达什么意思？
- 你会怎样利用其他措辞陈述那一点？
- 你怎么定义＿＿＿＿＿＿＿＿＿＿呢？
- 我们可以用其他什么词语来描述＿＿＿＿＿＿＿＿＿＿呢？

验证性问题

验证性问题有助于增进学生思考的精确性与原创性。在提出验证性问题时，教师就是在等着听学生举例子、叙述个人经历、引用权威或参考书目，或者是在等待学生把他们的回答整合起来，概括成极其适合进一步举例说明的结论，或者是最适合为讨论中的内容提供证据的一般原则。

验证性问题让学生忙着确认他们提供的信息或观点的精确性。通过这一步骤，学生可以把正在学习的与已经知道的联系起来，就能更好地领会主要问题的概念内涵。总之，提问验证性问题凸现了高质量回答范畴里的精确性与原创性。验证性问题的范例如下：

- 你怎么知道＿＿＿＿＿＿＿＿＿＿？
- 你能举出什么例子证明＿＿＿＿＿＿＿＿＿＿？
- 你在哪儿发现那条信息的？
- 你以前什么时候、在哪儿经历过这件事儿？
- 请指出＿＿＿＿＿＿＿＿＿＿。
- 你知道谁支持＿＿＿＿＿＿＿＿＿＿？
- ＿＿＿＿＿＿＿＿＿＿在哪些方面与＿＿＿＿＿＿＿＿＿＿相似？

限定焦点的问题

限定焦点与学生回答的确切性相关，它要求学生把他们的回答提炼到更高的层次。如果学生分享的主题信息涉及面非常广，或者没有注意到概念的关键特征的特殊含义，那么，教师就必须启发学生思考特定的概念属性。设计限定焦点的问题，就是为了帮助学生运用核心问题指定的、适当的思维操作来研究教学内容的特殊问题。

例如，学生正在研究句子结构，而且，他们已经讨论过除标点符号以外的所有内容，然后，教师指定或限定上课的中心就是句子的标点符号。限定焦点的问题结构如下：

- 关于（学生回答尚未涉及的特定内容或关键特征），你（思维操作）到什么？

支持性问题

在做出决定之前，支持性问题将配合信息与悬而未决的判断之间的关系来应对学生回答，直到学生考虑完所有观点为止。它们要求学生抓住能证明自己观点的证据，也要求学生为他们的判断陈述理由。在一般情况下，在形成概念的时候，在学生表达的例子或观点与给定的标签或提供的定义无关的时候，就会用到支持性问题。

例如，在一堂关于句子结构的教学对话中，学生可能已经鉴定出某个句子中的每一个名词，但尚未陈述他们怎么知道这个词就是名词。为了把鉴定出来的名词与名词的关键属性联系起来，教师必须问一个支持性问题："我们鉴别出来的词有什么特点使它们成为这些句子中的名词？"对这类问题的回答将告诉教师，学生是如何得知、如何确定或推断出句子中的某个词是一个名词的。这样的提问也确保学生的确是理解了自己是如何生成回答的。陈述某个事物的依据是一个可靠的度量标准，它有助于了解学生是否弄懂了课程概念的相关问题。

支持性问题的结构应该体现回答问题的框架。简单地问一个"为什么"并没有为建构一个回答设置对应的边界线。通常对"为什么"的问题的轻率回答就是"为什么不"或"因为"。支持性问题的准确措辞应该是这样的：

- 关于＿＿＿＿＿＿，有什么让你认为＿＿＿＿＿＿？
- 你怎么确定＿＿＿＿＿＿是一个＿＿＿＿＿＿？
- 你依据什么判断＿＿＿＿＿＿？
- ＿＿＿＿＿＿以什么方式暗示＿＿＿＿＿＿？

重新直接询问的问题

重新直接询问的问题就是要求学生与学生之间展开更多的互动问题。它也是使生成和引出的观点更加多样化的一种方式。重新直接询问的问题支持高质量学生回答的所有特点，尤其是复杂性。为了引出更多的对话，它们可以以任何问题的形式出现。教师在上课期间也应该经常提出重新直接询问的问题，从尽可能多的学生身上索得多种回答。一些关于重新直接询问的问题的例子如下：

- 还有谁（再问一次你的问题）？
- 还有其他什么（再问一次你的问题）？
- 我们可以通过其他什么方式考虑（再问一次你的问题）？
- 关于（再问一次你的问题），你还有其他什么资料？

在上课期间，提出的加工性问题越多，学生就越有机会详细阐述自己的观点，同时也会有更多的时间重新考虑和限定自己的回答，并追踪自己的思考过程。综上所述，加工性问题为我们提供了一个解答"我们应该对学生的回答做些什么"的答案。下面的问题可能有助于我们设计应对学生回答的策略。

针对学生回答的计划

在设计教学对话时，教师需要问自己的问题：

- 我希望学生对课程目标中指定的内容采用什么思维操作模式？
- 在核心问题中，我应该如何表达这个内容？
- 在核心问题中，我应该如何表述这项思维操作模式？
- 学生对我的核心问题有哪些可能的回答？
- 我将如何处理这些可能出现的学生回答？

加工性问题带出了学生思考的美妙之处。它们提炼并重新塑造学生的回答，确保学生对他们了解自身知识水平的能力充满自信。通过运用

加工性问题，我们能更好地了解学生所想，也能更深入地了解他们怎样生成自己的回答以及他们的回答为什么至关重要。

加工性问题把概念与学生的个性化理解融为一体，这使学校的学科学习变得实用而合理。通过运用加工性问题，教师可以帮助学生理解"如何把特殊问题变成他们的学习工具"这句话的价值。在某种意义上，对加工性问题的回答为学生创造了成为学习的主人的机会。这便是学生回答之美的全部内涵。

研究建议与问题

为了更进一步引导读者研究加工性问题，我们提出下列研究建议与问题：

- 回顾本章的两个小插曲，找出其中的加工性问题，并确定它们是否合适。
- 观察你所在学校的教师，注意听加工性问题。
- 他们最常用到的是哪种加工性问题？
- 在什么条件下运用？
- 用了多少次？
- 他们没有使用哪种加工性问题？
- 如果你给接受观察的教师反馈意见，针对他（她）对加工性问题的运用，你会说些什么？
- 设计并组织一堂课，以你的加工性问题为中心。
- 你趋向于什么时候运用加工性问题？
- 哪种加工性问题在什么条件下运用？
- 你应该怎样做，才能更好地调动学生参与教学对话？
- 你会提出什么方针来指导你与学生的互动？
- 当运用加工性问题时，你注意到学生的互动有什么特点？

参 考 文 献

Cummings, E. E. *Collected Poems 1913–1962*. New York: Harcourt Brace Jovanovich, 1968. p. 462.

Gall, February 1973. "What Effects Do Teachers' Questions Have on Students?" Paper presented at the annual meeting of American Educational Research Association, New Orleans.

第十四章 应对正确与不正确的回答

引　子

　　正确地回答问题向来都是一种会得到高度评价的教学结果。通过它，我们可以判断教学是否已经成功地向学生传授了内容知识。历史上，美国的课程与课堂教学都是以内容学习为中心的，同时也一直有声音在强调教导学生学会思考的重要性。可是，针对内容的教学与针对思考的教学，有时似乎是站在教学统一体的对立面。如果我们选择了为思考而教学——这种耗费时间的方法，我们总会感觉自己浪费了讲授内容的宝贵时间。毕竟，内容对通过标准化测验是相当重要的。相反，如果我们有意识地不为思考而教学，而把时间用在内容目标上，那么，我们就是在损害我们培养公民的基本民主价值标准——使公民成长为能做出有见地的决议，能解决我们国家和世界面临的问题的人。

　　实际上，我们都醉心于让学生掌握"正确的"事实。在教师刚开始运用有效提问时，内容讲授与为思考而教学之间的分裂就会爆发。一直以来，教师们都面临着进退两难的困境，不知该采取什么措施处理学生给出的明显"错误"的回答。作为教育工作者，我们很重视正确性。如果学生错误地回答问题，我们就感觉有必要弄清楚，他们在离开教室以后会借助什么方法了解正确答案。

　　不过，我们针对学生的回答所采取的行动已经告诉他们我们重视什么。通过我们的提问，学生都会了解正确答案是被期待的，错误答案是会被怀疑或被批评的。这也是在对学生说，如果你不知道"正确"答案，最好保持安静。这往往限制了学生互动的数量，也限制了学生将来愿意冒险回答问题的积极性。

在这里，任务的时间也包括在内。花在学生回答上的时间就是学生学习的时间。如果我们把时间都花在纠正"错误"或"不正确"的答案上，很少详细说明"对的"或"正确的"答案，那么，我们就是在伤害学生。具体说来，我们的这种行为就是在限制内容材料的概念化，甚至可能是在强化错误信息，特别是当我们的学生已经陷入困境或者不能辨别重要信息的时候。在我们全神贯注地纠正不正确回答的同时，失去的就是促进学生了解他们的不正确回答为什么不适合的机会。

同样，花在纠正错误答案上的时间会阻碍学生加工正确回答，使他们失去发展有意义的知识、理性建构内容及理解自己生成答案的过程的机会。学生会迅速了解到教学的目标不是思考概念得出结论，而是提供他们认为老师想听的答案。当我们把教学的焦点放在确保学生获得"正确"答案上，而不是关注他们是如何生成合乎逻辑的答案时，我们就是在强化一种错误的见解，误以为学习就意味着保证答案正确，而不是帮助学生把学习理解为一个过程。

在下面的小插曲中，将会涉及6个关于学生回答的难点：
- 应对正确或错误的学生答案
- 解释学生对关键内容措辞的理解
- 验证答案的精确性
- 提供概念的例子来支持概念的关键特征
- 确定学生的错误想法
- 帮助学生通过自己的错误想法展开推理

小插曲：学生的不正确理解——持有一些疯狂的想法

Kathy 组织教学，我们观察

Kathy 有一组三年级的学生，她正准备讲授人体知识。她希望学生了解身体的不同系统及其功能。学生已经阅读了关于身体系统的资料，他们在作业单上画出与每个系统相关的内容，然后论证肌肉的工作方式。教室里到处都张贴着不同系统的模型图片。

在 Kathy 决定让学生口头回答问题之前，学生已经学习了两周的人体课。她设计的核心问题是："关于人体系统，我们都知道些什么？"在与学生的整个对话期间，Kathy 不断地纠正学生给出的所有不正确答案。她花了大量时间解释什么才是问题的"正确"答案。例如，在一次互动中，Joshua 说婴儿的骨头比成人少。Kathy 评论道，所有人的骨头数量都是一样的，每个人都有 208 块骨头。不过婴儿的骨头只是比成年人的稍小一些。

Keisha 报告说，胃就是酸性体液消化食物的地方。Kathy 赞许地点点头，并很快提出下一个问题，转变了背诵的方向——"我们还知道其他什么关于人体系统的特点？"

John 说："当婴儿跌倒时，他们的骨头比成人的更容易折断。"

Kathy 试图用提问来纠正 John 的错误想法。于是她皱了皱眉，问道："你为什么这么想？"

"因为——"John 说，"他们还没有长大，也因为骨骼还没有时间生长。"

Kathy 有点困惑。她知道学生只是在重复昨天讲过的骨头的内容。前一天，她告诉他们婴儿的骨头比较柔软，不像成人那么易碎。

"John，"Kathy 尝试着复习前面的课，"你不认为柔软的东西倒下来与硬的东西摔下来相比，破碎的可能性更小吗？"

"是的。"John 回答。

"很好，那么婴儿的骨头比成人的骨头更软、更有韧性，所以如果他们摔倒，折断的可能性要小。"Kathy 做出推理。

"可是婴儿的骨头还没长好——那会使它们更容易折断。"John 提出异议。

教师反思

学生说的话令我大吃一惊。我不敢相信学生会有这样的错误想法。我知道,我应该解释、验证他们的回答,但我真的很关心他们的错误理解。在我查看这节课的记录时,我认识到,John 可能还不了解易碎这个词的意思,而且他把"柔软"与"没有长好"联系起来了。我当时应该要求他解释这些词。假如将来我让学生回答问题,我也得说明答案。

自 学 讨 论

在上述情境中,有许多问题必须处理:错误想法、核心问题、解释词语、验证观点、限定特殊内容的焦点等。很明显,在 Kathy 的反思中,她很关心内容。其实,Kathy 知道过程的重要性;然而,她把教学时间都用在设法纠正"错误"答案上,没有留心倾听正确回答。她没能利用学生的回答进一步探索他们的理解。她自己也承认,她是在告诉学生答案应该是什么,而不是在探究学生的见解。

在叙述方面,Keisha 给了她一个正确的回答,这让她有机会建立这样一个概念:胃就是酸性体液消化食物的地方。可是,因为 Kathy 关心的是"正确内容",所以,她简单地点点头,对 Keisha 的"正确"答案表示赞许,转而提出了其他导向的问题,以便能涵盖整个材料。由于没有花时间丰富 Keisha 的回答,Kathy 错过了补充消化概念、加深理解的重要机会。

假如她加工了 Keisha 的正确回答,花时间解释酸液是分解食物的一种手段,并能以消化过程为提问的焦点,她或许能利用学生的知识引导他们认识人体是如何在那个过程中获得营养的,从而也就深化了学生对消化系统的理解。其次,如果 Kathy 不关注正确回答,学生可能也不会留意这些回答。他们在听 Kathy 想办法帮助 John 弄懂他的回答逻辑时,可能就已经忘了 Keisha 的正确回答。

因为 Joshua 与 John 的回答都是错的，所以它们吸引了 Kathy 的全部注意力。但是，她用在这些回答上的注意力均以内容和效率为中心。她没有去探索，也没有去理解学生是如何形成错误想法的，只是简单推断学生的错误想法是什么，然后告诉他们正确答案。

关键就在于如果学生不进行交谈，也不做任何推理，就意味着他们根本不是在学习。只把教学时间用在纠正"错误"答案，并把"正确"答案送给学生以节约时间，这种做法使我们失去了帮助学生学习自我监控技能的机会。如果 Kathy 曾经要求学生借助课本或笔记检验自己的信息，那么，Kathy 便能提高课本作为确认资源的存在价值，学生则可以独立发现自己的回答不合适。

在叙述和讨论的时候，教师对正确与错误答案的专注，其实就是在间接地强调内容比发展和运用个人的认知能力更重要。当我们把所有教学时间都花在纠正错误答案的时候，常常就会遗漏对"正确"答案的详细说明，失去一项内容概念化的推动工具，那样的话，我们便会错过丰富学生与概念的关系的机会。对正确与错误答案的专注和把我们的教学时间都用来纠正错误答案，都不承认学习是一个过程。

如果 Kathy 鼓励学生再三考虑自己的回答，而不是只提供内容信息，那么，她将能更有效地运用教学时间。而在加工这两类回答时，她也就有可能会发现致使学生如此作答的思考内容是什么。

研究建议与问题

- 学生将会从这段教学中回忆起什么？
- 因为 Kathy 告诉了学生正确答案，学生将会从这次互动中获得什么？
- Kathy 怎么知道学生正在听她解释，而且还会按照她期望的方式理解它们的意义？

● 她应该怎样利用 Keisha 的回答发展学生对消化过程的理解？

小插曲：Tracy 发现 Christy 是如何思考的

Tracy 组织教学

我教二年级。在给学生进行了一场关于陈述句与疑问句的测验以后，我意识到仍有一些学生不理解这两种句子之间的差异。我很好奇他们为什么会迷惑。因此，我要求学生给我讲了一些他们感兴趣的主题。我告诉他们明天我们会给一些句子加标点。我相信如果我手上的句子能吸引他们的注意，他们应该能做得更好。我从他们给我的主题中整理出一些句子。如：

1. John 有一只宠物蛇
2. the Power Rangers 在 4:00 开演吗
3. 学校的午餐很差吗
4. 我们在 10 月 10 日放秋假

我选出 5 名在上周测验中做得最差的学生，给他们上了一堂解释课。我要求学生根据他们会在哪些句子末尾放一个句号、会在哪些句子结尾处画上一个问号，把这些句子分成两类。这是 Christy 做的。

带句号的句子	带问号的句子
1. John 有一只宠物蛇。	2. the Power Rangers 在 4:00 开演吗？
	3. 学校的午餐很差吗？
	4. 我们在 10 月 10 日放秋假？

一次只考虑一个句子，我要求她提供证据验证她的标点。这就是发生的事情：

教师：什么让你认为句子 1 应该以句号结尾？

Christy：唔，John 确实有一只宠物蛇，所以它是一个陈述。

教师：什么使它成为一个陈述？

Christy：它表明 John 有什么。

教师：你在这个句子中还发现了什么别的使它以句号结尾的信息？

Christy：它有一个名词"John"，和一个动词"有"。

教师：好。那么，是什么让你认为句子 2 是一个问题？

Christy：the Power Rangers 是在 6:00 开演，不是 4:00。

教师：所以，什么使那个句子变成一个问题了？

Christy：他们不在 4:00 开演。我很困惑，但我继续。

教师：让我们先把句子 2 搁在一边，先讨论句子 3。什么使句子 3 变成一个疑问了？

Christy：我认为学校的午餐不赖，但有些孩子认为很差。

教师：那么，为什么它会以一个问号结尾？

Christy：因为我们不能达成一致。

教师：如果你不同意某件事，它就是一个问题吗？

Christy：是的。

教师：唔，那么，句子 4 又怎么样，什么让你认为它需要一个问号？

Christy：秋假是在 10 月 3 日，不是 10 月 10 日。

教师反思

我简直不敢相信。我已经教了 5 年的陈述句与疑问句，但从来都没有为了查明学生为什么会正确或不正确地使用标点，真正探索过学生的思考过程。我现在才认识到这多么有价值。当我要求另一个学生对 Christy 给这些句子添加的标点发表意见，一些人同意了她的推论。我这才意识到，没有正确使用标点的学生可能是使用了另一套标准来确定应该怎么加标点。

在 Christy 的例子中，她是在判定某件事是否真实。如果它是真的，它就必须以句号结束；如果它不是真的，或者她不确定答案，它就以问号为结尾。我忽视了要帮她弄明白，她加标点的依据是如何导致她不能正确使用标点的。显然，Christy 不明白陈述句与疑问句的概念。我很想知道，在我教过的其他学生中，有多少人会有同样的想法？我现在知道我必须在句子中强调要考虑这些重要事项，而不仅仅是讲授陈述句以句号结尾，疑问句以问号结尾。那些在我看来很明白的东西，对学生来说，并不像我看到的那么明显。现在，我也认识到学生考虑问题的方式可能会妨碍他（她）发现正确的答案。

自 学 讨 论

了解学生的思考方式是帮助他们利用自身的资源发现自己对内容学习的误解的第一步。教师的支持性问题让学生有机会与全班、与我们共享他们生成答案的思考过程。类似"什么使你那么说"或者"你怎么判定句子 1 是一个陈述，应该以句号结尾"的问题，要求学生回顾概念的关键特征以及他们是怎样运用它的。为了做到这一点，请把学习的权力交到学生手里。此外，教师可以通过考察学生的思考方式，找出学生在决定答案时可能会用到的、难以捉摸的错误想法。

在这个例子中，虽然 Tracy 没有指出 Christy 对陈述句与疑问句的误解，但是毫无疑问，她领会到发现孩子的思考方式的重要性。Tracy 运用的支持性问题"什么让你认为这个句子应该以句号结尾"，帮助她弄清了 Christy 所犯错误的实质。Tracy 的反思显示，她如今已经明白学生正在运用不同于语法的其他标准给句子加标点。了解了这一点，通过聚焦于 Christy 对标点的错误设想，Tracy 便能更有效率地处理 Christy 对标点的错误使用。

在学生已经解释了某件事之后再运用支持性问题，为学生提供了一个相互分享推理过程的机会。一旦教师了解了学生是如何通过事物进行推理的,我们就有更多的机会确认他们的错误想法,帮助他们去除不正确的观点。尽管如此,只是了解不正确的理解还不够。我们必须走得更远才能帮助学生理解概念的关键特征,才能利用他们的信息修正他们的错误,也才能帮助他们认识自己的思考。学生时常需要带着更多的批判精神来考虑概念,而我们的问题能推动他们对学习的钻研。

研究建议与问题

- Tracy 应该怎么简化课程才能在实践中应对 Christy 的错误想法?
- Tracy 可以针对每一个回答提出什么其他的追踪问题,以便 Christy 能够利用信息来纠正对句子标点的理解和修正思考维度?

小插曲:消除学生的错误想法并不简单

Sandra 组织教学

更确切地说,教学生掌握语法是一件比较费力的事。在一堂简单句的教学中,我决心尝试有效提问法。我的八年级学生已经知道,简单句就是拥有一个主语和一个动词的完整观点。只要这些句子记下来是一个主语和一个动词,没有其他任何语法手段,他们都明白这是简单句。

遇到简单句中加入了动名词、不定式或引导短语的情况,我的学生就会认为它们是复杂句。我通过要求他们回想有关简单句的内容,开始了一堂回忆课。他们给了我一个课本回答——"简单句有一个主语、一个动词,并且表达一个完整的意思。"太棒了!我这么认为。他们已经知道什么是简单句了。但我错了!

我在黑板上写出第一个句子:Jimmy fell out of the tree. 所有学生都正确

地把它鉴别为一个简单句。我问:"这个句子的什么特点使得它很简单?"

Todd 答道:"它有一个主语和一个动词。"

我要求验证:"主语是什么,动词是什么?"

Todd 再一次回答:"Jimmy 是主语,fell 是动词。"

接着,我在黑板上写出另一个句子——After leaving the party, Jane had an accident.——唔,有几个学生说那不是一个简单句。他们认为它是一个复杂句,因为它有一个从句。然后,我让他们回忆什么是复杂句。他们又给出一个课本答案:Marshall 提出,"一个复杂句是由一个独立分句和一个从句构成的。"

我说:"我们说的'从句'是指什么?"

Richard 回答:"一个从句在句子里不能独立存在。"

"好。"我继续问,"你想起来独立分句是指什么吗?"

"你知道的。"Ellen 说,"它就像一个句子。它是一个完整的思想。"

我问:"在黑板上的这个句子里,独立分句是什么?"

Ellen 立刻回答:"Jane had an accident."

"这就是全部?"我问。

"是的。"几个学生表示。

Richard 补充道:"After leaving the party 是一个从句。"

"是什么使它成为了一个从句?"我正在试着让他们了解它是在提供更多的关于 Jane 的意外的信息。

他们齐声回答:"它无法独立存在。"

就在这个时候,我突然意识到学生还没有完全理解修饰成分。他们把修饰成分与从句混淆了。我把下面这个句子写在黑板上——After I left the party, I had an accident——要求学生告诉我什么是从句,什么是独立分句。他们正确地识别了它们。于是,我把独立分句与从句分开,并要求他们注意句子里的每一个词。

从句	独立分句
After I left the party	I had an accident.

他们论述独立分句能够独立存在。他们再一次告诉我从句不能独立，它通过一个逗号依附于 I had an accident 之后，我提醒他们注意从句中的语法部分。"你们注意到这个从句的措辞有什么特点吗？"他们提出，尽管这个从句不能独立，但它有一个主语 I、动词 left 和一个词 After，那是回答什么时候的问题。

我回到这个句子——After leaving the party, Jane had an accident. 我要求他们告诉我对这个句子里的词了解多少。

Terrance 说："它有一个主语 Jane，和一个动词 had，而 After leaving the party 是告诉我们这次意外是什么时候发生的。"

"让我们仔细看看这两个句子。"我一个句子放在另一下面。

After I left the party, I had an accident.

After leaving the party, Jane had an accident.

我问："这两个句子在结构上怎么不同？"

Chris 说："两个都有一个逗号，逗号前面的部分是告诉我们意外的发生时间。"

"Chris，你刚才说的是它们的相似点。我想找的是它们有什么不同，因而，在这两个句子中，措辞的组织结构有什么不同？"

Chris 看起来很迷惑。沉默了大约 20 秒。我期待着有人能打破僵局，但我真的很想告诉全班答案是什么。最后，Todd 说："第一个句子在逗号前面的部分有一个主语和动词，但第二个句子中只有一个动词。"

"在第二个句子里，逗号前面的动词是什么？"我试探着。

"Leaving。"他回答。

天哪！我暗自嘀咕。真乏味。我刚准备告诉他们 leaving 是一个动名词，一个在这个句子作名词用的动词。就在我将要指出这一点时，Sarah，一个在班里很少说话的学生发言了:"哦,leaving 在这里是当名词用的,用来说明过去发生了什么。"

一个奇迹!我这么认为。"Sarah,跟我说说这个单词 After。"

她想了几秒钟,接着说:"After 表明意外什么时候发生。"

"等一等。"Todd 说,"如果 leaving 是一个名词,那么这儿就没有动词。第二个句子没有动词,但第一个句子在单词 After 后面还有一个主语和动词。"

"噢。"Richard 说,"如果你把那个句子中的 after 拿走,那么第一个句子就会有两个完整的意思,但第二个没有。"

"让我们一起来看看。"我一边说,一边从每个句子里抹去单词 after。剩下来的就是:

I left the party, I had an accident.

Leaving the party, Jane had an accident.

现在我要去哪儿?我想要知道。我怎么才能回到简单句呢?就在那时,我眼前一亮。我接着问,"在第二个句子中,什么词是说明意外发生的时间的?"

又一次异口同声地回答:"Leaving the party。"我惴惴不安地提出随后的问题,"那么,你们想起说明事件的词有什么特点?"

Jill 回答:"它们都是副词。'Leaving the party'说明这场意外的发生时间。你可以把这个句子写成:Jane had an accident (after) leaving the party。"

"那么,那是哪种句型?"我很担心学生对这个问题的回答。

Todd 喊了起来:"一个简单句!"几乎是在同时,他说:"它有一个主语和一个动词。"

"哦,我知道了。"Chris 说,"如果你的从句中没有主语和动词,那么它仍然是一个简单句。"

"对,从句必须有主语和动词,一旦拿掉副词,它也能独立成句。你得到的是两个完整的意思。"

"让我们测验一个新例子。"我提议。我觉得我们需要一点幽默。走到这一步实在是太艰难了。我在黑板上写下：

While loosening her belt, Mary's skirt fell down.

孩子看到这个句子，哄堂大笑。之后他们说这是一个简单句。

"什么使它成为一个简单句？"

Marshall 回答："逗号前面的内容没有一个完整的意思，所以它应该是说明为什么或什么时候她的裙子掉下来了。"又是一阵大笑。

"我想你们已经懂了。那么请告诉我，如果在一个完整意思的前面有一个短语，你怎么才能判断这个句子是简单句，还是复杂句？"我想，年轻人对这个问题的回答应该会很有趣。我闭上了眼睛。

Sarah 陈述道："在一个句子中，如果逗号前面的措辞里没有主语和动词，它就是一个简单句。"

"好。"我呼吸更轻松了。看起来像是很长的这段时间实际上只花了 20 分钟。尽管我的课原本只打算涉及简单句，但是我对学生思考的提问，也让他们明白了如何区分一种特殊的复杂句和简单句的差异。为此，我欣喜万分。

"请记住这些。明天我们会就此做更多的练习。"第二天，我让学生练习了 10 个句子，他们全做对了。不仅如此，他们还知道简单句为什么简单。真令我惊讶！

教师反思

这是一堂很艰难的课。在整个讨论进程中，我真的认为我应该只把答案告诉他们，但在脑海深处却有一个声音一直在说，让他们自己发现它吧。可我觉得他们永远都不会发现！在这之前，我没有意识到学生几乎都是在照本宣科地接受每件事物。以前，在讲授这个内容时，我总是告诉学生，从句不能独立存在，逗号把从句与独立分句隔开。

我可以从这节课上看到他们都了解了这一点，但我不知道的是，他们会把那条规则泛化到所有主句前有一个逗号的短语中。当我认识到他们没有注意什么时，通过坚持这种提问练习，坚持运用限定焦点的问题，我就有能力向学生解释真正的从句语法结构，并说明修饰简单句的短语。我在这节课上不仅讲了简单句，而且还涉及了复杂句。也就是说，我提出的问题帮助我在1节课上教了2～3节课的内容。

在开始这节课时，我只考虑了简单句，而到这节课结束时，我们已经探讨了简单句、从句和独立分句以及与简单句相关的易混问题。我无法向你形容，在学生全都正确地完成句子练习时，我是多么兴奋。我知道，这听起来好像我只关心内容；可我也知道，通过耐心的等待和与他们一起努力，我"揭开"了他们的思考之谜，而且这一次，我有能力帮助他们发掘概念的其他属性，有能力帮助他们更好地理解句子。

自 学 讨 论

倾听学生的回答可能会很沉闷，和学生一起努力也可能会很棘手。但是，为了熟练地引导学生思考内容的论点，教师必须对内容有一个坚固扎实的了解，教师也必须知道提什么问题能帮助学生消除误解。这意味着大部分时间都要用来分析学生的思考方式，利用连续的加工性问题指引学生到达问题领域。在这个例子中，Sandra利用了三种教学加工性问题：解释、验证和限定焦点的问题。

利用具体的、特殊的概念例子能够提高学生辨别概念的关键特征的能力。在这个例子里，把两个句子放在一起，让学生集中讨论语法标识的差异，这种做法让Sandra能够帮助学生发现从句既有主语，也有动词，相反，修饰简单句的短语没有主语和动词。由于学生是通过自己对例子的验证发现这一点的，所以这给他们提供了很多信息，也使教学对他们具有了更大的价值和意义。与此同时，学生也了解到他们能够通过较好地分析句子结构来解决语法问题。理论上，这些学生已经较好地掌握了概念的关键特征，也较好地掌握了如何运用学过的知识和认知操作解决相似的语法难题的技巧。

用在这节课上的每一个加工性问题，都有助于学生收集概念信息和分析句子结构。解释性问题的提出——例如：你用＿＿＿＿＿＿表达什么意思？你怎么定义＿＿＿＿＿＿？——鼓励学生把不清楚的内容翻译成自己的语言。学生有能力用他们自己的话陈述用特殊词汇传递的意义，而不只是重复课本的定义，这一点很重要。如果学生只是简单地重复课本定义，完全没有考虑过这些字词对他们的意义，那么他们就会倾向于接受观点，而不会带着批判的眼光探讨这些观点，使之变成属于自己的一部分。

另一种能继续帮助学生更好地理解概念内涵的途径就是运用验证性问题。提问"你怎么知道＿＿＿＿＿？""在哪儿发现＿＿＿＿＿？"或者"请举例说明你谈到的内容"，使学生能够生成看待事物的新方法，并使他们具备确认自己观点的能力。验证性问题的提出给学生提供了一个验证回答和检查他们的回答是否与概念的关键特征相悖的方法。通过要求学生运用他们从解释性词汇中积累的信息和提供属于自己的例子，我们为学生准备了一堂颇有价值的课，它可以帮助学生了解如何利用这些问题探究他们自己的思考过程。

支持性问题——例如：什么使你认为＿＿＿＿＿是＿＿＿＿＿的一个例子？你根据什么确定＿＿＿＿＿ ＿＿＿？——则让学生忙着把自己的回答与概念的关键特征匹配起来。在这个小插曲的最后，Sandra 问："什么使这成为一个简单句？" Marshall 回答说："逗号前面的内容没有一个完整的意思，所以，它应该是说明为什么或什么时候她的裙子掉下来了。"他已经联想到了确定短语是如何修饰主语和动词的关键属性。这样一来，他便扩充了自己对简单句不同结构的理解。Marshall 的答案得到了 Sarah 回答的进一步强化："在一个句子中，如果逗号前面的措辞里没有主语和动词，它就是一个简单句。"

Sandra 娴熟地利用支持性问题"抓住了"词汇作为修饰语时的关键

特征。她的这种应对策略吸引学生认真观察和学习简单句与复杂句的结构，令他们充分发挥了自己对概念的理解。Sandra 也借助她老练的提问，向学生展示了能用于个人学习的重要学习工具。

研究建议与问题

- 什么问题帮助 Sandra 了解了学生是如何考虑这个概念的？
- 什么问题帮助学生收集关于例子的信息，使他们发现了理解概念的新途径？
- 询问"简单句与复杂句有什么不同？"这一问题的价值是什么？

第五部分 有效提问的研究之旅

已有研究显示,教师参与学习的程度直接影响学生的学习与成就(Rosenholtz,1991)。学习是一条双向通道:教师学得越多,学生也就学得越多;学生学得越多,教师就需要学习更多。"学生会常常效仿指导教师的行为处事方式。作为教师,我们必须经常有意识地、慎重地尝试利用各种方法向学生示范或展示,我们希望他们逐渐形成的思考行为、思维倾向或思考习惯的种类。"(Beyer,1997,p.78)如果希望学生把学习看成一个过程,那么,我们首先必须把教学理解为一个持续不断的学习过程。在即将结束的这几章里,我们会把教学看作一种学习,并围绕它展开一系列讨论。在第15章,我们会向你介绍我们的一个学生——一名教师的提问之旅。在第16章,我们描绘了一个才能发展模型,我们经常在读者学习提问和掌握提问式学习的旅程中,利用这个模型帮助他们进一步成长。

为了跟上改革的步伐,教育者会发现自己处于一个必须时时磨炼和拓展自身教学技能的位置。实现这个目标的一种途径就是继续理论深造,获取高等学历。我们的知识越渊博,就越有能力将个人的理论学习具体化为个人的教学技能。另一种方法就是继续我们的专业成长与发展,对教师而言,就是通过自学,在教学工作环境中研究教学实践(Knowles & Cole,1996;McNiff,1993;McNiff,Lomax,& Whitehead,1996;Russell & Korthagen,1995;Whitehead,1994,1995)。自学就是通过反思进行探究(Schön,1983,1987)。反思则是研究我们的教学实践,形成我们的学习理论和课堂实践的一种手段。

英国巴斯大学（University of Bath）教师教育领域的专家 Jack Whitehead，在教师教育的自学团体里闻名遐迩。他称自学为"生动的教育理论"（Whitehead，1994）。他和其他研究教师教育中自学行为的研究人员认为，通过自学及对自学的反思，教师和教师教育者便能阐明他们对教育理论与教育价值的理解。在自学过程中，教师将会承担起对自己和对学生的责任。

自学的目的是研究个体的个人发展与专业发展，或者是深化与充实个人对课堂教育学的理解。在第十五章，Steve 分析了自己学习运用提问的全过程。他邀请我们一起查看他的旅程，审视他的发现。可以说，Steve 的提问之旅是一段寂寞之旅。但是，教师也可以在协同训练中组织自学（Dantonio，1995）。在整个协同训练过程中，教育者建立了值得信任的人际关系，还建立起他们研究教与学所需的支持体系。而实现自学与协同辅导合二为一，教师就能在他们的学校之间建造起一个支持网络，在关照教育学生需要的同时，相互鼓励，并完善彼此的授课才能。

在第十六章，我们考察了一个职业发展模型，它是一个以学校为基础，由教师发起并由教师自己来推动的模型。教师们自发的组成研究 Qu:Est 教学策略的学习团体。这样形成的学习者团队通常拥有共同的目标，会相互分享共同的想象力和实践，并且能共同创造和维持一种相互协同合作的精神。Bryson 和 Scardamalia（1991）称之为"知识建构型文化"（knowledge-building culture）。在一个专业化的学习团队中，每一位教师既是教师、教练，又是学习者。他们一起在实践中、在教与学的思考中相互帮助。

本书最后这部分描述的职业学习法也被称为才能发展模型（Talent Development Model，TDM）（Dantonio，1990）。它为教师组成有效提问的互助式自学小组提供了一个框架。TDM 是一个学习过程，由一连串的发展性试讲组成。它要求教师严密关注有效提问的关键问题，对改变或提高个人的教学行为怀有一种开放的态度，并努力创造时间和机会与其他教师一起应对和练习 Qu:Est 教学策略。

TDM 以我们在过去 25 年里与教师们一起奋斗的成果为基础。我们发现，利用这个过程实践 Qu:Est 教学策略的教师已经在与学生的互动中获得了更大的成就。我们把才能发展模型介绍给读者，作为开始他们钻研有效提问之旅的一个线索。我们邀请你们一起来参与，欢迎你们的见解和建议。

参 考 文 献

Beyer, B. K. (1997). *Improving student thinking* (pp. 86–87). Boston: Allyn & Bacon.
Bryson, M., & Scardamalia, M. (1991). Teaching writing to students at risk for academic failure. In B. Means, C. Chelemer, and M. S. Knapp (Eds.), *Teaching Advanced Skills to At-Risk Students* (p. 162). San Francisco: Jossey-Bass.
Dantonio, M. (1990). *How can we create thinkers? Questioning strategies that work for teachers.* Bloomington, IN: National Education Services.
Dantonio, M. (1995). *Collegial coaching: Inquiries into the teaching self.* Bloomington, IN: Phi Delta Kappa.
Knowles, J. G., & Cole, A. L. (Eds.). (1996). Beginning professors and teacher education reform (theme issue). *Teacher Education Quarterly, 23(3).*
McNiff, J. (1993). *Teaching as learning.* New York: Routledge Press.
McNiff, J., Lomax, P., & Whitehead, J. (1996). *You and your action research project.* New York: Routledge Press.
Rosenholtz, S. J. (1991). *Teachers' workplace: The social organization of schools.* New York: Longman.
Russell, T., & Korthagen, F. (Eds.). (1995). *Teachers who teach teachers: Reflections on teacher education.* London: Falmer Press.
Schön, D. A. (1983). *The reflective practitioner: How professionals think in action.* New York: Basic Books.
Schön, D. A. (1987). *Educating the reflective practitioner.* San Francisco, Jossey-Bass.
Whitehead, J. (1994, April). *Creating a living educational theory from an analysis of my own educational practices: How do you create and test the validity of your living educational theory?* Paper presented at the Annual Meeting of the American Educational Research Association, New Orleans, Louisiana.
Whitehead, J. (1995). Educative relationships with the writings of others. In T. Russell & F. Korthagen (Eds.), *Teachers who teach teachers: Reflections on teacher education,* pp. 113–129. London: Falmer Press.

第十五章　Steve 学习提问并进入提问式学习的旅程

前文已经强调学习提问和提问式学习是一段发现之旅，它将帮助我们认识作为教师的我们在扮演什么角色，帮助我们认识可以如何改进教学，使之具备有助于学生理性思考与理性学习的有效行为。其中最重要的是教师的经验和反思。我们从教师的故事中逐渐认识到，如果我们想成长为优秀的教育者，就必须参与这个过程。为了强调教师才能在发展中的演变过程，这一章将向读者简单介绍我们的一个学生，Steve 学习运用 Qu:Est 教学策略认识学生的理解力的全过程，以及他为发展和完善学生的概念性思考所付出的一切努力。

提问作为一个学习过程的地位

Steve Saucier

洛杉矶新奥尔良 Waldo Burton Memorial *学校主任兼教师*

许多年以前，当时我正在接受非正式的教育——博物馆教育——接触了起源于维果斯基的支架式教学。最近，我找出了一些关于维果斯基著作的旧资料，因为我在学习 Qu:Est 教学策略时发现，其中的提问技巧与我想起来的维果斯基著作中的内容有类似的地方，我被这种相似性深深地吸引了。在 Berk 和 Winsler 的著作《建构儿童的学习》(*Scaffolding Children's Learning*, 1995) 中，他们写到："社会环境是一种必需的支架或支持系统，它可使孩子不断前进，继续建构新的能力。"(p.26) 早些时候，维果斯基的著作里写到："在时间和事实上，意识的社会维度是首要的。而个人维度是派生出来的，处于次要位置。"（p.20）维果斯基理论中提到的最重要的"心智工具"（Tool of the Mind）就是"在人类表象系统中使用得最频繁、最广泛的"（p.21）语言。这些观点，对现在的我来说，是多么深刻、多么重要呀——我已经开始接触有效提问和教学对话的概念。我倾向于简化事物——在这里则表现为力图找到教学艺术的中心意义。我继续获得的意义或"重点"就是这些教学对话真的是多么有组织性的想法。对我而言，它们就是回归自然的过程。

我之所以采用"回归"这个词，是因为我过去通过自己做学生时的例子，或者通过学院水平的正规训练学到关于教学的很多内容使我处于自相矛盾之中。这种心理矛盾远远胜过一种感觉或直觉。我当时正在学习一种教学方法，但我的直观感觉却想要接近另一个方向。应该归功于新的正式学习，我现在知道了矛盾的根源，这也促使我要面对这些内心冲突的感觉。对有效提问的学习以及正在经历的个人发展，都有助于我重新调整对教学、对儿童和所有人的自然或朴实的学习方式的直觉认识。

随着时间的流逝，我感觉自己将有能力非常熟练地运用这些提问技能。诚如上文所言，一个理由可归结于回归事物的自然状态，同时，因为我已经在利用提问，并且已经在教学中为学生提供支架，但愿只要这种片段式的方式就好。有一些原因让我感觉这是对的。我觉得有人假定我会这样教学，或者我有一个尚未完善的模板，一份天生的礼物，它们都是关于正确提问的。当然，我明白我通过 Qu:Est 教学策略完成的提问学习仅仅涉及了概念领域。我也知道将要花好几年的时间才能使自己的提问技能真正达到游刃有余的水平。尽管我认识到自己正在成长，而且利用这种新信息的能力也在提高，但我始终只不过是一个孩子，携带着一个新的大玩具，却完全不了解它的力量和影响。

我仍然自信我的提问能力会继续发展，其中一个原因就是我有幸看到它在我的教学中生效了。所有教师都在教学，但并不是他们中的所有人都在效能范围中的同一个区域失败。教学不是教师的一个行为，而是一个师生协同合作的过程。提问如果正确，就能生成那种合作，并促进这种学习过程的发展。我已经意识到这个概念的事实和我现在正在接受能进一步发展的有效行为的训练事实，将我引向了更有效、更完善的教学之路。

因而，我要如何利用提问呢？首先将按顺序解释我最近的个人事务。我于1998—1999学年开始，在一所男孩之家的特殊学校[*]（alternative school）担任行政人员、校长、监护人、督导、训导员以及……哦，是的……还有教师一职。每一天都是崭新的。我利用Jefferson Parish的课程指导发展了一门课程，规定基准线，尽一切努力满足学生的需求，并辅导他们为必需的标准化测验做准备。大部分措施都很成功，但的确仍有可改进的空间。在我开始展望第二年的课程时，我发现，如果从根本上改变我与每个学生的互动途径，还可以继续提高我的效能。那就是有效提问和利用教学对话。经过集中规划，它们将以某种方式注入我的大部分课程——如果不能全部的话。

我面对的每一个学生都是独一无二的，但学生中存在一个团体。我的学生在以前的学校环境里出现了各种各样的行为问题，而我相信，这都归咎于他们的学习需要没有得到满足的事实。学生的厌倦情绪高涨，滚雪球效应相应地开始运转，促使他们的学校体验越来越支离破碎。由于学业不良，学生很少获得他人的关注，因此，他们总是热衷于参与各种可能会吸引他人注意力的行为，哪怕是消极的。但那最终把他们带到了这个家庭——我的学校。

然后，我要怎么做才能重新让他们参与学习过程呢？简而言之，我的答案就是通过重新唤醒和刺激他们的学习愿望。在一个很短的时间里，我看到了有效提问是如何引导教学对话，让这些学生参与他们以前从未体验过的社交情境。它唤醒了学生的思考过程，帮助他们达成真实的、

---

* 20世纪70年代，美国兴起的一种小型学校。这种学校通常采用新的教学理念和方法，主要为有特殊学习需要的、在非传统的学业环境中发展更好的学生提供教育服务。——译者注

有意义的概念理解,它也让我有机会接近我的学生的学习需要。

为了帮助你了解我是如何进入理解性教学,帮助学生开展理性思考的旅程,我提交了一些我的学生和我曾经经历过的课程计划。下面的这些课程计划包括一段教学对话的简短记录与一份教学分析。其中的教学分析部分涉及对师生互动的编码和我对学习提问体验的反思。

授课、记录、编码与反思

回忆课:"云层"

目的:让学习者有机会回忆有关云层的物理特性与活动的特定细节。

依据:是发展暴风雨和龙卷风概念的必要信息。

内容特性:

- 大气
- 水循环:来自太阳的能源＞蒸发＞冷凝＞降水
- 云核:灰尘、烟、空气中的悬浮微粒
- 寒冷物体的凝聚
- 水的三种状态:液态的水、固态的冰、水蒸气(蒸汽)
- 湿度或相对湿度

资源:课堂上的科学演示、学生的科学实验、黑板上的图表、影片。

核心问题:

- 你注意到云有什么特征以及它们是如何形成的?

可能出现的学习者的回答:

- 水蒸气从空中升起来了。(VR)
- 暴风雨期间会下雨。(VR)
- 云有时看起来像个物体或人。(RF)
- 当空气变冷的时候,它就凝固了。(CL)

- 水蒸发，升起，然后聚集成云。（CL/VR）
- 天气变暖时，就会出现云。（VR/NF）
- 今天有很多云。（VR/RD）

加工性问题的主干：

- RF1.你想起了云层的什么特点让你认为云有时看起来像物体或人？
- CL2.你用"凝固"一词想表达什么意思？
- VR3.你怎么知道水蒸气在空气里？
- NF4.请多告诉我一些关于天气变暖就会出现云的事。
- RD5.还有谁注意到今天有很多云？

记录

教师：你想起了云的什么特点？云是怎么形成的？

Anthony：当雨聚集在湖泊或者任何一个水源地，然后蒸发升上天空时，云就形成了。那些蒸发上天的雨在天空累积在一块儿，接着……轰轰……然后它发生反应，把自己变成了……轰轰……云。

Chad：当低气压和高气压……不……当一块云正面撞击或碰撞，然后湿气聚集。

教师：你说的"蒸发"是什么意思？

Anthony：热量……嗯……你周围的热量使水升温，然后变成像蒸汽一类的东西。

Ernie：我可以重新陈述他的……答案吗？

教师：（点头）

Ernie：好的……并不是雨聚集起来就形成云……而是……啊……是水，水被蒸发后，聚集起来生成了云。

教师：来，把那幅画给我们看看。

Ernie：保持镇定……如果我能站在我的桌子上。好。太阳、水、热……这样，热量把水蒸发，变成……啊……某种像烟的气体，它升空，然后堆积。

　　Anthony：像海绵。

　　Ernie：云的颜色取决于那儿的水有多少。

记录的编码									
教师：	RL		CL			VR			
学生：	+	+	CL	—	CL	—	VR	CL	RF

对本节课的反思

　　我觉得这节课的进展出奇得好，下面是我对它的分析。我们全班做过几次这个主题的相关活动，包括一次冷凝示范，之后还把学生分成两个组，组织过学生小组实验。这些活动结束后两天，我出于两种考虑组织了这堂回忆课：其一，检验学生的记忆；其二，要求学生用自己的语言回答问题。

　　我知道自己仍处在获取这一新技能的早期阶段。我在讲课期间的混乱和我对录音回顾的清楚分析显然都证实了这一点。在做分析时，我很清楚自己给问题做的编码什么时候恰当，什么时候不恰当。可在上课的时候，有太多东西需要考虑，有太多事情需要参与，我很快就变得迷迷糊糊，然后只能以混乱结束一节课。我真的不敢保证我的编码是正确的。

观察课："古典音乐：意大利随想曲"（柴可夫斯基）

　　目的：让学习者有机会通过听觉观察，搜集一首古典乐曲的元素。

　　依据：是体验现场演奏的同一首乐曲的前提条件。

　　内容特性：音调、音色、速度、乐器、管弦乐曲、力度强弱、风格、缺少声乐。

　　资源：全班一起听 CD 上的这首乐曲、黑板、投影仪。

　　核心问题：观察。

　　● 你注意到这首乐曲有什么特点？

第十五章 Steve 学习提问并进入提问式学习的旅程

可能出现的学习者的回答：
- 我不喜欢这种类型的音乐。(O)
- 它在不断变化。(RF)
- 我听到了小提琴的声音。(VR)
- 没有歌手。(CL)
- 它让我想起了一部电影。(RF)

加工性问题的主干：
- RF1. 听这首乐曲时，你注意到了什么让你认为它在不断变化？
- CL2. 你想用音乐的"类型"这个词来说明什么？
- VR3. 你在乐曲中的哪个部分听到了小提琴的声音？
- NF4. 多告诉我一些你为什么注意到没有任何歌手的原因。
- RD5. 还有谁注意到这里有小提琴的声音？

记录

教师：你注意到这首乐曲有什么特点？

Ernie：乐曲在持续不断地变化。它每一次的集中都不同。小提琴声会越来越多。它们会缓和，然后紧张。

教师：你说的"缓和"是什么意思？

Ernie：拉小提琴的人数量比较少。小提琴的声音越高，演奏的人越多；声音越弱，演奏的人越少。

Gary：我没有听出那种音乐的聚点。

教师：那么，我想问，就那首乐曲而言，你注意到了什么。特别需要指出的是，你刚才对这首乐曲做了一个很有价值的评价。

Gary：它没有一个真正的聚集中心。它不去任何地方。

教师：你刚才说"任何地方"，这个词是指什么？

Gary：它不会回到某个终止点。

Ernie：反对！那儿有一个信念。

教师：关于那首乐曲，你还注意到别的什么东西了？

Chad：它就像是一种附和着动作或戏剧的音乐。

Ernie：对！

教师：你怎么知道它可能附带有动作或戏剧？

Chad：似乎动作就是节奏快的地方，而戏剧就是节奏慢的部分。

Gary：它慢下来，又加速上去。

Ernie：别忘了，它没有任何聚点，GARY！

Gary：正确！

Chad：戏剧的部分有更多的小提琴，而动作的部分有更多的其他乐器。

		记录的编码		
教师：	OB	CL	OB/RD	TT
学生：	OB	CL	O	OB
CL		OB/RD		VR
CL	O	RD	O	CL
		VR		
CL	O	O	1/2VR	

对本节课的反思

尽管可能从编码上没有什么显示，但这是一堂非常成功的课。我把这节课定义为进入交响乐的前兆。我在这天上午上了这节课，接着第二天我们去听音乐会。我强烈地感受到这节课加深了学生的音乐体验。我的学生正在评论，正在回忆课堂上演奏过的这首乐曲。音乐会结束后，在我们回去搭车的路上，他们主动继续讨论着这节课。这便是一场"教学对话"的延续，而那时我们正走在剧场的外面。这些学生正在进行一场自由辩论，他们正在回忆特定的音乐片段和配乐，而且他们的立场分明、陈述透彻。我很满意！这次的体验将永远铭记在我心中。

相似性与差异性的课："水循环/天气"

目的： 让学习者有机会比较与对照水循环与天气的属性。

依据： 充分发挥学生对水循环与天气的属性，以及二者之间的关系的理解。

内容特性：

水循环与天气的相似性

- 水——都有水的成分。
- 能量——都由太阳、地球的引力和运动提供动力。

   二者都包含能量的流失与增长。
- 温度——两个概念都包括热量差异。
- 物质形态——二者都包括水的三种形态（液态、固态、气态）。

水循环与天气的差异性

水循环

- 水——水的运动遍及大气层与陆地。
- 能量——太阳提供水运动所需的动力。能量的流失与获得通过水来完成。
- 温度——水的热量差异贯穿整个循环过程。
- 物质形态——水、冰、水蒸气（云、雾等）。

天气

- 水——水是构成天气的四种主要要素（水、空气、太阳和地球的运动）之一。
- 能量——这是驱动所有天气活动与所有天气要素运动的发动机。空气和其他物质会损耗和获取能量。能量水平决定空气保存湿度的能力。
- 温度——空气、地球表面和水的热量差异。
- 物质形态——水、冰、水蒸气。

资源： 图书馆资料、英特网、关于天气与水循环的上课笔记、黑板。

核心问题：对照。

- 通过阅读，你发现水循环与天气之间存在什么差异？

可能出现的学习者的回答：

- 水循环和天气是同一码事。（O）
- 水循环是水的运动，而天气是在大气里发生的一切。（CL）
- 水循环是天气的一部分，但天气却不是水循环的一部分。（CL/VR）

加工性问题的主干：

- RF1. 你已经告诉我水循环和天气不是同一件事。是不是有一些天气不包含水？
- CL2. "运动"是指什么？
- VR3. 你怎么知道水循环是天气的一部分，而不是恰好相反？
- NF4. 请多讲讲水循环中的温度差异与天气中其他物质的温度差异。
- RD5. 你还发现什么别的信息是关于水循环与天气的差异的？

记录

教师：通过阅读，你们发现水循环与天气有什么不同？

Anthony：唔……等等……它们是同一件事……等等。有些天气是……没有水的。

教师：请用对比关系表达你的意思。

Anthony：水循环永远都是天气的一部分，但天气并不总是水循环的一部分。

Ernie：对！就像当水循环包括水的径流或地下水时，那不是天气，我认为不是。

教师：那是发生在大气中的反应吗？

Ernie：不……因此，不，它不是天气。我是对的。

教师：水循环与天气还有其他什么差异吗？

Justin：水循环不涉及空气……但是……嗯……等等，水在空气中。

教师：请试着用短语正确表达。

Justin：天气主要包括空气和水，但是水循环主要包括水。

记录的编码								
教师：	CT		TT		CL	CT		TT
学生：	O	CT	CT	VR	CL		O	CT

对本节课的反思

这节课的记录令人失望。在我印象中，它进展得相当好；可是由于录音带的背景噪声太大，我无法听清回答。我在此记录下来的内容都是可以验证的。除此之外，我就无法确定回答了。就这堂课而言，记录和编码都很有限。

对我的学生来说，这节课的内容比较难掌握。这主要源于区分水循环与天气的本身就不容易。不过，这节提问课帮忙澄清了学生对这两个概念的误解。一个学生拒绝辨别水循环与天气之间的差异，坚持认为二者是一件事，是相通的。"没有水就没有天气，这样怎么可能存在差异了？"他说。即便是在给他举例说明之后，他仍坚持自己的论点。我注意到，即使没有彻底解决问题，提问课也要求学生以不同于讲课的方式加工信息。

分组课："侵蚀"

目的： 让学习者有机会对水与水域的侵蚀原因进行分组。

依据： 促进学生理解最终划分事物的不同理由，并帮助他们树立一种观念：可以根据不同的理由对同一事物进行分组。

内容特性：

- 侵蚀的原因
- 水的原动力
- 水循环
- 水域：河、溪流、湖泊、大海

- 地形
- 地心引力
- 人类对陆地的影响

资源：近期组织一次全班的独木舟旅行、露营、网络调查、溪流托盘活动，尚未整理的原因列表。

词汇列表：

侵蚀	树木	独木舟	岩石	露营
陆地	地心引力	人	污染	学生
水	风	房屋	空气	暴风雨
洪水	丘陵	河	桥	农作物

核心问题：分组。

- 根据你对侵蚀的了解，这些词中的哪一些可以因某些原因被聚在一起？

可能出现的学习者的回答：

第1组	第2组	第3组	第4组	第5组
风	地心引力	人	洪水	农作物
空气	丘陵	污染	河	人
暴风雨	陆地	房屋	丘陵	水
			陆地	

加工性问题的主干：

- RF1.你正在说你分组的理由；那么在你的小组里，特殊项是什么？
- RE2.你刚才告诉我的是这个小组的标签；请陈述被你分在一起的词有哪些。
- SP3.请认真考虑被你安置在一起的词，你把它们搭配在一块儿的理由是什么？
- SP4.你根据什么把农作物、人和水分在一组？
- 第1组：几种天气会引起侵蚀。

- 第2组：造成水在水域内运动。
- 第3组：人类对陆地的影响。
- 第4组：水的可变路线。
- 第5组：农业影响侵蚀。
- CL5. 你用"水域"表达什么意思？
- CL6. 当你说"人类影响"时，你是指什么？
- VR7. 你怎么知道第5组的词是农业的全部影响？
- VR8. 请举出一个农业的例子。
- NF9. 请从词汇列表中，找出你曾经见过实物的词，把它们分成一组。
- RD10. 谁根据不同的理由分出了另外一个小组？
- RD11. 谁根据不同的理由得出同样的小组？

记录

教师：从你们对侵蚀的了解来看，可以根据某些理由把这些词中的哪些放在一起？

Anthony：好……地心引力、陆地、岩石、丘陵、洪水、暴风雨、河流、树木，因为这些东西……侵蚀是由这些东西引起的。

教师：你给了我一个小组列表，接着又给了我这个小组的标签。我现在想要的是这些词……这些因某个原因而聚集在一起的词，而不是原因。在其他人分出的小组里是不是也有这些同样的词？

Ernie：我会把空气和水加入这一组。

Anthony：不，嘿！！分你自己的组。

Ernie：我们是一个学习小组的。你认为这是什么，一场竞赛？

教师：让我们把那些词加入这个组。你有什么理由认为这些词应该搭配在一起？

Anthony：就像我刚才说的，它们都是导致侵蚀的原因。

Ernie：可是，看看那张大列表。那儿有更多导致侵蚀的原因。

Anthony：好啦，你这家伙！那么……它们都是……自然的……你知道，无须我们的帮助，它们就能引起侵蚀。

教师：你说的"我们的帮助"是指什么？

Anthony：你知道的……人。自然界造成侵蚀，人类也会引起侵蚀。

Gary：也就是说，人不是自然的。你在想什么，我是由机器或某种东西做成的吗？

Anthony：我不知道。嘿，你多少有点古怪。

记录的编码					
教师：	GR	TT/RD			
学生：	GR/LB	GR	O	O	O
SP				CL	
SP		RF	SP	CL	CL
O					

对本节课的反思

正如你可能已经从这段记录中觉察到的，这些男孩儿都准备好了，也愿意相互沟通，但总是没有找到最愉快的方式。尽管这种"斗嘴"持续了整节课，但就总体而言，我感觉这节课是成功的。我们根据不同的理由，在不同的分组中用到了同样的术语，这种依据的灵活性似乎使他们感到困惑。

出于某种原因，我感觉在这节课上，学生参与小组讨论的时间自然而然地就变得比以前多了。或许，我现在组织 Qu:Est 教学策略课程的频率可以解释这种现象。他们注意到，我不仅允许课堂讨论（甚至是在参加这个提问学习班之前，我就已经在做的一件事），而且还非常鼓励讨论或者坚决主张讨论。

一个不可思议、同时也是令我有点挫败感的结果，就是我很难结束这节课。学生接连不断地在重新整理新的分组，然后给出分组的理由。

他们不希望结束这节课。其中一个原因就在于这节课为他们提供了一个自由思考的机会，并且他们也知道还有其他功课要做。学生竟然会用这些策略来逃避功课！但也有些事告诉我，想要逗留在一场教学对话中，把它当作远离更枯燥、更琐碎的任务的一个避难所，那"不是"件坏事。

贴标签课："侵蚀"

目的：让学习者有机会根据不同依据生成侵蚀的理由，包括自然因素、人为因素以及间接事件。

依据：促进学生表达一组侵蚀原因的特征，帮助学生扩展词汇发展。

内容特性：
- 侵蚀的原因
- 水的原动力
- 水循环
- 水域：河流、溪流、湖泊、大海
- 地形
- 地心引力
- 人类对陆地的影响

资源：原因小组（参见"分组课"）。

核心问题：贴标签。
- 以给侵蚀原因分组的依据为基础，什么词最适合作这个小组的名称？

可能出现的学习者的回答：
- 第1组：引发侵蚀、暴风雨、暴风的恶劣天气
- 第2组：造成水在一个水域范围内运动；水往低处流
- 第3组：人类影响陆地；人类改变陆地
- 第4组：水的变化流径；弯弯曲曲的河流；迂回曲折的河径
- 第5组：农业影响侵蚀；化肥；为了耕地而砍掉树木

加工性问题的主干：

- RF1. 你正在说一个分组的理由；什么名称比较适合这个小组？
- CL2. 你提到的"暴风"是什么意思？
- CL3. 当你说"水域"时，你是指什么？
- SP4. 为什么你认为"侵蚀的自然因素"是适合第1组的名称？
- SP5. 第5组有什么特点让你认为"侵蚀的农业因素"最适合这一组的命名？
- VR6. 请举例说明几个可能会造成侵蚀的天气。
- RD7. 谁能为第3组确定另一个名称？

记录

教师：请以给侵蚀原因分组的理由为基础，给这个组确定一个适合的名称？

Gary：好的……这里的事物可以自然而然地造成侵蚀，像暴风雨——你知道，风一直吹，树倒了，木材被推进了河里，就像我们划独木舟一样。

教师：你是在说分组的理由；有什么好名字会适合作这个组的名称吗？

Gary：一场暴风雨的影响。

Anthony：不，嘿……是因为暴风雨而被侵蚀的东西。

教师：当你说"被侵蚀的东西"时，你想指什么？

Anthony：不……请等等……这些不是被侵蚀的东西。它们是导致物体被侵蚀的东西。

教师：那么，什么词会成为这个组的好名字？

Ernie：暴风雨的侵蚀。

教师：Ricky，你为什么认为"暴风雨的侵蚀"是这个组的好名称？

Ricky：因为……那些东西……哈……因为……当暴风雨发生时，它……侵蚀因为暴风雨而发生。

Justin：你知道的……当大风吹或下雨时，这会导致……我们印象中的那道河堤倒塌，掉进河里。

教师：请多举一些例子说明暴风雨做了些什么会造成侵蚀的事。

Gary：Steve 先生，我设想，树倒了，风在吹，河水也会引起侵蚀，你知道的。

		记录的编码		
教师：	LB	RF/LB		CL
学生：	O	LB	O/LB	CL
RF/LB	RD/SP		VR	
LB	SP	SP	VR	

对本节课的反思

我不知道你是否能从这段记录中觉察到它，但我的学生在参与这节课时遇到了大麻烦。大多数回答之间都有较长的停顿。后来，我们上完了课，也如愿以偿地得到了我们的标签，一个学生问我："你想要我们说什么？"他还没有意识到我已经完成了这节课，而且他们说得都非常好。我相信这种受挫的状况就是学习的前沿问题。如果你让学生周期性地处在一种受挫状态，同时，让他们用自己的方式摆脱这种精神状态，他们就会不断进步，不断推动那个前沿问题的发展。

这也是另一个我确信适当的提问技能和课程设计，如这节课，是我必须采纳的新教学示范的一部分原因。教学不是一项由教师执行的行为，更确切地说，教学是一个由教师开启并通过学生的经历得到反响的过程。就像搅动池塘的手指，当手指撤回，水波纹仍然沿着它们的路线继续荡漾。

分类课："侵蚀"

目的：让学习者有机会收集有关某个概念例子的信息，然后根据该概念与某个例子的关键属性，确定适合这个例子的分类。

依据：促进学生对概念的理解和保持。

内容特性：

- 侵蚀的原因
- 水的原动力
- 水循环
- 水域：河流、溪流、湖泊、大海
- 地形
- 地心引力
- 人类对陆地的影响

资源："侵蚀的人为因素"的例子。

1. 住宅的发展

2. 被砍伐一空的森林

3. 白蚁的侵入

4. 飓风

5. 干旱

6. 厄尔尼诺现象

7. 战争

核心问题：分类。

- 哪个侵蚀原因是人为因素的代表？

可能出现的学习者的回答：

- 第1个例子和第2个例子是侵蚀的人为因素。

加工性问题的主干：

- SP1. 什么让你认为第1个例子是一个侵蚀的人为因素的例子？
- SP2. 第2个例子有什么特点让你认为它是一个侵蚀的人为因素的代表？
- VR3. 你怎么知道被砍伐一空的森林是侵蚀的一个人为因素？
- CL4. 你提到"这个把土壤暴露在流水中"，这是指什么？

- CL5. 当你说"陆地只能侵蚀这么多"时,你想谈论什么?
- RD6. 还有谁认为被砍伐一空的森林是侵蚀的一个人为因素?

记录

教师:哪一个侵蚀原因是人为因素的代表?

Gary:被砍伐一空的森林,因为当你砍掉树木……所有的树……好,你有你的森林,对吗?

教师:你把一个简单问题看得太复杂了。请仔细听问题。哪一个侵蚀原因是人为因素的代表?

Anthony:我知道……

Gary:反对!让我先说完。被砍伐一空的森林、战争、发展……然后……那个建筑像人们的家吗?

教师:是的。

Gary:住宅的发展、厄尔尼诺。

Ernie:厄尔尼诺?什么?

Gary:朝外看。看看那些汽车、人。我们……人类制造污染,因为我们,臭氧也在减少,这正在促成厄尔尼诺现象。所以,厄尔尼诺正在生成侵蚀,是我们一手造成的。

教师:你怎么知道是人类导致了厄尔尼诺现象?

Gary:我在某一天的新闻上看到的。他们说我们正在改变这颗行星。

Ernie:对!但厄尔尼诺……那是一种自然现象。我们不太了解。在我们开始破坏环境之前,它可能已经存在很多年了。

教师:Josh,还记得我们正在讨论侵蚀吗?如果厄尔尼诺是由人导致的,那么,它究竟有什么特点让你认为它是侵蚀的一个人为因素呢?

Josh:我不知道那是什么,它是不是会导致下很大的雨?

教师:是的。在厄尔尼诺发生期间,地球上的一些地区会比平常下更多的雨。这有什么会让你认为它是侵蚀的一个人为因素吗?

Josh:那雨……就像带着溪流状石板。这水把泥土冲进……水……

河里。

　　Ernie：但那是自然的，不是人为的。

记录的编码				
教师：	CF	TT/CF		TT
学生：	CF/SP	O	O/CF/VR？	CF
		VR		TT/SP
VR？	VR	VR	VR	O
TT/SP				
SP	O			

对本节课的反思

在学完同一个主题的分组和贴标签课之后，学生似乎更加期待或已经准备好参加这堂分类课。有一件事将促进他们理解我们正在做什么——那就是到目前为止，他们已经在课堂的延长时间内研究过侵蚀的原因，这给他们提供了一个更完善的词汇表。现在，他们已经达到了表述清楚的程度。这可以从他们回答问题的速度更快、更愿意参与课堂讨论的表现中一览无遗。

后来的这节课上，我们更加放松地投入交谈，拥有了一次自由、无限制的对话。学生甚至开始往回参照最初的课程——分组课。没有我的引导，他们开始发现三种思维操作（分组、贴标签和分类）之间的关系，还发现了横跨那些课的教学对话正是一切的开始。这节课对我的一个额外奖励就是无须特别投入这场对话。对话不时地进入白热化，但他们讨论的正是课程的内容和相关的思维操作。每个学生（一些人比其他人稍好些）都在高度清晰地支持自己的论点，作为教师，我感到心满意足。这些问题不仅发挥了作用，而且还能开展教学，这就是最大的奖赏！

小插曲：对侵蚀的反思——鼓动学生思考

那是星期一，而且和往常的星期一一样，事情不会完全照着计划的方向发展。实际上，事情从未照计划完成过，但星期二到星期五的实际活动却会十分接近计划。在周末，除了两名学生，我的所有学生都会回家陪伴父母、监护人或某个他们回家会见到的人。星期一承担着重新带他们融入这个集体生活环境的任务。因而，周一的活动应当重新唤起学生的学习活力。我猜，这是一个很长的解释，因为这只不过是星期一而已。

上个星期五，我带着所有学生去密西西比做了一次独木舟旅行——一半是为了娱乐，一半是为了一堂正在进行的关于水域与侵蚀的课。星期一刚开始讲课，我便列举出许多关于侵蚀的名词。一些词是关于自然因素的侵蚀的，一些是关于人为因素的，还有其他一些词是与侵蚀间接相关的，但我希望学生会对它们进行加工，并且发现它们与侵蚀有间接关系，解释它们是如何与侵蚀发生关联的。

我把学生分成两组（一组3个人，另一个组4个人）。然后我提出核心问题：根据你们对侵蚀的了解，可以依据某些理由把这些词中的哪一些搭配在一起？

两个小组开始着手布置给他们的任务。然而，其中一个小组很快就完成了3个名词分组，并且在每个小组后面都列出了清楚的名词分组依据；另一个小组却仍然在与第一个名词分组奋战。第二个小组写下来的3个名词并不是"因某些理由"而排在一起的。实际上，找不出任何理由可以解释它们为什么会在那儿。"我以为您希望我们开始抄一些词下来。"第二组的一个学生说。显然，他们没有听懂问题背后的推理。我又问了一遍核心问题，然后目睹了从我开始在这里教学到现在所见过的最面无表情的凝视之一。我相信他们认为抄写行为——保持铅笔和纸一直都在忙碌——就是上课的要点。

我迅速将他们的注意力从这项明显会令他们沮丧的任务中转移开，接着利用一些十分相似且能吸引他们兴趣的事情——橄榄球，提出了一堂类似的课。经过认真筛选，我在黑板上列出 6 支毫无争议的美国国家橄榄球联盟（NFL）球队的名字。然后我说："从你们对橄榄球的了解来看，根据某些理由可以把哪几个队分在一起？"他们很快就开始大叫："达拉斯牛仔、旧金山 49 人和丹佛野马可以放在一起，因为他们都拿过一次超级杯。"他们继续根据不同的理由进行分组，再分组。之后，我又回到侵蚀课。仍旧很艰难，他们仍需要我的辅助，不过他们最终还是理解了。

我观察到，他们面临的一大困难就是把几个名词组成一组，但是说不清楚理由是什么——尽管我相信他们有某种正当理由。我想，这就是学习的前沿——发现自己处于一种受挫的境遇，然后设法让自己从里面出来。你走出那种困境的路就是一条植入你心底的道路，在未来你将会再次进入其中。当你的练习足够多，能相互串起来的时候，你也就开始拥有了一个思维操作的网络。

我再一次组织全班学生继续上课。曾经是很难开始，现在却是很难停下来。我认为是这节分组课自发地变成了班级讨论（教学对话），这就是为什么我相信在前往下一个活动的途中，我将会有一段相当艰苦的路要走。当然，我也想维持我的日常步调，但我内心深处的那位老师，除了承认学生想要继续参与上课的价值之外，无能为力。

在组织这些课的过程中，我承担了很多风险，但同时我仍然确信我正在完善和发展我的教学才能，引导学生开展理性思考和认识自己的思考。我是如何与学生一起利用 Qu:Est 教学策略的？为了给你一个直观的认识，我提供了以前的课程计划、简短记录、记录的编码和我对当天课程的反思供你参考。我希望我学习提问的经历以及学习如何利用提问促进学生学习的经历，可以鼓励读者开始自己的提问之旅。

结 束 语

多年以来，我尝试过采用各种教学形式组织地球科学课，我最喜欢讲的主题，即我经常会提前讲而且一旦开讲就会讲很长时间的主题，就是板块构造学说。我之所以喜欢这个主题，是因为它是地质学的新模型。这个主题推动了一轮针对所有地质活动与特征的二次评估。我相信，这个提问过程同样会推动学习过程的二次评估。

在和学生一起参与的每一次活动中，我都发现我有能力把自己的问题融进一个过程，最大程度上地推动学生的学习。我上瘾了！甚至是面对4岁的女儿时，我也采取同样的方法。可惜她已经明白了我的"阴谋"。现在，每当我提出几个策略性问题时，她都会说类似的话："……爸爸！不要再问这些了。我已经告诉你_____。"她发现了其中的"诡计"。哎呀！我被抓住了。

我的学生也理解了。他们已经抓住我在用一个词定义另外一个相同的词。他们会扭转局面，叫我回答这个问题。我必须承认当我犯错时，很高兴——这让我的学生有临时的掌控权，同时也向他们证明老师原来也不是完美的、无所不知的主体——尽管我们也在争取能达到这样的状态。

与我酷爱这些新技能的程度差不多，我发现自己陷入了由新奇带来的挫败中。在组织教学时，我必须展开大量思考，这将影响我的教学速度，也会影响我专心听学生回答问题的能力和引导学生理解问题的能力。然而，随着进一步练习，这些影响会逐渐消失。届时，我对这个过程的实用性与有效性的理解也将远远超出我现有的能力。

运用 Qu:Est 教学策略收获的最奇妙的效果之一，就是看到学生试图在对方身上施用 Qu:Est 教学策略——尽管他们的尝试不属学术范畴。我的一个学生——后来已确定是谁，从另一个学生那儿拿了一支价值不菲的铅笔。当第二个学生（即铅笔的真正拥有者）靠近第一个学生时，第一个学生试图使用观察提问的技巧转移他的注意力。"你说的'铅笔'是指什么？"他问。"里面有撕碎了的 5 块钱一件的东西。"第二个学生说。"你想用'撕碎了的'表达什么意思？""5 块钱被撕成了小片儿啦。""你怎么知道那支铅笔是你的？""它是我奶奶送给我的。""你能用它在黑板上画画吗？"

我的学生似乎领会了这些问题的力量。现在，我认识到我做的每一件事都被他们吸收了。学生的互动不可能涉及课程内容，但他们知道需要问什么问题。这就是对他们个人具有价值的教学对话。

在教现在这批学生的过程中，我发现它正在"怂恿"我把这些课程从必须符合内容特性的要求中解放出来，并让学生真正投入教学对话。看着学生忙着参与基础性讨论与实质性辩论，我感觉这些改变是非常有价值的。因为学生正在慢慢地发展自己的谈话技能，改进自己的探索问题，并且回答问题时的考虑也更加周全。有效提问似乎正在发挥作用。

第十六章 才能发展模型

引　子

"教学是一项表演艺术。和其他表演艺术领域（如演戏、音乐或体操）类似，表演者的才能只有经历一个融合了练习与反思的培育过程，才能得到发展和完善。"（Dantonio，1990）这种反思性的练习过程是发展技能与风格的一种手段。为了使练习与反思变成反思性练习，首先，要求表演者持有一张心理图像（mental picture），知道在一场设计精美的表演中，完美的表现看起来像什么；其次，要求表演者通过认真的观察，研究自己在练习情境中施展技能的方方面面，同时经常对照内在的心理图像，分析与测量自身技能的执行情况；最后，反思性练习常常需要借助自学和一位教练的指导才能完成。

在本章，我们将向读者介绍一种互助式自学法，辅助读者学习 Qu:Est 教学策略中的有效提问。为了实现互助式自学，教师需要成立互助分析自学支持小组（Collegial Analysis Self-Study Support Team，CASSST）。小组成员一起工作，共同努力设计 Qu:Est 教学策略的课程，实施课程计划以及分析教师的一般提问与有效提问对教学对话的影响。换句话说，就是小组成员共同发展与完善自身的有效提问技能。

如果说关于有效提问的学术研究为 Qu:Est 教学策略的提问理论提供了立足之本，那么，CASSST 就是为教师提供了一种参与反思性练习的重要工具，它将有助于教师建构对有效提问的个性化理解，并有助于教师探究如何在课堂对话中结束 Qu:Est 教学策略。

反思性练习

反思性练习要求表演者研究自己的艺术形式，这多少会帮助他们在把个人技能融入某项行为以前，在某种特殊的情境状态中完善自己的这项技能。在通过反思性练习研究个体的行为时，表演者有机会试验用不同的方法实施提出问题，同时也有机会获得技术方面的控制权，发展出自己的独特表演风格。因此，反思性练习考虑到在把个人技能融入某项行为之前，先在安全试演的环境中有意识地帮助表演者完成该项技能的内化。

一旦技能被内化，表演者就有能力把特殊的技能并入更大的行为中。例如，钢琴演奏家可能会反反复复地练习同一个音符或音阶，但在他们弹奏这些音符和音阶的同时，也是在完善自己的弹奏手法和提高自己的音色分辨力。紧接着，他们会练习更大的乐曲章节。这种集中练习会使他们的演奏技巧实现自动化，这样，在整个乐曲的演奏中，无须特别注意演奏手法，音符和音阶便会自然流畅地从手底流出。就技能的内化来说，我们想表达的是它变成了一种天性，就像呼吸一样。我们在做，但是我们不需要考虑如何做，这就成了一个自然过程。

这一原则同样适用于发展和完善与优质教学相关的个人技能。对教师而言，为了将个人技能融入一套教学技能系统，必须进行个人技能的集中发展训练。这就要求有一个才能发展过程，可以让教师在把个人技能融入组织良好的教学环境之前，有机会在安全的学习环境中掌握所需的个人教学技能。

例如，为了既有效果又有效率地开展提问，教师首先必须确立关于有效提问需要什么的知识基础，然后全力以赴地在不同的试讲环境中练习有效提问——值得注意的是，这里提到的试讲环境必须是允许教师采用实验教学法的环境，也应该是能够促使教师自觉地反思有效提问行为的发展的环境。获得对个人提问行为的控制权，是在与学生进行教学对话时充分利用有效提问的前提条件。

为了能在教学期间展开有效提问，教师必须把注意力集中在课程的目标上，同时还要仔细倾听学生正在说什么。有效提问的艺术要求教师很好地理解提问的科学性，并能相当熟练地把提问付诸实践，从而使自己对学生交谈的恰当反馈成为一种天性。教师对学生谈话的恰当反馈就是能促使学生生成更多高质量回答的问题或提示。换句话说，教师对学生的反馈应当有助于加深学生的理解，增加教学对话的深刻性。关于有效提问的详细情况在本书的第四章和第三部分已有介绍，在此不再赘述。

才能发展模型

本书描述的才能发展模型（Dantonio，1990），要求教师参与一连串的试讲活动——它们将变成一个习得明确的有效提问行为与学习如何组织个人的 Qu:Est 教学策略的连续循环。才能发展模型包括以下成分：

- 理解有效提问的性质与功能；
- 确定有关的个人实践，并把它们合并起来形成一个教学策略；
- 通过运用反思性练习，在安全的学习环境中进行提问试讲；
- 通过成立一个互助分析自学支持小组（CASSST）来考察有效提问，在小组成员设计课程、实施课程以及反思每一个小组成员的执行过程的同时，发展明智的内省力。

CASSST 的目的

CASSST 由一小组教师组成，通常有 5~8 人。CASSST 的目的是形成一个学习者共同体，共同维护试讲的机会。为了参与教学对话，把有效提问融入教学技能范畴，试讲期间，CASSST 成员共同搜集和分析 Qu:Est 教学策略的相关信息。作为一个团队，他们持续不断地为每个成员创造机会，共享个人在试讲环境中对有效提问的理解及个体有效提问能力的提高。在试讲或表演期间，小组成员不会相互评价；更确切地说，他们开展相互指导，旨在发展出专门的知识技能来执行 Qu:Est 教学策略，考察问题的语法结构、问题顺序和有效提问对引出高质量的学生回答的影响。

以这种方式学习提问其实就是一个反思性的技能获得过程，而不是简单的知识记忆。仅仅通过阅读，教师是不可能学会执行 Qu:Est 教学策略的。他们必须不断练习，不断反思他们在不同试讲形势下的练习。只有这样，他们才能在把这些技能融入真实的教学情境之前，获得设计和组织课程的能力。

为了正确执行这个才能发展模型，CASSST 成员必须理解两个问题：首先，必须熟悉有效提问的内容，包括与之相关的提问研究文献和 Qu:Est 教学策略的具体执行步骤；其次，必须认识才能发展模型所涉及的试讲类型，并愿意参与这个学习过程。

试讲的类型

才能发展模型有几种不同类型的试讲环境。

第一种试讲以设计课程、练习有效提问和个人的 Qu:Est 教学策略为中心。该类练习应该发生在一个安全环境中，教师可以在那儿放心大胆地犯错、改错，无须担心会对学生造成影响。这些试讲将一直持续到整个小组都能毫不费力地提出各种各样的有效问题，并能流畅地运用每一个 Qu:Est 教学策略为止。

第二种试讲环境的焦点是卓有成效的教师提问与高质量的学习者回答之间的关系。这也是教师的一个学习过程。他们应该会觉得在这个环境中犯错是安全的，他们也应该会意识到，在这个环境中，讨论利用 Qu:Est 教学策略实现优质教学所必需的条件不会引起争议。在进行第二种试讲时，教师要通过倾听学习者对所提问题的回答来关注与组织有效教学对话相关的管理问题。第二种试讲应该持续到教师能够轻松自如地运用个人 Qu:Est 教学策略，在转移到其他教学策略之前，有能力利用它来组织学习者的学习。

在第三种试讲环境中，教师会在教学情境下组织学习者参加一堂运用了 Qu:Est 教学策略的课。应该对整个教学过程进行录音或录像，以便教师能把这堂课作为一次学习经历。在某种意义上，这是一次反思有效提问如何影响教学对话的彩排。必须注意的是，在第三种试讲环境中，决不应该要求学生学习教学内容。对教师来说，它仍然是一个学习环境。正是在这个环境中，教师收集他们将会需要的关键信息来调整发展中的个人提问才能，研究提倡 Qu:Est 教学策略对引出高质量的学生回答的影响力。

下文将会更详细地介绍每一种试讲环境。我们描述了每一种试讲的学习环境，并详细说明了应该在每次试讲中都谈到的有效提问，还提出了一些可以在互助式自学中引导 CASSST 的建议和问题。

第一种试讲：方法尝试

每一个 Qu:Est 教学策略都具备这种在教学对话中必须关注的教学策略的关键属性。第一种试讲，又称方法尝试（Line Tryouts），它让教师有机会设计课程，也有机会练习如何提出能提示和处理学习者回答的明确提问。设计 Qu:Est 教学策略的指导方针则被收录在"方法尝试指导方针"之后的"课程设计的框架"中。

在方法尝试中，CASSST 成员将以问题的语法与提出加工性问题的流畅性为关注焦点。通过反思性练习，教师将开始内化有效提问的结构。这个过程与学习剧本台词、分解和练习一项体育规则或技能的过程相似。当教师通过反思练习把这些提问技巧内化成自己的教学技能之后，他们便能更自如地运用这些技巧；在应对不适当的提问时，在受理不符合核心问题的语法结构或缺少思维操作提示的问题时，他们将会更加熟练。为了使教师既精通于在教学对话中应该倾听什么，同时又熟悉应该如何评估自己维持某个特殊的思考中心的能力，这种反思性的分析是必不可少的。

犯错

在方法尝试期间，由于主要精力都集中于该如何精确地阐述问题，教师们通常会在组织提问和执行 Qu:Est 教学策略方面出现很多错误。因此，教师必须相互信任，而且必须轻松面对在小组内部引导提问可能出现的任何难堪。为此，他们必须在 CASSST 内部塑造一种互相支持的氛围，方便他们既可以大大方方地犯错，又能对自己出现的错误进行反思，从而获得明智的内省力，并了解有效提问是如何共同作用产生有效教学对话的。

在方法尝试过程中，CASSST 的成员必须把注意力集中于不适当的教师提问。因为我们在过去已经养成了各式各样的提问行为，如果我们希望自己能提出有效问题，就必须放弃其中一些习惯。不要允许教师以不恰当的方式提问。改掉不恰当的提问行为比第一次就正确地领会它们更艰难。

持续不断地打断教师的教学可能会给教师带来极大的挫败感，但它使整个团队能够注意到提问的恰当性和准确性。此外，少数教师第一个示范提问时会出现很多错误，由于听了他们的进展分析，其他教师便有机会从前面的示范中整合出经验，随后的示范出错率就会大大降低。然后依次轮流，第一个示范教学的教师将开始认真听取其他人指出的错误，并开始为随后的教师做分析。

方法尝试的指导方针

下面列举的是参与方法尝试试讲练习的指导方针：

- 在方法尝试期间，利用每一个 Qu:Est 教学策略介绍的示范课为指南，小组一起设计课程。
- 一旦设计好课程，教师必须相互授课。CASSST 成员应轮流扮演教师和学生的角色。
- 每个 CASSST 的教师均承担 2~3 分钟的示范教学，全组合作讲完小组协力设计的一节课。
- 在方法尝试中，分析的中心应该集中于课程设计确定的思维操作、核心问题的语法结构，以及为了引出高质量的回答，教师所运用的加工性问题的实用性。
- 在分析时，CASSST 成员应该只关注问题——而不是收到的针对问题的回答。
- 针对每个 Qu:Est 教学策略重复上述步骤。

课程设计的框架

为了引导、发展和完善学习者的思考，计划是不可或缺的。Qu:Est 教学策略的课程设计是经过高度结构化的教学地图，它规定的核心问题和加工性问题必须有助于引导和限制学习者的回答与互动。核心问题是从一份针对课程目标和课程内容属性的分析中提炼出来的。加工性问题则是通过预测可能出现的学生回答来确定和设计的。与有效的学生参与相关管理问题的详细说明一样，所需课程资源的鉴定和分配以及课程活动的时间分配也很重要。最后，课程设计必须明确指定课程结果，即学生理应完成的任务。

分析内容与思维操作的目标

为了设计和实施课程，督促学习者为自己识别与加工信息，教师在分析目标时必须考虑 4 个重要的设计问题。我们将以问题的形式呈现这 4

个问题，它们是：

- 该目标需要什么知识、属性和/或技能？
- 内容的关键特征是什么，或必须引导的概念标签、概念属性和概念的例子是什么？
  - 概念标签：　　　　三角形
  - 概念属性：　　　　（由三条线相交围成的图形，三个内角相加等于180度）

  - 概念的例子：　　▲　▶　▼
- 学习者必须运用哪种思维操作模式来收集、建构或锚定概念？
- 学生必须以什么顺序组织思维操作，才能形成一个初始概念，并区分相似概念，或把初始概念引申到相关的子概念？

设计核心问题与加工性问题

"如果你不知道自己将要去何方，那么，你最终可能会到达别的地方。"这一格言是对通过教学对话引导旨在发展学生思考力的课程的真实写照。有效提问应该使学生有能力分析和实现他们的元认知加工，或者应该使学生能够检查和实践他们形成观点和/或监控思考过程的具体方式。利用指明特定思维操作模式的有效问题来设计与组织实际教学，就要求教师理解思维操作的属性。同样，教师也必须了解既提示了思维操作模式，又能推动学习者生成完美答案的问题的性质与功能。简而言之，在指导学习者掌握思维操作，教他们学会利用不同的思维操作加工信息的过程中，有效提问的性质、功能及如何联合问题组成一个Qu:Est教学策略，是教师必须考虑的重要问题。

设计的指导方针

为了发展和/或完善学习者的思维操作，在设计课程时需要考虑以下事项：

- 首先，教师必须确定课程的目标。应该从内容属性和要求学生在获得、建构、确定内容时必须采用的思维操作两个角度出发，对课程目标进行分析。
- 其次，必须考虑清楚内容的关键特征和教学所需的资源。对内容的分析会生成一张概念地图，或一张所学概念或子概念的关键属性图（Dantonio, 1988）。其中，包括在组织课程时会用到的概念标签、概念属性和概念的例子。
- 核心问题的设计是第三个需要考虑的。核心问题必须引进或提示学生"学习"内容时所运用的思维操作的类型。
- 除形成核心问题外，教师应该预测可能出现的学生回答。在设计一堂运用 Qu:Est 教学策略组织教学的课时，预测可能出现的学生回答，不仅有助于教师展望学生可能会针对核心问题说什么，而且可以保证把合适的加工性问题并入课程设计。
- 最后，必须设计加工性问题，并给加工性问题做出标记，方便上课时快速参考。

第二种试讲：模块化

模块化（Blocking）试讲让教师有机会听取他们的问题和学生的回答，并对之进行编码。CASSST 成员必须再一次进入练习环境，这样才有机会反思有效提问，发展有效提问的专业技能。在模块化试讲期间，CASSST 成员应以教师的问题和学习者的回答为中心。这是掌握有效教学提问顺序的好时机。分析与讨论的中心，应该是教师提问与学生回答之间的关系以及浮现出来的互动模式。除此之外，也正是在这个时间，教师们要忙着讨论思维操作，讨论致力于概念发展的 Qu:Est 课程的顺序。

在模块化试讲范围内，教师要利用在每个 Qu:Est 教学策略中发现的示范课作设计指南，再设计和组织一段 2～5 分钟教学情节。在第二种试讲期间，应该让 CASSST 的每一个教师独立设计课程，课程的中心是教师在各自的课堂中会教给学习者的内容。模块化试讲与方法尝试性试讲有一个截然不同的地方：在方法尝试期间，分析的重点是问题的语法和流畅性；而模块化试讲的分析重点集中在问题/回答模式上。为了帮助整个 CASSST，这里需要用到一个编码系统来鉴别和追踪问题与回答。

CASSST 成员必须熟悉 Qu:Est 教学策略的编码系统。我们将在后面"编码的框架"中介绍这套编码系统。通过给问题与回答编码，教师可以进一步发挥他们对适当互动与不适当互动的审理能力。同时通过编码，CASSST 成员也会把注意力从他们提出的问题转移到问题引出的回答上。总之，编码将推动 CASSST 成员认识有效的和无效的问题/回答模式。起先，教师会因为不知道该问哪些加工性问题而感觉焦虑不安；但是，当继续他们的互助式自学时，他们将能很熟练地提出核心问题，并对感知何时该问何种加工性问题很在行。

在模块化试讲期间，CASSST 成员轮流担任教师、学习者和编码员的角色。上完一节课之后，编码员和其他成员分享他们的编码表。然后，全体 CASSST 一起利用编码表对课堂组织情况进行分析和反思。开始时，教师可能不会快速编码；但是，通过反复的编码练习，加上对上课状况进行录音，教师就会在编码处理和讨论有效提问的特殊问题两方面有非常精湛的表现。

通过强调教师提问与学生回答之间的关系，教师将进一步认识利用加工性问题引导学生生成高质量的回答的重要性。同时，在应对"恰当的有效提问如何深化学生的认识"这个问题时，教师也会逐渐成熟起来。

模块化试讲的指导方针

以下列举的指导方针适用于模块化试讲的参与过程：

- 挑选出一名教师，并指定编码员和同伴学习者。由教师组织教学，学习者回答，而编码员负责对互动进行编码。
- 每一个教师都必须组织一节简短的课，通常持续时间不超过 5 分钟，全部精力都集中在如何提出追踪学生回答的加工性问题上。
- 在教师给同伴学习者上课的同时，编码员利用后文将提到的"编码指导方针"对"师生"互动进行分类。
- 上完课之后，整个 CASSST 一起讨论该堂课的编码结果，要特别注意教师提问的类型，以及他们所发现的教师提问与学生回答问题的类型之间的关系。

编码的框架

编码过程有助于教师对教师提问和学生回答进行分析，从中辨别出适当的与不适当的互动模式。通过编码，教师会对学生的回答更加敏感，并能更熟练地提出适当的加工性问题来引出高质量的回答。同时，教师也能更清楚地认识什么时候应该转向不同的思维操作方能促进学生建构概念。Qu:Est 教学策略的编码系统以 Ehrenberg 和 Ehrenberg 教师进修学院于 1978 年为塔巴教学策略计划（Hilda Taba Teaching Strategies Program）提出的"讨论分析模板"（Discussion Analysis Form）为基础。

编码的指导方针

对提问行为进行编码的一般方针是：
- 确定每个 Qu:Est 教学策略所需的编码符号（针对教师提问与学生回答的编码符号请参看本书第三部分）。
- 绘制格子线，如下：

教师：
学生：

- 按先后顺序把讲课教师提出的每一个问题所对应的符号记录在"教师"行。

- 当学生给出的每一个答案或问题与教师的提问相关时，就把它们所对应的符号记录在"学生"行。
- 如果一个学习者的回答直接跟着一个教师提问，那么，这个回答的符号就直接落在该教师提问符号的下面。下面的例子运用的是观察提问策略：

教师： OB   CL   VR   OB
学生： OB   CL   VR   OB

- 如果学习者针对所有问题的回答都超过一个，就在"学生"行反映互动状况。下面的例子运用的是观察提问策略：

教师： OB   CL
学生： OB OB OB OB CL CL VR

- 即使学习者的回答与教师的提问不匹配，也要运用适合的编码符号对你听到的教师和学生的所问所答进行编码。下面的例子运用的是观察提问策略：

教师： OB   CL   CL   CL   RD   VR
学生： OB OB   CL   VR   RL   OB   OB   CL

- 简要记录这些互动，特别注明教师的问题与学生的无关答案之间的矛盾。也要记录教师处理这个无关答案的方式。
- 分析格子线里的符号和你的记录。给出一份分析结果，请利用下面的问题作为分析和讨论的指南。

以下内容，曾于1990年由美国教育服务中心出版，本书对其进行了修订。

讨论指导

- 学习者的回答是针对核心问题的答案吗？
- 得到的回答是否涉及了核心问题的思维操作焦点与内容中心？
- 教师有没有追加问题帮助学习者限定他们的回答？
- 这些加工性问题是否期待对相应回答的正确解答？

- 如果回答脱离中心，教师有没有重新聚集回答的焦点？
- 教师是否为了引出额外的言语表达，对学习者使用的词汇进行了解释？
- 教师是否为了获得准确性，对回答进行了验证？
- 这个回答需要支持吗？如果需要，教师要求学习者"安装"回答了吗？
- 为了让多数学生有机会参与认知操作，教师重新询问问题了吗？
- 这里看起来是不是有一个既适合调节课堂节奏，又适合扩展学习者对思维操作的理解的问题模式？
- 是否存在不恰当的提问模式（如封闭式问题、缺少重新聚焦、缺少重新询问、几乎不解释或者只验证不合适的回答）？
- 这种评价模式对学习者的影响是什么？
- 需要主张什么模式，才能推动学习者实现思维操作的发展和完善？
- 需要改变什么模式，才能推动学习者实现思维操作的发展和完善？
- 教师可以通过什么方式维持和/或改变现已存在的模式？
- 什么问题似乎让学习者陷入了困境？
- 教师采取了什么措施帮助学习者理解棘手问题？

Copyright 1990 by the National Educational Service, 1252 Loesch Road, Bloomington, IN 47404. Phone:（800）733-6786.

第三种试讲：彩排

彩排（Dress Rehearsal）是在真实的课堂环境中与学习者一起参与的表演，也是第三种练习情境。尽管背景是与学习者共同参与的课堂，但这仍然是教师的一个学习过程。对教师而言，这是第一个给学生讲授运用 Qu:Est 教学策略组织的课程的机会，可以帮助他们发现在真实的课堂教学中可能会遇到的挑战。课堂管理与提问行为控制的问题在这里开始变成一个现实。设计课程与实际组织课程教学、实现特定的教学目标之间的差异，将帮助教师发现在以前的试讲中没有预见的教学问题。第三种试讲的结果将决定进一步研究 Qu:Est 教学策略的需要。教师应该把所有重大问题带回 CASSST，由全体成员利用后面将介绍的"彩排的指导方针"探讨教师的彩排过程。

因为教师是在各自的课堂中实践 Qu:Est 课程，所以这时不再是整个 CASSST 集体行动，有必要两两配对，分小组练习。在彩排时，教师必须要分享教师和教练两种角色。这一点对教师学习 Qu:Est 教学策略至关重要，主要存在几个原因。

首先，教师如果是在孤军奋战，执行 Qu:Est 教学策略，那么就可能会陷入感觉束手无策的困境。一旦他们觉得自己孤立无援，就可能决定放弃发展他们的有效提问行为。

其次，教练型同伴可以使互助的双方都能克服各自的麻烦，落实 Qu:Est 教学策略。借助他们之间关于教与学的对话，同时，通过相互交换他们在利用有效提问促进教学对话的过程中体验到的挑战与成功，他们逐渐形成了一种团队精神。而他们把这种团队精神传递给其他教师的过程，也正是帮助其他教师认识互助式自学的优势的过程。

最后，个体很难客观地观察和分析自己的行为。教练型同伴就是一个客观的观察者。通过对另一个教师在教学对话中运用有效提问的尝试行为进行编码与分析，教练便能为授课教师提供一面观察课程的透视镜。同时，教练也能够从授课教师的成功与质疑中学习有效提问。通过相互学习，教师们会建立起自信，并完善他们组织 Qu:Est 教学策略的能力。通过共同努力解决教学中的难题与分享成功的喜悦，CASSST 成员将会在教师中形成牢固的职业友谊。

彩排的指导方针

下列资料列举了彩排的诸多事项。

- CASSST 的每个成员挑选某个他们信任的人，帮他们观察和记录课堂中的互动。为了收集与教学对话的设计、组织和分析阶段相的资料，配对的教师将变成对方的一面镜子或透视镜。配对教师要利用下节描述的协同训练（Dantonio，1995），研究他们对Qu:Est教学策略的课堂操作。

- 配对教师在设计讨论会上碰头，一起设计课程，讨论有关课程实施的所有问题。设计阶段请参见下节"协同训练"部分，设计的指导方针请参见本章的"方法尝试"部分。
- 双方的课程都设计好之后，配对教师要在各自组织教学时相互交换教师与观察者的角色，再次录音或录像有助于教师收集数据。
- 双方的课都结束后，配对教师交换录音磁带，利用模块化试讲部分的编码的指导方针对教学对话进行编码和分析。
- 反思时间让教师有机会集中他们的思想。当每个教师都有时间分析他们的教学作业时，他们在听取报告阶段（在稍后的"协同训练"部分有介绍）会面，讨论对方的上课情况。
- 一旦所有CASSST成员都已经组织过教学，评论过对方的课堂经历，全组成员就聚集起来共同讨论下一步的学习计划。下一步既可以集中解决彩排中遇到的特殊教学问题，也可以回顾和分析其他人的课程，利用不同的Qu:Est教学策略开始新一轮试讲，或者利用Qu:Est教学策略发展新课程。

协 同 训 练

协同训练（Dantonio，1995）是一个以教学研究和教学试验为内容，由教师自发推动的合作过程。协同训练让教师有机会讨论教学目标和教学实践，从而分享彼此对有效教学的见解。协同训练过程可分为四个阶段。它们是：

- 设计阶段
- 教学操作的观察

- 反思时间
- 听取报告阶段

设计阶段

在彩排的设计阶段，配对教师要准备一节将会由其中一位教师组织教学，另一位教师做观察的课。他们一起讨论这节课的目标，确定学习者在参与教学对话时必须采用的认知操作类别，构造促进学习所需的加工性问题的类型，预测教师在组织教学时可能会遇到的问题，并在预期学习者的学习结果是什么的问题上达成一致。在协同训练中，设计阶段的目标就是两位教师在头脑中形成一幅清晰简洁的、关于这节课的教学展望图。

教学操作的观察

在教学操作的观察阶段，教练型教师要观察同伴教师实施计划好的Qu:Est教学策略。在观察的同时，教练型教师要简单记下他（她）在同伴教师的问题使用、学习者的反应和出现的任何管理问题三个方面的特殊发现。借助录像或录音记录这节课的实况，可以帮助两位教师在"反思时间"阶段对教学操作进行编码和分析。

反思时间

在课堂观察之后，教练和教师必须分别单独对这节课进行反思和编码。要想发现教与学之间的重要关系，就少不了这个反思时间。在教师的反思过程中，他们必须比较这节课的实际教学状况与预期计划，这时，教练型同伴应该密切关注预期的课程计划。同时，教师也要独立地把教学互动译成编码符号，并独立分析教学对话，以寻找存在的互动模式。在教练型同伴会面讨论教学问题以前，他们需要确定，在教学对话期间遭遇的问题或取得的成功，是否由前面的设计或计划的实施所导致。

听取报告阶段

听取报告是一个问题解决的场地。教练型同伴聚集起来分享他们的编码和分析,考察可以进一步帮助他们认识教学对话、提高教学组织能力的途径。教练型同伴可能想要继续共同研究另一节 Qu:Est 课。通常每结束一个协同训练周期,全体 CASSST 应该集合在一起,研究和解决他们在实施 Qu:Est 教学策略的过程中普遍遭遇的问题。CASSST 可能也希望重新定义、重新引导和重新评估他们对有效提问研究的调查,以确定应该如何给学生的学习带来最佳影响。

结 束 语

人才发展模型为教师开展 Qu:Est 教学策略的互助式自学提供了一个承载工具,它可以使教师能精通有效提问,并且会利用有效提问落实考虑周全的教学对话。我们已经发现,把协同训练与自己的继续深造合为一体的教师更有可能继续发展他们的教学才能。经由训练,他们的试验得到了经得起时间考验的教学方法作后盾;经由训练,他们也在学校全体教师内部建立起热情洋溢的职业关系。

尽管才能发展对教学时间提出诸多要求,但是,花在为学校共同体建构共享的教学目标上的时间,与花在为对方和为我们的学生发展出强烈的职业责任感上的时间,都是对时间的一个很好的投资。顺理成章地,只有当我们更了解自己的教学成果、更了解学生的学习方式时,也只有当我们更了解必须如何改进教学组织形式时,我们才能改变我们所能提供的学生教育的质量。

学生受教育经验的质量,取决于既有爱心又能干的教师的教学才能和领导能力。如果我们希望从我们学校走出去的学生都成为博学、勇敢的公民,都有能力且已准备好去考察明天那纷繁复杂的环境,都确定能为我们的社会做出卓越的贡献,那么,我们必须优先考虑使用那些能培养学生的批判性思维和创造性思维的教学方法。为概念理解而教学不能只是教育改革的一个口号,它必须在我们的课堂中变成现实。通过分享我们的教学旅程,也许能更深入地了解提问是如何让我们面对学习的,或许也能更深刻地体会学习是如何需要我们的提问的。这项调查是属于你的。我们希望你会充满热情地与其他人共同分享学习经历。

参 考 文 献

Dantonio, M. (1990). *How can we create thinkers? Questioning strategies that work for teachers.* Bloomington, IN: National Education Service.

Dantonio, M. (1995). *Collegial coaching: Inquiry into the teaching self.* Bloomington, IN: Phi Delta Kappa.

Ehrenberg, S. D., & Ehrenberg, L. M. (1978). *Building and applying strategies for intellectual competencies in students.* Miami, FL.: Institute for Curriculum and Instruction.

万千教育 基础教育类书目

书号	书名	著、译者	定价(元)
教育理念与实践系列			
1139	如何当好教研组长——中小学教研组长专业素养与行动	杨向谊 著	36.00
1566	教导主任工作问题案例集	黄银美 主编	42.00
1471	闪闪发光的故事：童书阅读与欣赏	周益民 著	32.00
0801	故事、儿童和作家的秘密——走近儿童阅读	周益民 著	32.00
0163	童年爱上一本书——教师、父母如何伴读	周益民 著	28.00
1564	教育：一场惊人的旅行	史金霞 著	62.00
8931	重建师生关系	史金霞 著	42.00
9906	教师怎样少做无用功？——高效能教师必备法则	王晓春 著	32.00
8557	王晓春给青年教师的100条建议	王晓春 著	28.00
0734	怎样评价学生才有效——促进学习的多元化评价策略	陶志琼 译	48.00
8771	教师怎样说话才有效	李进成 著	32.00
0540	从生活中悟教育智慧——教育隐喻启示录	严育洪 著	36.00
0035	重构教师思维——教师应知的28条职业常识	刘祥 著	32.00

9746	教师职业生涯十大误区	茅卫东 著	27.00
9554	"偷师"杜威 ——开启教育智慧的12把钥匙	邱磊 主编	35.00
9137	跟禅师学做教师	谢云 著	28.00
8952	教育管理学：理论与实践（新版）	朱志勇 等 译	88.00
8574	魅力男教师修炼36计	林华民 著	29.00
8601	破解挑战教师智慧的42个问题	宁杰 郑立平 著	36.00
8564	零距离英国教育	唐彩斌 等 著	35.00
7615	零距离美国课堂	王文 著	28.00
8604	一位青年教师的专业成长之路 ——王君专业求索笔记	王君 著	32.00
8271	让教师偷着乐 ——校园幽默笑话396则	唐劲松 主编	18.00
7927	教师兵法	刘坚新 编著	28.00
7866	老师好好学习，孩子天天向上 ——"麻辣教师"邓睿手记	邓睿 著	25.00
7704	心与心的约会——孙明霞的生命化课堂	孙明霞 著	28.00
7281	教师时间管理策略	张迪帆 译	22.00
7334	初为人师第一年（中学版） ——新教师的50个第一次	张彩云 主编	30.00
5655	从教第一年——新教师职场攻略	赵丽 等 译	45.00
5551	实证教育方法	肖艳 等 译	35.00
5088	培养中小学生的创造性——理论与实践	胡清芬 等 译	16.00
4722	教育性评价	董奇 等 译	35.00

3829	班有天才——普通班级中培养天才儿童的策略与技能	杨希洁 等译	21.00
3719	教师角色	丁 怡 等译	24.00
教育理念与实践系列合计			1147.00
教育教学心理系列			
2106	写给教育者的积极心理学（第二版）	任 俊 著	48.00
1791	理解0—12岁儿童的学习	赵 琴 译	36.00
1057	应用学习科学 ——心理学大师给教师的建议	盛群力 等译	38.00
0675	积极心理学走进小学课堂	任 俊 译	56.00
0056	抓住学生注意力的176个课堂小活动	张乃柬 译	28.00
0799	激发学生的成就动机 ——引导学生迈向成功的策略	吴艳艳 译	35.00
9922	小学生学习习惯培养方案	黄 波 著	35.00
9358	中学生心理学	林崇德 著	60.00
教育教学心理系列合计			336.00
课堂管理系列			
9193	让教师都爱上教学 ——307个好用的课堂管理策略	罗兴娟 译	34.00
7312	让学生都爱听你讲 ——课堂有效管理6步法	屈宇清 等译	20.00
7697	课堂管理，会者不难	王晓春 著	26.00
0800	中小学生纪律教育 ——全方位解决纪律问题的策略	陆如萍 等译	42.00
8502	中学课堂纪律管理指南	徐昌和 等译	48.00

0673	透视小学生课堂行为 ——小学教师的课堂管理指南（第九版）	赵　琴　译	48.00
0674	透视中学生课堂行为 ——中学教师的课堂管理指南（第九版）	陈彩虹　译	46.00
课堂管理系列合计			264.00
班主任工作理念与方法			
2204	做一个会"偷懒"的班主任（第二版）	郑学志　著	48.00
1708	怎样教授道德才有效 ——德育心理学家给教师的建议	杨韶刚　等译	48.00
1709	学生特殊问题发现与应对 ——给普通教师的建议	昝　飞　等著	48.00
7318	与学生家长"过招" ——班主任的家长工作艺术和技巧	郑学志　著	26.00
7316	把班级还给学生 ——班集体建设与管理的创新艺术	郑立平　著	26.00
7319	班主任工作的55个"鬼点子"	刘坚新　等　编著	26.00
7344	遭遇问题学生 ——问题学生的教育与转化技巧	万　玮　编著	25.00
7317	魅力班会是怎样炼成的	杨　兵　著	25.00
8631	家校沟通，没有痛过你不会懂 ——知名班主任梅洪建的心路历程	梅洪建　著	32.00
0539	如何上好班级心理辅导活动课 ——钟志农答疑50问	钟志农　著	42.00
9902	德育主任新方略	丁如许　著	32.00
8611	班主任工作中的心理效应	刘儒德　主编	35.00
1135	班主任有效沟通的艺术与技巧	李进成　著	36.00
0541	班主任如何破解德育低效难题	赵　坡　著	35.00
9135	班主任，青春万岁——王君带班之道	王　君　著	34.00

编号	书名	作者	定价
8770	班主任如何带好差班	赵坡 著	30.00
8309	扶年轻班主任上马	王莉 著	38.00
7926	教师必须掌握的教育惩戒艺术	郑立平 等 著	28.00
7928	做一个聪明的班主任——对常见七类学生的教育艺术	郑立平 等 著	28.00
班主任工作理念与方法合计			**642.00**
中学生心理健康教育主题课程设计丛书			
0059	中学生心理课——生涯发展	廖丽娟 等 编著	28.00
0060	中学生心理课——情绪管理	杨红梅 等 编著	32.00
0185	中学生心理课——综合篇	中学生心理课综合篇教研组	52.00
中学生心理健康教育主题课程设计丛书合计			**112.00**
中学学科教学指导			
8632	王莉的初中作文教学创意	王莉 著	36.00
0671	余映潮中学语文精品阅读课教学实录	余映潮 著	42.00
8562	余映潮的中学语文教学主张	余映潮 著	32.00
8548	不拘一格教语文	史金霞 著	38.00
8758	语文教师的八节必修课	刘祥 著	35.00
8772	中学阅读教学设计方案40例	李浩 王林发 编著	36.00
0143	王雄的中学历史教学主张	王雄 著	36.00
0088	王永元的中学物理教学主张	王永元 著	32.00

0161	龚海平的中学英语教学主张	龚海平 著	38.00
	中学学科教学指导合计		325.00
	教学理论与策略		
1790	优质提问教学法 ——让每个学生都参与学习（第二版）	盛群力 等 译	48.00
1750	激发中学生脑的力量 ——适于脑的8种教学策略	吁思敏 卢小蕾 译	38.00
1594	设计与编写教学目标（第八版）	盛群力 等 译	42.00
0802	点燃学生的学习热情 ——基于脑科学的教学策略	吕红日 汤雪平 译	28.00
0226	多元智能教与学的策略（第三版）	霍力岩 等 译	60.00
0150	教师怎样提问才有效 ——课堂提问的艺术	宋玲 译	45.00
0040	让教师学会提问 ——以基本问题打开学生的理解之门	俎媛媛 译	28.00
7863	实用讨论式教学法（第二版）	罗静 等 译	28.00
0061	中学班级心理辅导活动60例	杨敏毅 等 著	35.00
9935	写给少先队辅导员的41条建议	许其龙 著	35.00
9112	教育律师的忠告：例说中小幼教师必知的75条法规	雷思明 等 著	38.00
9116	中小学课堂教学的30个失误	李冲锋 著	38.00
8573	魅力女教师修炼记	张曼凌 著	28.00
6244	西方教育哲学流派课程与教学思想	陈晓端 郝文武 主编	35.00

……

欲了解更多图书信息，请登录：www.wqedu.com
联系地址：北京市西城区三里河路6号院2号楼213室　万千教育
咨询电话：010-65181109，65262933

*本目录定价如有错误或变动，以实际出书为准。